호산 박문호
『칠서주상설』 연구번역총서 19

대학장구상설 2

호산 박문호 원저

책임역주[주저자]: 신창호
전임역주: 김학목 · 윤원현 · 조기영
공동역주: 김언종 · 임헌규 · 허동현

박영story

이 저서는 2017년 대한민국 교육부와 한국연구재단의 지원을 받아 수행된 연구임
(NRF－2017S1A5B4056044)

연구번역자 서문

학문 연구의 토대를 다지는 작업은 지난하면서도 즐겁다. 동양학을 탐구하는 학자들이 상생상극(相生相剋)의 학문적 이치를 노정(路程)한다면, 학문 연구의 난제(難題)와 열락(悅樂)은 서로 스며들게 마련이기 때문이다. 공자가 유교를 집대성(集大成)한 이후, 주자의 주석(註釋)을 거치면서 전변(轉變)을 거쳐 온 유학은, 그 이론과 실천의 차원에서 엄청난 심사숙고를 요청한다. 우주자연과 인간 사회에 대한 근본, 그 알파와 오메가를 진지하고 투철하게 고려하도록 채찍질한다. 선현(先賢)들의 학문 활동을 돌아보건대, 상당수가 그러한 삶을 고민했음이 분명하다.

본 저술은 호산(壺山) 박문호(朴文鎬, 1846~1918)의 『칠서주상설(七書註詳說)』을 심도있게 연구하여 한글로 완역한 연구번역 성과이다. 『칠서주상설』은 말 그대로 '칠서(七書)'의 주석에 대해 자세하게 설명한 저술이다. <칠서주>는 회암(晦庵) 주희(朱熹, 1130~1200)의 『논어집주(論語集註)』, 『맹자집주(孟子集註)』, 『대학장구(大學章句)』, 『중용장구(中庸章句)』, 『시집전(詩集傳)』, 『서집전(書集傳)』, 『주역본의(周易本義)』를 가리키는 것으로, 유교의 핵심 경전인 사서삼경(四書三經)에 관한 주희(『서집전』의 경우는 채침(蔡沈, 1167~1230))의 주석을 말한다. 주지하다시피, 사서삼경과 그 주석은 조선 주자학의 뼈대를 이루는 중심 경전이다. 호산은 이 <칠서주>에 다시 상세하게 주석을 부가하여 조선 유교를 종합해내었다. 서구 근대 문명이 밀물처럼 밀려오던 19세기 중반에서 20세기 초반에 활동하면서도, 주자학의 정통 학문을 자신의 사명처럼 여기고, 유교의 핵심 경전을 집대성한 것이다.

호산은 『칠서주상설』을 편찬하면서, 자신이 연구한 나름의 소신을 저술의 편차(編次)에 반영하였다. 중국 송대의 사상가들을 비롯하여 주자학을 신봉하는 대부분의 학자들이 사서(四書)의 독서 순서를 『대학(大學)』으로 시작했던 것과 달리, 호산은 『칠서주상설』의 순서를 주석(註釋)의 명칭에 따라 『논어집주상설(論語集註詳說)』로부터 시작했다. 그것은 유학의 핵심 경전인 『논어』가 맨 앞에 자리해야 하는 당위성이기도 하다.

그렇게 하여 『칠서주상설』은 『논어집주상설』 20권, 『맹자집주상설』 14권, 『대학장구상설』 1권, 『중용장구상설』 1권, 『시집전상설』 18권, 『시서변설상설』 2권, 『주역본의상설』 12권, 『서집전상설』 14권, 『서서변설상설』 1권으로, 전체 83권에 이르는 방대한 저작이 되었다. 마치, 조선의 주자학을 마무리하듯이, 경전의 주석을 짜임새 있게 갖추었다. 사서삼경의 경문에 대한 중국 역대의 주석을 비롯하여, 조선시대 여러 학자들의 주석을 간단·명료하게 총망라하였다. 특히, 사서삼경에 대한 주자의 주해(註解)를 의리(義理)와 훈고(訓詁), 그리고 논리(論理)를 반영하는 등, 여러 측면에서 정밀하고 명확하게 분석하면서도, 사서삼경의 주요 텍스트인 <영락대전(永樂大全)>본의 오류를 바로잡은 엄밀한 주석서로 편찬해내었다.

주자 이후 중국의 주요 주석뿐 아니라, 퇴계(退溪), 율곡(栗谷), 사계(沙溪), 우암(尤庵), 남당(南塘), 농암(農巖) 등 조선 성리학을 대표하는 학자들의 학설과 호산 자신의 견해까지 담은 저술이기에, 주자학의 심오한 이해는 물론 조선 성리학의 맥락과 계보, 발전 양상을 포괄할 수 있는 학문성을 담보한다.

본 연구번역은 2017년도 한국연구재단의 토대연구 사업으로 시작되었다. 연구 기획을 할 무렵 연구진의 생각은 좀 단순했다. '『칠서주상설』이 조선 유교 경전 주석사의 대미를 장식하는 주요한 저작이므로 이를 번역하여 학계에 기여하면 좋겠다!'는 정도였다. 그러나 기획 단계에서 초역을 하고 연구계획서를 작성하면서, '토대'연구 사업에 어울리는 작업으로서 연구범위가 상당 부분 확장되었다. 분량도 그렇지만, 원문에는 없는 표점, 찾아보기 힘들게 되어 있는 원전의 구절과 문장의 정돈, 내용 가운데 보충 설명이 필요한 부분의 주석 등, 관련 전공자들의 수준 높은 연구를 곁들인 번역의 필요성이 요청되었다. 고민을 거듭한 결과, 연구 작업이 너무나 방대해졌다.

그러나 연구진들은 매월 2,000여 매(200자 원고지 기준)에 달하는 연구 번역에 온힘을 쏟아 부었다. 열정을 바친 만큼 원고는 계획대로 생산되었고 또한 다듬어졌다. 단행본 1권에 해당하는 분량이었다. 원본의 오탈자를 바로잡고, 표점을 찍고, 구절을 바르게 맞추고, 문장을 정렬하고, 관련 전거를 확인하는 등, 초역에서 교열·윤문, 그리고 출판에 이르기까지, 여러 과정을 반복했다. 정말이지, 연구번역이라는 학문의 토대 작업을 자임한, 고난의 행군이었다. 당초 계획대로 5년 동안의 연구기간에 『칠서주상설』을 마무리한다면, 매년 20,000여 매, 전체 100,000여 매의 원고가 성과물로 쌓일 것이다. 단행본으로는 약 50여 권이 될 것으로 예상된다.

어려우면서도 엄청난 작업이지만, 학문의 토대를 구축하는 데 기여할 수 있다는 자부심과 자긍심으로, 현재 2차년도 연구번역 작업이 마무리 단계에 와 있다. 분량이 많다 보니, 본 번역연구 성과물의 출간과 관련하여 고민하지 않을 수 없었다. 모든 작업이 끝나고 한꺼번에 출간하는 것은 다소 무리라는 판단이 들었다. 이에 매년 번역연구물이 산출되면, 다음년도 연구번역이 끝나기 전, 즉 1년 이내에 출간하는 것이 연구진이나 학계에 도움이 되겠다고 생각하였다.

이 책은 1차년도(2017년 9월~2018년 8월)의 결과물이다. 1차년도에는『논어집주상설』과『대학장구상설』을 연구번역하고 정본화 작업을 진행하였다. 책의 권수는 경전의 편제와 분량, 그리고 내용에 따라 나누어 조정하였는데, 17,000여 매에 달하는『논어집주상설』은 10권으로, 3,000매 가량인『대학장구상설』은 3권으로 출간하게 되었다.

무엇보다도 본 연구번역의 과정에 매진해준 연구진에게 큰 절을 올린다. '고맙다!'는 말 이외에 서로를 격려하고 용기를 북돋우며 동기부여할 수 있는 표현은 없는 것 같다. 전임연구교수로 연구번역에 힘써준 고려대학교 교육문제연구소의 김학목 박사님, 윤원현 박사님, 조기영 박사님의 초역은 본 연구의 밑거름이 되었다. 공동연구에 참여하신 고려대학교 김언종 명예교수님, 강남대학교 임헌규 교수님, 경희대학교 허동현 교수님은 각종 자문과 조언, 윤문과 교열 등을 맡아 고생해 주셨다. 이외에 연구보조원으로 참여한 한국외국어대의 서세영, 고려대의 우버들, 위민성, 장우재 등 대학원생들의 각종 보조가 도움이 컸다. 또한 자문에 응하여 충고를 아끼지 않으신 원로 한학자 중관(中觀) 최권흥 선생님을 비롯하여,『칠서주상설』의 가치와 중요성을 일깨워주신 일우(一愚) 이충구 선생님, 여기에서 일일이 거론하지는 못했지만, 본 연구와 관련하여 도움을 주신 여러 선생님들께 감사의 말씀을 전한다.

본 연구는 연구책임자를 비롯하여 자문에 이르기까지 우리 모두의 땀과 정성이 배어 있는 합작의 결실이다. 다시 한번 수고해주신 모든 분들에게 고마움과 감사의 인사를 건넨다. 그리고 본 연구번역을 원활하게 수행할 수 있도록 각종 편의를 제공해준 고려대학교 교육문제연구소와 행·재정적으로 지원해 준 한국연구재단, 고려대학교 산학단에도 감사드린다. 그런 지원이 없다면 본 사업은 쉽게 할 수 없는 학술 작업이다. 남은 연구기간에도 지속적인 관심을 부탁한다.

호산 박문호의 『칠서주상설』은 1921년에 발간되었다. 1918년 그의 사후 3년만이었다. 그 후 100년이 지났다. 1세기가 지난 2018년, 호산 선생 사후 100여 년 만에, 후학에 의해 본 『칠서주상설』이 연구번역되었다는 점에서 상당한 의미를 부여할 수도 있겠다. 여러 차원을 고려하여, 본 연구번역이 조선 유학을 집대성한 경전 주석서로서, 본 연구사업의 취지에 맞게 관련 학계의 연구 토대로 작용할 수 있기를 간절히 소망한다. 어떤 연구번역이건 완벽하려고 하지만, 한 점의 실수나 오류도 없이 완벽을 기하기란 쉽지 않다. 그만큼 완전한 연구번역은 어렵다. 본 연구번역도 최선을 다하려고 했지만, 미비한 부분이 있을 것이다. 오류가 있다면 많은 질정을 바라며, 잘못된 부분이 발견되면, 추후에 수정 보완할 수 있도록 노력할 것이다.

마지막으로, 심심한 감사를 표해야 할 분이 있다. 상당한 어려움을 감수하면서도 가치 있는 학술도서에 애정을 갖고 출판을 맡아준 박영스토리의 노현 대표님, 불철주야(不撤晝夜) 성심껏 원고를 꼼꼼하게 다듬어 편집해준 문선미 과장님을 비롯한 박영사 편집진에게 고마운 마음을 전한다.

2019. 6. 하지(夏至)절

연구책임자 신창호 씀

일러두기

1. 본서는 1921년 풍림정사(楓林精舍)에서 간행된 박문호의 『칠서주상설(七書註詳說)』(한국학중앙연구원 장서각 소장)을 저본으로 하였다. 아울러 아세아문화사(亞細亞文化社)에서 간행한 『호산전서(壺山全書)』 1~8(1987~1990)을 참고하였다.

2. 원전(原典)은 직역(直譯)을 원칙으로 하되, 필요한 경우에는 현대적 의미를 고려하여 의역(意譯)하며 풀이하였다. 원문은 번역문과 함께 제시하되, 원문을 앞에 번역문을 뒤에 배치하였다.

3. 역주(譯註)의 경우 각주로 처리하고 간단한 단어나 개념 설명의 경우 본문에서 그대로 병기하여 노출하였다(예 : 잡기(雜記 : 잡다하게 기록함)). 주석은 인용 출처 및 근거를 비롯한 관련 자료를 최대한 밝혀내어 제시하고, 관련 자료의 원문 내용과 번역문을 동시에 수록하는 것을 원칙으로 하였다. 자료의 성격과 독해상의 혼란을 고려하여 원문만을 그대로 노출하거나 내용이 중복되는 부분일지라도 편장이 달라질 경우 다시 수록하여 연구 토대 자료로서의 편리성을 도모하였다.

4. 원전의 원문은 칠서의 '경문(經文)', 주자의 주석인 '주주(朱註)', 박문호의 주석인 '상설(詳說)'로 구분하되, '경문－주주－상설'순으로 글자의 크기를 달리 하였다. 경문의 경우, 별도로 경문이라는 표시 없이 편장별로 번호를 붙였다(예 : 『논어』「선진」 1장 첫 구절은 「선진」이 『논어』의 11편이므로 [11－1－1]로 표시). 상설은 모든 구절에 ○를 붙여 의미를 분명하게 하였다.

5. 원문의 표점 및 정본화 작업은 연구번역 저본과 참고로 활용한 판본을 충분히 대조하여 정돈하였다. 『칠서주상설』 편제의 특성상, 혼란의 소지가 있는 부분은 글자를 추가하거나 삭제한 경우도 있으나 번역에서 원전 그대로 확인할 수 있도록 다시 전체 문장

을 제시하였다. 원문의 정본화 및 역주에서 경전(經傳; 『 』)이나 편명(篇名; 「 」), 구두(句讀; , ; .), 인용문(따옴표; “ ” ; ‘ ’), 강조점(따옴표; ‘ ’) 등을 구분하여 표시하였다.

6. 원전의 특성상, 경문의 바로 아래에 제시되어 있는 음운(音韻)이나 음가(音價)는 주자의 주석인 주주(朱註)로 처리하였다.

7. 원문이나 역주 가운데, 인명이나 개념어는 기본적으로 한글과 한문을 병기하되, 상황에 맞추어서 정돈하였다(예: ‘주자(朱子)’의 경우, 때로는 주희(朱熹)로 표기. 개념어는 원문을 그대로 노출하기도 하고 풀이하기도 하였는데, 도(道)의 경우, 도리(道理), 이치(理致), 방법(方法) 등으로 해석).

8. <참고문헌>과 인명 및 개념·용어 등은 최종 <별책 부록>으로 정돈한다.

차례

— 대학장구상설 총 목차 —

차례

— 대학장구상설 2 —

대학장구상설
大學章句詳說

수기(修己)

전(傳) 1장 ~ 전(傳) 7장

전1장 ◦ 「傳」之首章

[傳1-1]

「康誥」曰："克明德",
「강고(康誥)」에 말하기를, "능히 덕을 밝힌다."라고 하며,

朱註

'「康誥」', 「周書」. '克', 能也.
'「강고(康誥)」'는 「주서(周書)」이다. '극(克)'은 능함이다.

詳說

○ 篇名.
'「강고」, 「주서」(「康誥」, 「周書」)'에서 '「강고(康誥)」'는 『서경(書經)』「주서(周書)」의 편명이다.[1]

○ 朱子曰："'克'字雖訓'能', 然比'能'字有力, 惟文王眞箇會底, 他人不能也."[2]
'극, 능야(克, 能也)'에 대해, 주자(朱子 : 朱熹)가 말하였다. "'극(克)'자가 비록 '능함'으로 새기지만 '능(能)'자에 비해 힘이 있는데, 오직 문왕만이 이에 확실히 부합하였고 다른 사람들은 능하지 못하였다."[3]

○ 西山眞氏曰："切要, 在'克'字."[4]
서산 진씨(西山眞氏 : 眞德秀[5])가 말하였다. "절실하고 요긴함이 '극(克)'자에 있다."

---

1) '「강고(康誥)」'는 『서경(書經)』「주서(周書)」의 편명이다 : 『서경(書經)』「주서(周書) <강고(康誥)>에는 다음과 같이 기록되어 있다. "惟乃丕顯考文王, 克明德愼罰.(너의 크신 드러나신 아버지 문왕께서 능히 덕을 밝히고 벌을 삼가셨다.)"

2) 호광 편(胡廣 編), 『대학장구대전(大學章句大全)』. "朱子曰 : '此克字, 雖訓能, 然比能字有力, 見人皆有是明德而不能明, 惟文王能明之, 克只是眞箇會底意.'(주자가 말하였다. '이 극(克)자가 비록 능함으로 새기지만 능(能)자에 비해 힘이 있다. 사람들이 모두 밝은 덕이 있지만 능히 밝지 못하거늘 오직 문왕만이 밝았으니, 극(克)자가 다만 이에 확실하게 부합하는 뜻임을 보인 것이다.')"

3) 『주자어류(朱子語類)』 권16, 「대학3(大學三)」 1조목에는 다음과 같이 설명하고 있다. "'능히 덕을 밝힌다'에 대해 묻자, 주희가 말하였다. '덕을 밝힐 수 있느냐 없느냐는 사람이 할 수 있느냐 없느냐에 달려 있을 뿐이다. 극(克)은 참으로 그 명덕(明德)을 밝힐 수 있는 것이다.'(問 : '克明德.' 曰 : '德之明與不明, 只在人之克與不克耳. 克, 只是眞箇會明其明德.')"

4) 호광 편(胡廣 編), 『대학장구대전(大學章句大全)』. "西山眞氏曰 : '要切處, 在克之一字.'(서산 진씨가 말하였다. '요긴하고 절실한 곳은 '극(克)'이라는 한 글자에 있다.')"

5) 진덕수(眞德秀, 1178~1235) : 남송 시대의 학자로 자가 경원(景元) 또는 희원(希元)이고, 호가

◯ 東陽許氏曰："'德'字，包'明德'字."[6)]

동양 허씨(東陽許氏：許謙)[7)]가 말하였다. "'덕(德)'자는 '명덕(明德)'자를 포함한다."

◯ 新安陳氏曰："本文云：'克明德愼罰'，此只取上三字；下文引「大甲」，亦去'先王'字，皆引經之活法."[8)]

신안 진씨(新安陳氏：陳櫟)[9)]가 말하였다. "「강고(康誥)」 본문에 이르기를, '능히 덕을 밝히고 벌을 삼가셨다.'라고 하였는데 여기서는 다만 위의 세 글자를 취하였으며, 아래 문장에서는 「태갑(大甲)」을 인용하였는데, 또한 '선왕(先王)'자를 없앴으니,[10)] 모두 「경(經)」을 인용하는 활법인 것이다."

서산(西山)이고, 시호가 문충(文忠)이며, 복건성 포성(浦城) 사람이다. 본래 성은 신(愼)씨였는데, 효종의 휘(諱)를 피하여 성(姓)을 진(眞)으로 고쳤다. 주희의 이학(理學)을 계승한 위료옹(魏了翁)과 함께 이름을 나란히 하였으며, 당시 학자들이 서산선생(西山先生)이라고 불렀다. 저서로는 『진문충공집(眞文忠公集)』 등이 있다.

6) 호광 편(胡廣 編), 『대학장구대전(大學章句大全)』. "東陽許氏曰：'「康誥」者，周武王封弟康叔於衛而告之之書. 克明德，言文王之能明其德也. 引之解明德，克字有力，明字卽上明字，德字包明德字.'(동양 허씨가 말하였다. '「강고(康誥)」라는 것은 주나라 무왕이 동생 강숙(康叔)을 위(衛)나라에 봉하고 말해준 글이다. 극명덕(克明德)은 문왕이 능히 그 덕에 밝았음을 말한 것이다. 그것을 인용하여 명덕을 풀이하였는데, 극(克)자에 힘이 있으며, 명(明)자는 곧 위의 명(明)자이고, 덕(德)자는 명덕(明德)자를 포함한다.')"

7) 허겸(許謙, 1269~1337)：원나라 때 학자로 자가 익지(益之)이고, 호가 백운산인(白雲山人)이며, 절강성 동양(東陽) 사람이다. 진(晉) 대 허자(許孜)의 후예로, 어려서 아버지가 죽자 어머니 도씨(陶氏)가 『효경』·『논어(論語)』 등을 말로 전하여 가르쳤으며, 6세에 숙부 허굉(許觥)의 사자(嗣子)가 되어 김이상(金履祥)을 스승으로 삼고 배웠다. 관직을 사양하고 학문에 전념하였는데, 옛것에 얽매이지 않고 시류에 휩쓸리지 않으며 평소의 뜻이 청정하고 담백하여 도(道)로써 스스로 즐거워하였다. 저서로는 『백운집』 외에 『사서총설(四書總說)』·『시집전명물초(詩集傳名物鈔)』·『관사치홀기미(觀史治忽機微)』 등이 있다.

8) 호광 편(胡廣 編), 『대학장구대전(大學章句大全)』. "新安陳氏曰：'「康誥」本文云：克明德愼罰，此只取上三字；下文引「太甲」顧諟天之明命，亦去先王字，皆引經之活法.'(신안 진씨가 말하였다. '「강고(康誥)」 본문에 이르기를, 능히 덕을 밝히고 벌을 삼가셨다고 하였는데 여기서는 다만 위의 세 글자를 취하였으며, 아래 문장에서는 「태갑(大甲)」의 이 하늘의 밝은 명을 돌아본다는 말을 인용하였는데, 또한 선왕(先王)자를 없앴으니, 모두 경전 인용의 활법인 것이다.')"

9) 진력(陳櫟, 1252~1334)：원나라 때 학자로 자가 수옹(壽翁)·휘지(徽之)이고, 호가 동부노인(東阜老人)·정우선생(定宇先生)이며, 휴녕(休寧) 사람이다. 주희(朱熹)의 학문을 추종하여 강학(講學)에 매진하였다. 저서로는 『정우집(定宇集)』 외에 『역략(易略)』·『사서발명(四書發明)』·『서전찬소(書傳纂疏)』·『예기집의(禮記集義)』 등이 있다.

10) 『서경(書經)』「상서(商書)」 <태갑(大甲)>에는 "先王，顧諟天之明命"으로 되어 있다.

[傳1-2]

「大甲」曰 : "顧諟天之明命."
「태갑」에 말하기를, "하늘의 밝은 명을 돌아본다."라고 하며,

朱註

'大', 讀作'泰'. '諟', 古'是'字.[11] '「大甲」', 「商書」. '顧', 謂常目在之也. '諟', 猶此也, 或曰 : "審也."

'태갑(大甲)'에서 '태(大)'자는 독음이 '태(泰)'가 된다. '시(諟)'는 옛날 '시(是)'자이다.[12] '「태갑(大甲)」'은 「상서(商書)」이다. '고(顧)'는 항상 눈이 그것에 있음을 이른다. '시(諟)'는 차(此)와 같으며, 어떤 사람이 말하기를, "살핌이다."라고 하였다.

詳說

○ 篇名.

'「태갑」, 「상서」(「大甲」, 「商書」)'에서 '「태갑(大甲)」'은 『서경(書經)』「상서(商書)」의 편명이다.[13]

○ 朱子曰 : "如一物在此, 惟恐人偷去, 兩眼常覷在此."[14]

---

11) 호광 편(胡廣 編), 『대학장구대전(大學章句大全)』. 『예기주소(禮記注疏)』 권60, 「대학 · 음의(音義)」에 의하면, "'大', 音泰. '顧諟', 上音故, 本又作'顧'同; 下音是."라고 하였다. 조선 순조 20년(1820)에 간행된 경진신간(庚辰新刊) 내각장판(內閣藏板)의 『대학장구대전(大學章句大全)』에도 이 내용이 실려 있다.

12) '시(諟)'는 옛날 '시(是)'자이다 : 『주자어류(朱子語類)』 권16, 「대학3(大學三)」 4조목에는 "시(諟)는 상세하게 살피고 돌아보아 깨달음이 자세한 것이다.(諟, 是詳審顧諟, 見得子細.)"라고 하였다.

13) '「태갑(大甲)」'은 『서경(書經)』「상서(商書)」의 편명이다 : 『서경(書經)』「상서(商書)」 <태갑(大甲)>에는 다음과 같이 기록되어 있다. "伊尹作書曰, 先王, 顧諟天之明命, 以承上下神祇, 社稷宗廟, 罔不祗肅, 天監厥德, 用集大命, 撫綏萬方, 惟尹, 躬克左右厥辟, 宅師, 肆嗣王, 丕承基緖. (이윤이 글을 지어 말하였다. '선왕이 이 하늘의 밝은 명(命)을 돌아보시어 상하(上下)의 신기(神祇)를 받드시며, 사직(社稷)과 종묘(宗廟)를 공경하고 엄숙히 하지 않음이 없으시니, 하늘이 그 덕(德)을 살펴보시고 대명(大命)을 모아 만방(萬邦)을 어루만지고 편안하게 하셨습니다. 이에 제가 몸소 능히 임금을 좌우에서 보필하여 여러 무리들을 편안히 살게 하니, 이러므로 사왕(嗣王)께서 기서(基緖)를 크게 계승하게 되신 것입니다.)"

14) 호광 편(胡廣 編), 『대학장구대전(大學章句大全)』. "朱子曰 : '常目在之, 古註語極好, 如一物在此, 惟恐人偷去, 兩眼常常覷在此相似.'(주자가 말하였다. '상목재지(常目在之)는 옛날 주석에

'상목재지(常目在之)'에 대해, 주자(朱子)가 말하였다. "마치 하나의 물건이 여기에 있음에 오직 사람들이 훔쳐갈까 염려하여 두 눈이 항상 엿보면서 여기에 있음과 같은 것이다."

○ '常目', 則必明之.

'상목(常目)'은 곧 반드시 그것에 밝아야 하는 것이다.

○ 『大全』曰 : "從'古是字'之說."[15]

'시, 유차야(諟, 猶此也)'에 대해, 『대학장구대전(大學章句大全)』에서 말하였다. "'고시자(古是字 : 옛날의 '시'자)'의 설명을 좇은 것이다."

○ 『大全』曰 : "『廣韻』註也, 今不必從."[16]

말이 매우 좋으니, 마치 하나의 물건이 여기에 있음에 오직 사람들이 훔쳐갈까 염려하여 두 눈이 항상 엿보면서 여기에 있음과 서로 같은 것이다.')" 『주자어류(朱子語類)』 권16, 「대학3(大學三)」 8조목에는 보다 자세하게 안내 되어 있다. "'하늘의 밝은 명을 돌아본다.'고 한 것에 대해, 고주에서는 '항상 눈을 둔다.'고 하였으니, 그 말이 대단히 좋다. 이는 하나의 사물이 눈앞에 있음을 볼 수 있다는 말이 아니라 다만 이 마음을 오래토록 보존하여 이 도리가 밝고 환하여 어둡지 않음을 아는 것이다. 이제 고요히 앉아서 아직 사물과 접촉하지 않았을 때는 이러한 이치는 본래 잠연(湛然)하게 맑고 밝으며, 일에 부딪쳐 접촉할 때는 이러한 이치 또한 처하는 곳에 따라 발현한다. 사람들이 항상 북돋워서 성찰하여 언제나 생각하여 잊지 않고 보존하여 기르기를 오래도록 하려면 이치는 더욱 밝아져서 잊으려 해도 잊을 수 없다. 맹자는 '학문하는 방법은 다른 것이 없고, 그 놓친 마음을 찾는 일일 뿐이다.'라고 말하였으니, 이른바 '놓친 마음을 구한다'는 것은 항상 이 마음을 보존하는 일이다. 마음을 보존하고 본성을 기르는 것이 이미 오래되면 자연스럽게 믿게 된다. 요임금과 순임금의 행실이 할 만하고 성현의 학문이 배울 만하다는 것은 양식이 반드시 배부르게 하고 옷감이 반드시 몸을 따뜻하게 한다는 것과 같다. 이를 분명하게 알면 자연스럽게 외부의 사물이 이길 수 없다. 이와 같이 있는 것도 같고 없는 것도 같다면 어떻게 믿고, 어떻게 행할 수 있겠는가? 천권 만권의 책도 놓친 마음을 찾는 것으로 사람을 가르쳤을 뿐이다. 성현이 사람을 가르치는 데 그 요점은 모두 하나이다. 진실로 한 곳을 꿰뚫어서 이해하였다면 부딪치는 곳 모두가 통한다.('顧諟天之明命', 古註云 : '常目在之.' 說得極好. 非謂有一物常在目前可見, 也只是長存此心, 知得有這道理光明不昧. 方其靜坐未接物也, 此理固湛然清明 ; 及其遇事而應接也, 此理亦隨處發見. 只要人常提撕省察, 念念不忘, 存養久之, 則是理愈明, 雖欲忘之而不可得矣. 孟子曰 : '學問之道無他, 求其放心而已矣.' 所謂求放心, 只常存此心便是. 存養旣久, 自然信向. 決知堯舜之可爲, 聖賢之可學, 如菽粟之必飽, 布帛之必煖, 自然不爲外物所勝. 若是若存若亡, 如何會信, 如何能必行. …… 千書萬書, 只是敎人求放心. 聖賢敎人, 其要處皆一. 苟通得一處, 則觸處皆通矣.)"

15) 호광 편(胡廣 編), 『대학장구대전(大學章句大全)』.

16) 호광 편(胡廣 編), 『대학장구대전(大學章句大全)』. 『강희자전(康熙字典)』에서, 『설문해자(說文解字)』에는 "理也."라 하고, 『광아(廣雅)』에는 "是也."라 하고, 『옥편(玉篇)』에는 "審也, 諦也."

'혹왈 : 심야(或曰 : 審也)'에 대해, 『대학장구대전(大學章句大全)』에서 말하였다. "『광운(廣韻)』의 주석이니, 지금은 반드시 좇지 않는다."

朱註

'天之明命', 卽天之所以與我而我之所以爲德者也, 常目在之, 則無時不明矣.

'천지명명(天之明命 : 하늘의 밝은 명)'은 곧 하늘이 나에게 준 것으로서 내가 덕으로 삼은 것이니, 항상 눈이 그것에 있으면[17] 때마다 밝지 않음이 없는 것이다.

詳說

○ 朱子曰 : "人之明德, 非佗也, 卽天之所以命我, 而至善之所存也."[18]

'천지명명, 즉천지소이여아이아지소이위덕자야(天之明命, 卽天之所以與我而我之所以爲德者也)'에 대해, 주자(朱子)가 말하였다. "사람의 밝은 덕은 다른 것이 아니라, 곧 하늘이 나에게 명한 것으로 지극한 선이 있는 것이다."

○ 又曰 : "天之所以與我, 便是明命, 我所得以爲性者, 便是明德."[19]

라 하고, 『광운(廣韻)』에는 "正也, 與是通."이라 하였다고 밝혀놓은 것을 보면, 『대학장구대전(大學章句大全)』의 내용과 차이가 있음을 알 수 있다.

17) 항상 눈이 그것에 있으면 : 『주자어류(朱子語類)』 권16, 「대학3(大學三)」 11조목에는 "'물었다. '항상 눈이 있다'는 뜻은 무슨 뜻입니까?' 선생이 손으로 가리켜 말하였다. '하나의 사물이 여기에 있는데 사람들이 훔쳐갈까 걱정하여 두 눈은 언제나 여기에 있는 것과 같다.'(問 : '常目在'之意. 先生以手指曰 : '如一件物在此, 惟恐人偸去, 兩眼常常在此相似.')"라고 하였고, 12조목에는 "물었다. '어떻게 눈이 여기에 있습니까?' 주희가 말하였다. '항상 눈으로 보는 사이에 말을 두어서 잊지 않는 것이다.'(問 : '如何目在之?' 曰 : '常在視瞻之間, 蓋言存之而不忘.')"라고 하였다.

18) 주희(朱熹), 『사서혹문(四書或問)』 권2, 「대학(大學) · 전(傳)10장」. "曰 : '顧諟天之明命, 何也?' 曰 : '人受天地之中以生, 故人之明德, 非他也, 卽天之所以命我, 而至善之所存也. 是其全體大用, 蓋無時而不發見於日用之間, 人惟不察於此.……'(말하였다. '이 하늘의 밝은 명을 돌아본다는 것은 무엇입니까?' 말하였다. '사람이 하늘과 땅의 중간을 받아서 태어났기 때문에 사람의 밝은 덕은 다른 것이 아니라, 곧 하늘이 나에게 명한 것으로 지극한 선이 있는 것이다. 이는 그 전체의 큰 쓰임이니 대개 때마다 날로 쓰는 사이에 드러나지 않음이 없거늘 사람들이 오직 이것을 살피지 못하는 것이다.……')"

19) 호광 편(胡廣 編), 『대학장구대전(大學章句大全)』. "朱子曰 : '上下文都說明德, 這裏却說明命, 蓋天之所以與我, 便是明命, 我所得以爲性者, 便是明德, 命與德, 皆以明言, 是這箇物本自光明, 我自昏蔽了他.'(주자가 말하였다. '위아래 문자에서 모두 밝은 덕을 말하였는데, 저 안에는 도리어 밝은 명을 말하였으니, 대개 하늘이 나에게 준 것은 곧 밝은 명이고, 내가 얻어서 성으로

주자(朱子 : 朱熹)가 또 말하였다. "하늘이 나에게 준 것은 곧 밝은 명이고, 내가 얻어서 성으로 삼을 수 있는 것은 곧 밝은 덕이다."

◯ 玉溪盧氏曰 : "自我之得乎天者, 言曰'明德'; 自天之與我者, 言曰'明命', 名雖異而理則一."[20]

옥계 노씨(玉溪盧氏 : 盧孝孫)[21]가 말하였다. "나로부터 하늘에서 얻은 것을 말하여 '명덕(明德)'이라 하고, 하늘로부터 나에게 준 것을 말하여 '명명(明命)'이라고 하니, 이름이 비록 다르나 이치는 동일하다."

◯ 按此註'卽'字, 所以照顧首節註'得乎天'三字而言, 以見'明德'·'明命', 其義一也.

내가 생각하건대, 이 주석의 '즉(卽)'자는 머리 절 주석의 '득호천(得乎天)' 세 글자[22]를 고려하면서 말하여 '명덕(明德)'과 '명명(明命)'의 그 뜻이 동일함을 보인 것이다.

◯ 蒙上'明命'之訓.

'상목재지(常目在之)'는 위의 '명명(明命)'의 뜻풀이를 이어받은 것이다.

◯ 朱子曰 : "只要念念不忘, 不是有一物, 可見其形象."[23]

삼을 수 있는 것은 곧 밝은 덕이니, 명(命)과 덕(德)은 모두 밝음으로써 말하였다. 이러한 것들은 본래 스스로 빛나고 밝은데 내가 스스로 어둡고 저것에 가려진 것이다.')"

20) 호광 편(胡廣 編), 『대학장구대전(大學章句大全)』. "玉溪盧氏曰 : '天之明命, 卽明德之本原, 自我之得乎天者, 言曰明德; 自天之與我者, 言曰明命, 名雖異而理則一. 日用動靜語默之間, 孰非明德之發見, 亦孰非明命之流行; 日用動靜語默之間, 孰非顧諟明命之所, 亦孰非明明德之所.'(옥계 노씨가 말하였다. '하늘의 밝은 명은 곧 밝은 덕의 본원이니, 나로부터 하늘에서 얻은 것을 말하여 명덕(明德)이라 하고, 하늘로부터 나에게 준 것을 말하여 명명(明命)이라고 하니, 이름이 비록 다르나 이치는 동일하다. 날로 쓰는 동정(動靜)과 어묵(語默)의 사이에 어느 것인들 밝은 덕의 발현이 아니며, 또한 어느 것인들 밝은 명의 유행이 아니며, 날로 쓰는 동정과 어묵의 사이에 어느 것인들 이 밝은 명을 돌아보는 것이 아니며, 또한 어느 것인들 명덕을 밝히는 것이 아니겠는가?')"

21) 노효손(盧孝孫) : 북송 시대 학자로 호가 옥계(玉溪)이고, 귀계(貴溪) 사람이다. 남송 영종(寧宗) 가태(嘉泰, 1201~1204) 연간에 진사(進士)에 급제하여 벼슬을 시작한 뒤 태학박사(太學博士)에 올랐고, 남송 이종(理宗) 순우(淳祐, 1241~1252) 초에는 태학에 나아가 강연(講筵)을 하였다. 저서로는 『대학통의(大學通義)』·『사서집의(四書集義)』 등이 있다.

22) '득호천(得乎天)' 세 글자 : 『대학장구』 「경(經)」 1장의 전문(傳文)에 나오는 "'대학'이라는 것은 대인의 학문이다. '명(明)'은 밝히는 것이다. '명덕(明德)'이라는 것은 사람이 하늘에서 얻은 것으로 비고 신령하여 어둡지 않아서 뭇 이치를 갖추어 모든 일에 응하는 것이다.('大學'者, 大人之學也. '明', 明之也. '明德'者, 人之所得乎天, 而虛靈不昧, 以具衆理而應萬事者也.)"에서 '得乎天'을 말한다.

23) 호광 편(胡廣 編), 『대학장구대전(大學章句大全)』. 『대학장구대전(大學章句大全)』 "只是見得道

주자(朱子)가 말하였다. "다만 생각마다 잊지 않을 것을 요구하니, 하나의 사물도 두지 않아서 그 형상을 볼 수 있는 것이다."

◯ 遂復其初.

'무시불명의(無時不明矣)'는 마침내 그 처음을 회복하는 것이다.

◯ 新安陳氏曰 : "「康誥」·「帝典」, 皆釋上'明'字, '明德'之本體, 則未嘗說破, 惟以'天之明命'言之, '明命', 卽'明德'之本原."[24]

신안 진씨(新安陳氏 : 陳櫟)가 말하였다. "「강고(康誥)」와 「제전(帝典)」에서는 모두 위의 '명(明)'자를 풀이하고, '명덕(明德)'의 본체는 곧 일찍이 밝혀 말한 적이 없으며, 오직 '천지명명(天之明命)'으로써 말하였으니, '명명(明命)'은 곧 '명덕(明德)'의 본원이다."

理, 常在目前, 不被事物遮障了, 不成是有一物, 可見其形象.(다만 도리를 보게 되면 항상 눈앞에 있어서 사물에 가려지지 않나니, 하나의 사물도 두지 않아서 그 형상을 볼 수 있는 것이다.)" 『주자어류(朱子語類)』 권16, 「대학3(大學三)」 8조목.

24) 호광 편(胡廣 編), 『대학장구대전(大學章句大全)』. "新安陳氏曰 : '「傳」引「康誥」·「帝典」之克明, 皆釋上一明字, 乃明之之明, 而明德之本體, 則未嘗說破, 惟以顧諟天之明命言之. 蓋明命, 卽明德之本原. 顧諟, 卽明之之工夫也, 貫天命己德而一之. 『或問』謂天未始不爲人, 人未始不爲天, 可謂精矣. 子思言天命之謂性, 其亦祖述此意也歟.'(신안 진씨가 말하였다. '「전(傳)」의 글에서 「강고(康誥)」와 「제전(帝典)」의 극명(克明)을 인용함에 모두 위의 하나의 명(明)자를 풀이하였는데 이에 밝힌다는 명(明)이며, 명덕(明德)의 본체는 일찍이 설파한 적이 없고, 오직 이 하늘의 밝은 명(命)을 돌아본다는 것으로써 말하였다. 대개 명명(明命)은 곧 명덕(明德)의 본원이며, 고시(顧諟)는 곧 밝히는 공부이니, 천명(天命)과 자기의 덕을 관통하여 동일하게 하는 것이다. 『혹문』에서 이르기를, 하늘이 처음부터 사람을 위하지 않은 것이 아니며, 사람이 처음부터 하늘을 위하지 않은 것이 아니니, 정밀하다고 이를 수 있다. 자사(子思)가 말하기를, 하늘이 명한 것을 성(性)이라 한다고 하였으니, 그 또한 이 뜻을 조술한 것이로다.')"

[傳1-3]

「帝典」曰 : "克明峻德."

「제전(帝典)」에서 말하기를, "능히 큰 덕을 밝힌다."라고 하였으니,

朱註

'峻', 『書』作'俊'. '「帝典」', 「堯典」, 「虞書」. '峻', 大也.

'극명준덕(克明峻德)'에서 '준(峻)'자는 『서경(書經)』에서는 '준(俊)'으로 썼다.[25] '「제전(帝典)」'은 「요전(堯典)」이니 『서경(書經)』의 「우서(虞書)」이다. '준(峻)'은 큼이다.

詳說

○ 篇名, 「堯典」而又通稱「帝典」.

'「제전(帝典)」'은 편의 이름이니, 「요전(堯典)」을 또 일반적으로 「제전(帝典)」이라고 부른다.

○ 新安陳氏曰 : "'明德', 以此德本體之明言; '峻德', 以此德全體之大言, 一也. 德之全體, 本無限量, 克明之, 是盡己之性也."[26]

신안 진씨(新安陳氏 : 陳櫟)가 말하였다. "'명덕(明德)'은 이 덕의 본체가 밝음으로써 말하였고, '준덕(峻德)'은 이 덕의 전체가 큼으로써 말하였으나 동일한 것이다. 덕의 전체는 본래 한정된 정량이 없으며, 능히 그것을 밝히는 일이 자기의 본성을 다하는 것이다."

---

25) 『서경(書經)』「우서(虞書)」<요전(堯典)>에는 "克明俊德, 以親九族, 九族旣睦, 平章百姓, 百姓昭明, 協和萬邦, 黎民, 於變時雍."이라 하였다.

26) 호광 편(胡廣 編), 『대학장구대전(大學章句大全)』. "新安陳氏曰 : '明德, 以此德本體之明言; 峻德, 以此德全體之大言, 一也. 德之全體, 本無限量; 克明之, 是盡己之性, 通貫明徹, 無有不明處, 而全體皆明也.'(신안 진씨가 말하였다. '명덕(明德)은 이 덕의 본체의 밝음으로써 말하였고, 준덕(峻德)은 이 덕의 전체의 큼으로써 말하였으나 동일한 것이다. 덕의 전체는 본래 한정된 정량이 없으며, 능히 그것을 밝히는 것이 자기의 본성을 다하는 것이니, 통관하고 명철하여 밝지 않은 곳이 없음에 전체가 모두 밝은 것이다.')"

[傳1-4]

皆自明也.
다 스스로 밝힘이니라.

朱註

結所引書, 皆言自明己德之意.
인용한 글을 끝맺으면서 모두 스스로 자기의 덕을 밝히는 뜻임을 말한 것이다.

詳說

○ '結'字, 釋於此. 或云: "釋於'意'字."
'결(結)'자는 여기에서 풀이해야 한다. 어떤 사람이 이르기를, "'의(意)'자에서 풀이해야 한다."라고 하였다.

○ '書'字下, 又有'所引書'三字之意.
'서(書)'자 아래에 또 '소인서(所引書)'라는 세 글자의 뜻이 있다.

○ 雙峯饒氏曰: "引三書, 取其辭意, 不以人·代之先後拘, 後凡引『詩』·『書』, 皆當以此例之."[27]
쌍봉 요씨(雙峯饒氏: 饒魯)[28]가 말하였다. "세 개의 글을 인용하여 그 말뜻을 취함에 사람과 시대의 앞뒤로써 구애받지 않았으며, 뒤에 무릇 『시경(詩經)』과 『서경(書經)』을 인용함에도 모두 이 예로써 하였다."

○ 朱子曰: "三者, 固皆自明之事, 然「帝典」專言成德之事, 而極其大焉, 言之淺深, 亦略有序矣."[29]

---

27) 호광 편(胡廣 編), 『대학장구대전(大學章句大全)』. "雙峯饒氏曰: '引三書, 先後不倫, 取其辭意, 不以人·代之先後拘, 後凡引『詩』·『書』, 皆當以此例之.'(쌍봉 요씨가 말하였다. '세 개의 글을 인용함에 앞뒤를 논하지 않았고, 그 말뜻을 취함에 사람과 시대의 앞뒤로써 구애받지 않았으며, 뒤에 무릇 『시경(詩經)』과 『서경(書經)』을 인용함에도 모두 이 예로써 하였다.')"

28) 요로(饒魯, 1193~1264): 남송 시대 학자로 자가 백여(伯輿) 또는 중원(仲元)이고, 호가 쌍봉(雙峰)이며, 시호가 문원(文元)이다. 저서로는 『오경강의(五經講義)』·『어맹기문(語孟紀聞)』·『서명도(西銘圖)』 등이 있다.

29) 주희(朱熹), 『사서혹문(四書或問)』, 권2, 「대학(大學)·전(傳)10장」. "曰: '是三者, 固皆自明之事也, 然其言之, 亦有序乎.' 曰: '「康誥」通言明德而已; 「太甲」則明天之未始不爲人, 而人之未始不爲天也; 「帝典」則專言成德之事, 而極其大焉, 其言之淺深, 亦略有序矣.'(말하였다. '이 세 가지는 진실로 모두 스스로 밝힌 일이나, 그것을 말함에 또한 차례가 있습니까?' 말하였다. '「강

주자(朱子)가 말하였다. "세 가지는 진실로 모두 스스로 밝힌 일이나, 「제전(帝典)」에서는 오로지 성덕(成德)의 일을 말하여 그 큼을 지극하게 하였는데, 말의 얕고 깊음에도 또한 대략 차례가 있다."

○ 玉溪盧氏曰: "'自'字, 使人警省; '克明德', 是自明之始事; '克明峻德', 是自明之終事; '顧諟明命'句, 在中間, 是自明工夫. 引三書而斷以一言, 文理一脉之精密, 如此."[30]

옥계 노씨(玉溪盧氏 : 盧孝孫)가 말하였다. "'자(自)'자는 사람에게 경계하고 성찰하게 하는 일이고, '극명덕(克明德)'은 자명(自明)을 시작하는 일이며, '극명준덕(克明峻德)'은 자명을 마치는 일이며, '고시명명(顧諟明命)'의 구절이 중간에 있는데, 이것도 자명의 공부이다. 세 개의 글을 인용하였으나 한마디 말로써 단언하여 문리(文理)의 일맥(一脈)함이 이와 같이 정밀하다."

○ 東陽許氏曰: "'自'字有力, 須是自去明之方, 可."[31]

동양 허씨(東陽許氏 : 許謙)가 말하였다. "'자(自)'자에 힘이 있으니, 모름지기 스스로 밝음으로 가는 방도로써 옳은 것이다."

고(康誥)」에서는 명덕(明德)을 통틀어서 말했을 따름이며, 「태갑(太甲)」에서는 하늘이 처음부터 사람을 위하지 않은 적이 없었고, 사람이 처음부터 하늘을 위하지 않은 적이 없었음을 밝혔고, 「제전(帝典)」에서는 오로지 성덕(成德)의 일을 말하여 그 큼을 지극하게 하였는데, 말의 얕고 깊음에도 또한 대략 차례가 있다.')"

30) 호광 편(胡廣 編), 『대학장구대전(大學章句大全)』. "玉溪盧氏曰 : '自明, 是爲仁由己而由人乎哉之意, 明者, 是自明; 昏者, 是自昏. 玩一自字, 使人警省. 要而言之, 克明德, 是自明之始事; 克明峻德, 是自明之終事; 顧諟明命之句, 在中間, 是自明工夫. 此章雜引三書, 而斷以一言, 其文理血脈之精密如此.'(옥계 노씨가 말하였다. '자명(自明)은 인(仁)을 함이 자기에게 말미암는 것이지 남에게 말미암은 것인가의 뜻이니, 명(明)이라는 것은 스스로 밝은 것이고, 혼(昏)이라는 것은 스스로 어두운 것이다. 하나의 자(自)자를 완미하면 사람들로 하여금 경계하고 성찰하게 하는 것이다. 요약하여 말하면 극명덕(克明德)은 자명을 시작하는 일이며, 극명준덕(克明峻德)은 자명을 마치는 일이며, 고시명명(顧諟明命)의 구절이 중간에 있는데 이것도 자명의 공부이다. 이 장에서는 뒤섞어 세 개의 글을 인용하였으나 한마디 말로써 단언하여 그 문리(文理)의 혈맥이 이와 같이 정밀하다.')"

31) 호광 편(胡廣 編), 『대학장구대전(大學章句大全)』. "東陽許氏曰 : '第一節平說明明德; 第二節是明之之功, 學者全當法此而用功; 第三節言明其德以至於大, 此明明德之極功, 皆自明也. 雖結上文, 自字有力, 明德須是自去明之方可.'(동양 허씨가 말하였다. '제1절은 평범하게 명명덕(明明德)을 말한 것이고, 제2절은 그것을 밝히는 공력이니, 학문을 하는 사람들이 전부 마땅히 이것을 법 삼아서 노력해야 하며, 제3절은 그 덕을 밝혀서 큼에 이름을 말하였으니, 이는 명명덕의 지극한 공력이며, 모두 자명(自明)이다. 비록 위의 글을 맺었어도 자(自)자에 힘이 있으니, 명덕(明德)은 모름지기 스스로 밝음으로 가는 방도로써 옳은 것이다.')"

○ 臨川吳氏曰 : "'自明'二字, 結上文'明德'之「傳」, 而起下章「盤銘」'自新'之意."[32]

임천 오씨(臨川吳氏 : 吳澄[33])가 말하였다. "'자명(自明)' 두 글자로써 윗글 '명덕(明德)'의 「전(傳)」을 맺고, 아래 장 「반명(盤銘)」의 '스스로 새롭게 하는' 뜻을 일으켰다."

朱註

右, 「傳」之首章, 釋'明明德'.

위는 「전(傳)」의 머리 장이니, '명명덕(明明德)'을 풀이하였다.

---

32) 호광 편(胡廣 編), 『대학장구대전(大學章句大全)』. "臨川吳氏曰 : '此章「康誥」, 言文王之獨能明其明德, 以明人當求所以克明其德, 發明明德之端也. 「太甲」承上文, 言欲求所以克明其德者, 必常目在乎天所以與我之明德, 示明明德之方也. 「帝典」承上文, 言能常目在夫天所以與我之明德而明之, 則是能如堯之克明其大德矣, 著明明德之效也. 而又結之曰 : 此皆自明之事也, 蓋自明者, 所以自新, 使民皆有以明其明德者, 所以新民, 然欲使民皆有以明其明德而新民, 必先有以自明而自新. 故以自明二字, 結上文明德之「傳」, 而起下章「盤銘」自新之意也.'(임천 오씨가 말하였다. '이 장의 「강고(康誥)」에서는 문왕이 홀로 능히 그 명덕(明德)에 밝았음을 말하여 사람들이 마땅히 능히 그 덕을 밝히는 것을 구해야 함을 밝혔으니, 명덕을 밝히는 실마리를 드러낸 것이다. 「태갑(太甲)」은 윗글을 이어서 능히 그 덕을 밝히는 것을 구하고자 하는 사람은 반드시 항상 눈이 하늘이 나의 명덕을 준 것에 있어야 함을 말하였으니, 명덕을 밝히는 방도를 보인 것이다. 「제전(帝典)」도 윗글을 이어서 능히 항상 눈이 저 하늘이 나의 명덕을 준 것에 있어서 그것을 밝히면 이에 능히 요 임금이 능히 그 큰 덕을 밝힌 것과 같을 수 있음을 말하였으니, 명덕을 밝히는 효험을 드러낸 것이다. 그런데 또 맺으면서 말하기를 이는 모두 스스로 밝히는 일이니, 대개 자명(自明)이라는 것은 스스로 새로워지는 것이니, 백성들에게 모두 그 명덕을 밝히게 하는 사람이 있으면 백성들을 새롭게 하는 것이다. 그러나 백성들에게 모두 그 명덕을 밝혀서 백성들을 새롭게 함이 있고자 한다면 반드시 먼저 스스로 밝히고 스스로 새롭게 함이 있어야 하는 것이다. 그러므로 자명(自明) 두 글자로써 윗글 명덕의 「전(傳)」을 맺고, 아랫장 「반명(盤銘)」의 스스로 새롭게 하는 뜻을 일으켰다.')"

33) 오징(吳澄, 1249~1333) : 원나라 때의 학자로 자가 유청(幼清) 또는 백청(伯清)이고, 호가 초려(草廬)이고, 시호가 문정(文正)이며, 무주숭인(撫州崇仁) 사람이다. 어려서부터 총명하고 부지런히 분발하여 배우기를 좋아하였으며, 송나라가 망한 뒤에는 저술에 마음을 두었는데 학자들이 초려선생이라고 불렀다. 원나라 무종(武宗) 1년(1308)에 국자감승(國子監丞)에 임명되고, 영종(英宗) 1년(1321)에 한림학사(翰林學士)에 임명되고, 진종(晉宗) 1년(1324)에는 경연강관(經筵講官)이 되었으며, 『영종실록(英宗實錄)』을 수찬하였다. 『노자』·『장자』·『태현경(太玄經)』·『악률(樂律)』·『팔진도(八陣圖)』 등을 핵정하고, 『주역(周易)』·『춘추』·『예기』와 곽박(郭璞)의 『장서(葬書)』에 대해 찬언(纂言)을 하였다. 허형(許衡)과 이름이 나란하여 북허남오(北許南吳)라는 칭송을 들었다. 『오문정공전집(吳文正公全集)』이 세상에 전하며, 『열자해(列子解)』는 전하지 않는다.

詳說

○ 首節略下'明'字, 次節以'顧'代'明', 以'命'代'德', 三節又以'峻'代'明', 合而觀之, 其義方備.

머리 절에서는 아래 '명(明)'자를 생략하였으며, 다음 절에서는 '고(顧)'를 '명(明)'으로 대체하고 '명(命)'을 '덕(德)'으로 대체하였으며, 세 번째 절에서는 또 '준(峻)'을 '명(明)'으로 대체하였으니, 합쳐서 보아야 그 뜻이 바야흐로 갖춰진다.

朱註

此通下三章至'止於信', 舊本, 誤在'沒世不忘'之下.

여기서부터 아래 세 번째 장의 '지어신(止於信)'에 이르기까지 통틀어서 옛날 판본에는 잘못하여 '몰세불망(沒世不忘)'의 아래에 있다.

詳說

○ 此章.

'차통하삼장(此通下三章 : 여기서부터 아래 세 번째 장)'에서 '차(此)'는 이 장이다.

○ 第三章.

'차통하삼장(此通下三章 : 여기서부터 아래 세 번째 장)'에서 '삼장(三章)'은 제3장이다.

전2장 ∘ 「傳」之二章

[傳2-1]

湯之「盤銘」曰："苟日新, 日日新, 又日新."
탕 임금의 「반명」에 말하기를, "진실로 날로 새롭거든 나날이 새로이 하고, 또 날로 새로이 하라."라고 하며,

朱註

'盤', 沐浴之盤也. '銘', 名其器以自警之辭也. '苟', 誠也. 湯, 以人之洗濯其心, 以去惡, 如沐浴其身以去垢, 故銘其盤; 言誠能一日, 有以滌其舊染之汚而自新, 則當因其已新者, 而日日新之, 又日新之, 不可略有間斷也.

'반(盤)'은 목욕하는 대야이다. '명(銘)'은 그 그릇에 문자를 새겨 넣어서 스스로 경계한 말이다. '구(苟)'는 진실로이다. 탕 임금이 사람들이 그 마음을 씻어서 악(惡)을 없애버림이 그 몸을 목욕하여 때를 없애버림과 같다고 여겼기 때문에 그 대야에 문자를 새긴 것이니, 진실로 능히 하루에 그 예전에 물든 더러움을 씻어서 스스로 새로워짐이 있으면 마땅히 그 이미 새로워진 것에 말미암아 나날이 새롭게 하고, 또 날로 새롭게 하여 조금이라도 그치거나 끊어짐이 있어서는 안 됨을 말한 것이다.

詳說

○ 尤庵曰："嘗見重峰校正『朱子大全』·『大學講義』, 冊頭有曰：'唐本作銘', 當以此爲正."[1]

'명기기이자경지사야(名其器以自警之辭也)'에 대해, 우암(尤庵 : 宋時烈)[2]이 말하였다. "일찍이 중봉(重峯 : 趙憲)이 교정한 『주자대전(朱子大全)』과 『대학강의(大學講義)』를 보니 곧 책머리에, '명(名)은 당본(唐本)에 명(銘)으로 썼다.'라고 하였는데

---

1) 송시열, 『송자대전(宋子大全)』 권104, 「서(書) · 답김직경병진(答金直卿丙辰)」. "嘗見宣廟朝趙重峯校正『朱子大全』·『大學講義』, 則冊頭有曰：'名, 唐本作銘', 恐當以此爲正.(일찍이 조중봉이 교정한 『주자대전』과 『대학강의』를 보니 곧 책머리에, '명(名)은 당본(唐本)에 명(銘)으로 썼다.'라고 하였는데, 마땅히 이것으로써 교정을 한 것이 아닌가 싶다.)"

2) 송시열(宋時烈, 1607~1689) : 조선 후기 학자로 자가 영보(英甫)이고, 호가 우암(尤庵) · 우재(尤齋)이고, 시호가 문정(文正)이고 본관이 은진(恩津)이다. 저서로는 『송자대전(宋子大全)』 외에 『주자대전차의(朱子大全箚疑)』·『주자어류소분(朱子語類小分)』·『이정서분류(二程書分類)』 등이 있다.

마땅히 이것으로써 교정을 한 것이 아닌가 싶다."

○ 南塘曰 : "『韻書』, '銘, 名也'[3], 謂卽其器而名, 言其義, 作名字, 似是."[4]

남당(南塘 : 韓元震)[5]이 말하였다. "『운서(韻書)』에서 '명(銘)은 명(名)이다.'라고 하였으니, 그 그릇에다 이름하여 그 뜻을 말함을 이르니, 명(名)자로 쓰는 것이 옳다."

○ 朱子曰 : "古之聖賢, 於其常用之器, 各因其事而刻銘以致戒焉. 武正於几席 · 觴豆 · 刀釰[6] · 户牖, 莫不銘, 蓋聞湯之風而興起."[7]

---

3) 『韻書』, '銘, 名也' : 『석명(釋名)』에 의하면, "銘, 名也, 記名其功也."라고 하였다.

4) 한원진, 『남당선생문집(南塘先生文集)』 권36, 「잡지(雜識) · 내편하(內篇下)」. "蔡君範言 : '『大學章句』, 銘, 名其器, 『大全講義』, 名, 作銘, 世皆從銘字爲是.' 按, 『禮記』「祭統篇」, '銘者, 自名也', 吾意名字爲是. 余又按, 『韻書』, '銘, 志也, 又名也', 蓋謂卽其器而名, 言其義以志其儆戒之意也. 據此則作名字, 似是, 當更詳之.(채범군이 말하기를, '『대학장구』에서는 명(銘)은 그 그릇에 이름하는 것이라 하고, 『대전강의』에서는 명(名)은 명(銘)으로도 쓴다고 하여 세상에서 모두 명(銘)자로부터 옳음을 삼았습니다.'라고 하였다. 살펴보건대, 『예기』「제통편」에서 '명(銘)이라는 것은 스스로 이름하는 것이라고 하였는데 내 생각에는 명(名)자가 옳다. 내가 또 살펴보건대, 『운서』에서 명(銘)은 기록함이며, 또 이름함이라고 하였으니, 대개 그 그릇에다 이름함을 이르며, 그 뜻은 경계의 뜻을 기록함을 말한다. 이에 의거하면 명(名)자로 쓰는 것이 옳음이 되니, 마땅히 다시 상고해야 한다.)"

5) 한원진(韓元震, 1682~1751) : 조선 후기의 학자로 자가 덕소(德昭)이고, 호가 남당(南塘)이며, 본관은 청주이다. 권상하(權尙夏)의 문인으로 강문팔학사(江門八學士) 가운데 한 사람이며, 호락논쟁(湖洛論爭)에서 호론(湖論)인 인물성이론(人物性異論)을 주장하였다. 저서로는 『남당집』 외에 『임시취고(臨時取考)』 · 『경의기문록(經義記聞錄)』 · 『의례경전통해보(儀禮經傳通解補)』 · 『심경부주차기(心經附註箚記)』 · 『춘추별전(春秋別傳)』 · 『근사록주설(近思錄註說)』 · 『이락연원록(伊洛淵源錄)』 · 『가례소의의록(家禮疏擬疑錄)』 · 『가례원류의록(家禮源流疑錄)』 · 『고사편람(古事便覽)』 등이 있다.

6) 釰 : 『대학혹문(大學或問)』에는 '劒'으로 되어 있다.

7) 주희(朱熹), 『대학혹문(大學或問)』, 권2, 「대학(大學) · 전(傳)10장」. "或問 : '盤之有銘, 何也?' 曰 : '盤者, 常用之器. 銘者, 自警之辭也. 古之聖賢, 兢兢業業, 固無時而不戒謹恐懼, 然猶恐其有所怠忽而或忘之也. 是以於其常用之器, 各因其事而刻銘以致戒焉, 欲其常接乎目, 每警乎心而不至於忽忘也. …… 其後周之武王, 踐阼之初, 受師尙父丹書之戒. …… 退而於其几席觴豆刀劒户牖, 莫不銘焉, 蓋聞湯之風而興起者.'(어떤 사람이 물었다. '대야에 명(銘)이 있음은 어쩜인가?' 말하였다. '대야라는 것은 항상 사용하는 그릇이다. 명(銘)이라는 것은 스스로 경계하는 말이다. 옛날 성현들은 항상 조심하고 삼가면서 진실로 때마다 경계하고 삼가고 두려워하지 않음이 없었으나, 오히려 그 태만하고 소홀하여 혹시라도 잊어버리는 것이 있을까 염려하였다. 이 때문에 그 항상 사용하는 그릇에 각각 그 일에 말미암아 새겨서 경계함에 힘썼으니, 그 항상 문으로 접하면서 매양 마음에 경계하여 소홀하고 잊어버림에 이르지 않으려고 한 것이다. ……

주자(朱子)가 말하였다. "옛날 성현은 그 항상 사용하는 그릇에 각각 그 일에 말미암아 새겨서 경계함에 힘썼다. 무왕(武王)은 앉는 자리, 잔과 그릇, 칼과 검, 문과 창문에 새기지 않음이 없었으니, 대개 탕 임금의 기풍을 듣고 흥기한 것이다."

○ 『大全』曰 : "『論語』'苟志於仁', 亦訓'誠'."[8)]

'구, 성야(苟, 誠也)'에 대해, 『대학장구대전(大學章句大全)』에서 말하였다. "『논어(論語)』의 '진실로 인(仁)에 뜻을 두면[苟志於仁]'에서도 또한 '진실로(誠)'라고 새겼다."[9)]

朱註

湯, 以人之洗濯其心, 以去惡, 如沐浴其身以去垢, 故銘其盤; 言誠能一日, 有以滌其舊染之汚而自新,

탕 임금이 사람들이 그 마음을 씻어서 악(惡)을 없애버림이 그 몸을 목욕하여 때를 없애버림과 같다고 여겼기 때문에[10)] 그 대야에 문자를 새긴 것이니, 진실로 능히 하루에 그 예전에 물든 더러움을 씻어서 스스로 새로워짐이 있으면

그 뒤에 주나라 무왕이 왕위에 오르는 처음에 스승 상보(尙父)에게 붉은 글씨의 경계를 받았다. …… 물러나서 그 앉는 자리, 잔과 그릇, 칼과 검, 문과 창문에 새기지 않음이 없었으니, 대개 탕 임금의 기품을 듣고 흥기한 것이다.')"

8) 호광 편(胡廣 編), 『대학장구대전(大學章句大全)』. "『論語』'苟至於仁', '苟'亦訓'誠'.(『논어(論語)』의 '진실로 인에 뜻을 두면'에서도 '구(苟)'자를 또한 '진실로'라고 새겼다.)"

9) 『논어(論語)』의 '진실로 인(仁)에 뜻을 두면[苟志於仁]'에서도 또한 '진실로(誠)'라고 새겼다 : 『논어(論語)』「이인(里仁)」에서 "공자가 말하였다. '진실로 인에 뜻을 두면 악이 없을 것이다.'(子曰 : '苟志於仁矣, 無惡也.')"라고 하였는데, 『논어집주(論語集註)』에서 "苟, 誠也."라고 한 것을 말한다. 『주자어류(朱子語類)』 권16, 「대학3(大學三)」 18조목에서도 "'구'자는 대부분 '성'자로 새긴다.('苟'字多訓'誠'字.)"라고 하였고, 19조목에서도 "'구'자는 '성'자로 새기는데, 옛날의 훈과 해석이 모두 이와 같았지만 약간의 차이가 있다.('苟'字訓誠, 古訓釋皆如此. 乍見覺差異.)"라고 하였다.

10) 그 몸을 목욕하여 때를 없애버림과 같다고 여겼기 때문에 : 『주자어류(朱子語類)』 권16, 「대학3(大學三)」 21조목에는 다음과 같이 설명하고 있다. "탕왕이 '나날이 새롭게 한다.'고 하였다. 『상서(尙書)』에 말하기를 '처음부터 끝까지 한결 같이해야 이때에 바로 날로 새로워진다.'라고 하였다. 이러한 도리는 반드시 언제나 서로 이어져 그침이 없어야 바야흐로 날로 새로워진다. 그치거나 끊어짐이 있으면 새로워질 수 없다. '반명(盤銘)'에서 목욕의 의미를 취하였는데, 아침에 양치질하고 씻고 나면 저녁에 더러운 때가 또 생기므로 언제나 날로 새롭게 하려는 뜻이다.(湯'日日新.' 書云 : '終始惟一, 時乃日新.' 這箇道理須是常接續不已, 方是日新 ; 才有間斷, 便不可. 盤銘取沐浴之義. 蓋爲早間盥濯才了, 晚下垢汙又生, 所以常要日新.)"

詳說

○ 上聲, 下同.[11]

'이거악(以去惡)'에서 '거(去)'자는 상성(上聲 : 제거하다)이니, 아래도 같다.

○ 此其正意故先以惡之.

'거악(去惡)'에서, 이는 그 뜻을 바르게 하는 것이기 때문에 먼저 악(惡)으로써 한 것이다.

○ 盤, 只是借喩也.

'여목욕기신이거구(如沐浴其身以去垢)'에서 반(盤)은 다만 빌려서 비유한 것이다.

○ 照顧「經」文'新民'註而言.

'성능일일, 유이척기구염지오이자신(誠能一日, 有以滌其舊染之汚而自新)'은, 「경(經)」의 글인 '신민(新民)'의 주석[12]을 고려하면서 말한 것이다.

○ 朱子曰 : "緊要在'苟'字, 首句是爲學入頭處, 誠能日新, 則下兩句工夫, 方能接續做去."[13]

주자(朱子)가 말하였다. "긴요함이 '구(苟)'자에 달려 있으니, 머리의 구절은 학문을 함에 입문(入門)이 되는 곳이다. 진실로 능히 날로 새로워지면 아래 두 구절의 공부는 바야흐로 계속 이어갈 수 있다."[14]

---

11) 호광 편(胡廣 編), 『대학장구대전(大學章句大全)』.

12) 「경(經)」의 글인 '신민(新民)'의 주석 : 「경(經)」1장의 주석 가운데 "신(新)이라는 말은 그 옛것을 고치는 것을 뜻하니, 이미 스스로 그 밝은 덕을 밝히고 또 마땅히 미루어 남에게 미쳐서 그에게 또한 그 옛날에 오염된 더러움을 제거함이 있게 해야 함을 말한 것이다.(新者, 革其舊之謂也, 言旣自明其明德, 又當推以及人, 使之亦有以去其舊染之汚也.)"라는 내용을 가리킨다.

13) 호광 편(胡廣 編), 『대학장구대전(大學章句大全)』. "問 : '「盤銘」見於何書?' 朱子曰 : '只見於『大學』, 緊要在一苟字, 首句是爲學入頭處, 誠能日新, 則下兩句工夫, 方能接續做去, 今學者, 却不去苟字上著工夫.'(물었다. '「반명(盤銘)」은 어떤 책에 보입니까?' 주자가 말하였다. '다만 『대학(大學)』에 보이는데, 긴요함이 하나의 구(苟)자에 달려 있으니, 머릿구는 학문을 함에 입문이 되는 곳이다. 진실로 능히 날로 새로워지면 아래 두 구절의 공부는 바야흐로 계속 이어갈 수 있으니, 지금 학자들은 문득 구(苟)자에 대한 공부를 버리지 않아야 한다.')"

14) 『주자어류(朱子語類)』 권16, 「대학3(大學三)」 15조목에는 "'구일신(苟日新)' 이 구절은 학문을 하는 데 처음 들어가는 곳이다. 지금 학문을 하려면 '구(苟)'자를 이해해야만 한다. 진실로 이와 같이 날마다 새로울 수 있으면 아래의 두 구절 공부는 바야흐로 이어져서 하게 된다. 지금 배우는 자들은 단지 날마다 새로워지기만 하고 도리어 '구'자 위의 공부를 하지 않는다. '구일신'의 '구'는 '진실됨'이다.('苟日新'一句是爲學入頭處. 而今爲學, 且要理會'苟'字. 苟能日新如此, 則下面兩句工夫方能接續做去. 而今學者只管要日新, 卻不去'苟'字上面著工夫. '苟日新', 苟

○ 又曰 : "存養省察, 以去其利欲之昏."15)

주자(朱子)가 또 말하였다. "본연의 마음을 보존하고 바른 성정(性情)을 기르며, 몸과 마음의 안팎을 성찰하여 그 이익을 탐하는 욕심의 어두움을 제거해야 한다."

朱註

則當因其已新者, 而日日新之, 又日新之, 不可略有間斷也.

마땅히 그 이미 새로워진 것에 말미암아 나날이 새롭게 하고, 또 날로 새롭게 하여 조금이라도 그치거나 끊어짐이 있어서는 안 됨을 말하였다.

詳說

○ 與「經」文註'因其所發'之語意同.

'당인기이신자(當因其已新者)'는, 「경(經)」의 글을 주석한 것 가운데 '인기소발(因其所發)'16)의 말뜻과 같다.

○ 二日.

'일일신지(日日新之)'에서 앞의 '일(日)'은 두 번째 날이다.

者, 誠也.)"라고 하였고, 16조목에는 "'구'는 '진실됨'이다. 이 한 글자에 긴요한 게 있다.(苟, 誠也. 要緊在此一字.)"라고 하였다.

15) 주희(朱熹), 『대학혹문(大學或問)』, 권2, 「대학(大學) · 전(傳)10장」. "或問 : '盤之有銘, 何也?' 曰 : '盤者, 常用之器; 銘者, 自警之辭也. 古之聖賢, 兢兢業業, 固無時而不戒謹恐懼, 然猶恐其有所怠忽而或忘之也. 是以於其常用之器, 各因其事而刻銘以致戒焉, 欲其常接乎目, 每警乎心, 而不至於忽忘也.' 曰 : '然則沐浴之盤, 而其所刻之辭如此, 何也?' 曰 : '人之有是德, 猶其有是身也, 德之本明, 猶其身之本潔也, 德之明而利欲昏之, 猶身之潔而塵垢汚之也. 一旦存養省察之功, 眞有以去其前日利欲之昏而日新焉, 則亦猶其疏瀹澡雪, 而有以去其前日塵垢之汚也. 然旣新矣, 而所以新之之功不繼, 則利欲之交, 將復有如前日之昏; 猶旣潔矣, 而所以潔之之功不繼, 則塵垢之集, 將復有如前日之汚也. 故必因其已新而日日新之, 又日新之, 使其存養省察之功, 無少間斷, 則明德常明, 而不復爲利欲之昏; 亦如人之一日沐浴, 而日日沐浴, 又無日而不沐浴, 使其疏瀹澡雪之功, 無少間斷, 則身常潔淸, 而不復爲舊染之汚也. …….'(어떤 사람이 물었다. '……' 말하였다. '…… 하루아침에 본연의 마음을 보존하고 바른 성정(性情)을 기르며 몸과 마음의 안팎을 성찰하는 공력이 진실로 그 전날의 이익을 탐하는 욕심의 어두움을 제거하여 날로 새로워짐이 있으니, …….')"

16) 「경(經)」의 글을 주석한 것 가운데 '인기소발(因其所發)' : 「경(經)」1장의 주석에서 "그러므로 학자는 마땅히 그 드러난 것에 말미암아 마침내 밝혀서 그 처음으로 되돌아가야 하는 것이다.(故學者, 當因其所發而遂明之, 以復其初也.)"에 나오는 '因其所發'을 말한다.

○ 三日.

'일일신지(日日新之)'에서 뒤의 '일(日)'은 세 번째 날이다.

○ 四日以後, 至於積久.

'우일신지(又日新之)'에서 '우일(又日)'은 네 번째 날 이후로 매우 긴 시간이 지남에 이르는 것이다.

○ 銘必有韻, 本文三'新'字, 蓋自相爲韻.

'우일신지(又日新之)'에서 보면, 명(銘)에 반드시 운(韻)이 있으나, 본문 세 개의 '신(新)'자는 대개 저절로 서로 운(韻)이 된 것이다.

○ 去聲.[17]

'불가략유간단야(不可略有間斷也)'에서 '간(間)'자는 거성(去聲 : 빈틈)이다.

○ 徒玩反.[18]

'불가략유간단야(不可略有間斷也)'에서 '단(斷)'자는 '도(徒)'와 '완(玩)'의 반절이다.

○ 就言外, 補此句.

'불가략유간단야(不可略有間斷也)'는, 말밖에 대하여 이 구절을 보충한 것이다.

○ 新安陳氏曰 : "'德日新', 仲虺發之, 湯采之爲此銘; 伊尹又本之, 以告太甲曰 : '時乃日新'."[19]

신안 진씨(新安陳氏 : 陳櫟[20])가 말하였다. "'덕일신(德日新 : 덕이 날로 새로워짐)'

---

17) 호광 편(胡廣 編), 『대학장구대전(大學章句大全)』.

18) 호광 편(胡廣 編), 『대학장구대전(大學章句大全)』.

19) 호광 편(胡廣 編), 『대학장구대전(大學章句大全)』. "新安陳氏曰 : '德日新之蘊, 自仲虺發之, 湯采之爲此銘; 伊尹又本之, 以告太甲曰 : 惟新厥德, 終始惟一, 時乃日新. 說者謂孟子所言萊朱卽仲虺, 與斯道之傳者也. 明明德爲體, 新民爲用, 體用元不相離. 故於平天下, 以明明德於天下爲言, 由體而達於用, 同一明也. 於新民之端, 以日新又新爲言, 因用而原其體, 同一新也. 移明己德之明字, 以言明民德; 又移新民之新字, 以言新己德, 體用之不相離, 可見矣.'(신안 진씨가 말하였다. '덕일신(德日新)의 깊음은 중훼(仲虺)로부터 나온 것인데 탕(湯) 임금이 선택하여 이 명(銘)을 만들었고, 이윤(伊尹)이 또 거기에 근본하여 태갑(太甲)에게 아뢰기를, …… 이에 날로 새로워질 것이라고 하였다. …….')"

20) 진력(陳櫟, 1252~1334) : 자는 수옹(壽翁)이고, 호는 정우(定宇) 또는 동부노인(東阜老人)이다. 송말원초 때 휘주(徽州) 휴녕(休寧) 사람이다. 송나라가 망하자 은거하여 학문과 제자 양성에 힘썼다. 학문 성향은 주희(朱熹)의 학문을 위주로 하면서 육구연(陸九淵)의 심학(心學)을 아울러 취하려 하였다. 인종(仁宗) 연우(延祐) 초에 향시(鄕試)에 급제했지만 예부시(禮部試)에 나가지 않고 집에서 학생들을 가르쳤다. 효성과 우애가 지극했고, 세력이나 이익에 휩쓸리지 않았다. 주희와 여러 학자의 학설을 채집하고 자신의 견해를 덧붙여 『상서집전찬소(尙書集傳纂

은 중훼(仲虺 : 탕 임금의 재상(宰相))가 말한 것인데 탕(湯) 임금이 선택하여 이 명(銘)을 만들었고, 이윤(伊尹 : 탕 임금의 대신(大臣))이 또 거기에 근본하여 태갑(太甲)에게 아뢰기를, '이에 날로 새로워질 것'이라고 하였다."

◯ 朱子曰 : "是爲自新之至而新民之端也."[21)]

주자(朱子)가 말하였다. "이는 스스로 새로워짐의 지극함이면서 백성을 새롭게 하는 실마리가 된다."

◯ 雙峰饒氏曰 : "所新, 雖在民, 作而新之之機, 實在我. 故自新爲新民之本. 所以釋新民, 先言自新."[22)]

쌍봉 요씨(雙峰饒氏 : 饒魯)[23)]가 말하였다. "새로워지는 것이 비록 백성에게 달려 있더라도 백성을 일으켜서 새롭게 하는 기틀은 실제로 나에게 있다. 그러므로 스스로 새로워지는 것이 백성을 새롭게 하는 근본이 된다. 그래서 '신민(新民 : 백성을 새롭게 함)'을 풀이함에 먼저 스스로 새로워짐을 말한 것이다."

疏)』를 저술하였다. 그 밖의 저서에 『사서발명(四書發明)』, 『예기집의(禮記集義)』, 『역조통략(歷朝通略)』, 『근유당수록(勤有堂隨錄)』, 『정우집(定宇集)』 등이 있다.

21) 주희(朱熹), 『대학혹문(大學或問)』, 권2, 「대학(大學) · 전(傳)10장」. "此自其本而言之, 蓋以是爲自新之至而新民之端也.(이는 그 근본으로부터 말한 것이니, 대개 스스로 새로워짐의 지극함이면서 백성을 새롭게 하는 실마리가 되기 때문이다.)"

22) 호광 편(胡廣 編), 『대학장구대전(大學章句大全)』. "雙峯饒氏曰 : '所新雖在民, 作而新之之機, 實在我. 故自新爲新民之本. 我之自新有息, 則彼之作新, 亦息矣. 所以釋新民, 先言自新, 相關之機, 蓋如此.'(쌍봉 요씨가 말하였다. '새로워지는 것이 비록 백성에게 달려 있더라도 백성을 일으켜서 새롭게 하는 기틀은 실제로 나에게 있다. 그러므로 스스로 새로워지는 것이 백성을 새롭게 하는 근본이 된다. …… 그래서 신민(新民)을 풀이함에 먼저 스스로 새로워짐을 말한 것이니 …….')"

23) 요로(饒魯, 1194~1264) : 송나라 때의 유학자로 요주의 여간 사람이며, 자는 중원(仲元)이며, 호는 쌍봉(雙峰)이다. 황간에게 학문을 배우고, 평생 동안 벼슬하지 않아 그의 사후 문인들이 그에게 사시(私謚)를 문원(文元)이라 올렸다. 저서로는 『오경강의』, 『논맹기문(論孟紀聞)』, 『춘추절전(春秋節傳)』, 『학용찬술(學庸纂述)』, 『근사록주(近思錄註)』, 『태극삼도(太極三圖)』, 『용학십이도(庸學十二圖), 『서명도(西銘圖)』 등이 있다.

[傳2-2]

「康誥」曰 : "作新民."
「강고」에 말하기를, "새로워지는 백성을 일으켜라."라고 하며,

朱註

鼓之舞之之謂'作', 言振起其自新之民也.[24]
북을 치고 춤을 추게 하는 것을 '작(作)'이라고 하니, 그 스스로 새로워지는 백성을 떨쳐 일으키는 것을 말한다.

詳說

○ 出『易』「繫辭」.
'고지무지(鼓之舞之)'는 『주역(周易)』「계사전(繫辭傳)」에 나온다.[25]

○ '自'字, 兼'欲'字意.
'진기기자신지민야(振起其自新之民也)'에서 '자(自)'자는 '욕(欲)'자의 뜻을 아울렀다.

○ 東陽許氏曰 : "以新民爲自新之民, 蓋民心皆有此善, 才善心發見, 便是自新之機, 因其欲新而鼓舞之. '作'字, 是前'新'字意."[26]
동양 허씨(東陽許氏 : 許謙)[27]가 말하였다. "신민(新民)을 스스로 새로워지는 백성

---

24) 鼓之舞之之謂作, 言振起其自新之民也 : 『주자어류(朱子語類)』 권16, 「대학3(大學三)」 23조목에는 다음과 같이 되어 있다. "鼓之舞之之謂作. 如擊鼓然, 自然使人跳舞踊躍. 然民之所以感動者, 由其本有此理. 上之人旣有以自明其明德, 時時提撕警策, 則下之人觀瞻感發, 各有以興起其同然之善心, 而不能已耳.(북치고 춤추게 하는 것을 '작(作)'이라고 한다. 북을 쳐서 자연스럽게 사람들이 춤추고 기뻐서 뛰게 하는 것과 같다. 그러나 백성들이 감동하는 것은 그 근본에 이러한 이치가 있기 때문이다. 윗사람이 이미 스스로 그 밝은 덕을 밝혀 때때로 분발하고 경계하여 채찍질하면 아랫사람이 살펴보고 감동하여 움직여 똑같이 지니고 있는 선한 마음을 일으켜 그칠 수 없을 따름이다.)"

25) 『주역(周易)』「계사전(繫辭傳)」에 나온다 : 『주역(周易)』「계사전상(繫辭傳上)」에서 "북을 치고 춤을 추게 하여 신비로움을 극진히 한다.(鼓之舞之, 以盡神.)"라고 하였다.

26) 호광 편(胡廣 編), 『대학장구대전(大學章句大全)』. "東陽許氏曰 : '第二節章句, 以新民爲自新之民, 蓋民心皆有此善, 才善心發見, 便是自新之機, 因其欲新而鼓舞之, 作字, 是前新字意.'(동양 허씨가 말하였다. '제2절 장구에서는 신민(新民)을 스스로 새로워지는 백성으로 여겼으니, 대개 백성의 마음에 모두 이 착함이 있는데 문득 착한 마음이 드러남이 곧 스스로 새로워지는 기틀이며, 그 새로워지고자 함에 말미암아 고무되는 것이다. 작(作)자는 앞의 신(新)자의 뜻이다.')"

27) 허겸(許謙 : 1269~1337) : 원나라 때 학자로, 자가 익지(益之)이고, 호가 백운산인(白雲山人)이

으로 여겼으니, 대개 백성의 마음에 모두 이 착함이 있는데 문득 착한 마음이 드러남이 곧 스스로 새로워지는 기틀이며, 그 새로워지고자 함에 말미암아 고무되는 것이다. '작(作)'자는 앞의 '신(新)'자의 뜻이다."

○ 陳氏曰 : "自新之民, 已能改過遷善, 又從而鼓舞振作之, 使之亹亹不能自已, 是作其自新之民也. 此正新民用工夫處."[28]

진씨(陳氏 : 陳祥道)[29]가 말하였다. "스스로 새로워지는 백성은 이미 허물을 고치고 선(善)으로 옮겨갈 수 있는데, 또 좇아서 고무(鼓舞)하고 진작(振作)하여 그들에게 더욱 힘쓰게 하여 스스로 그만둘 수 없게 하니, 이것이 그 스스로 새로워지는 백성을 진작하는 일이다. 이것이 바로 백성을 새롭게 하는 데 공력을 들이는 곳이다."

○ 按, 斯民, 我作之新之, 是『書』本義, 而『章句』釋作一串事者, 所以歸重於新民也. 與下節註'能新其德以及於民'八字, 同意.

내가 생각하건대, 이 백성을 내가 진작(振作)하고 새롭게 하는 것이 『서경(書經)』의 본래 뜻인데, 『대학장구(大學章句)』에서 해석함에 한 꿰미의 일을 지은 것은 백성을 새롭게 함을 중요하게 여긴 까닭이니, 아래 구절 주석의 '능신기덕이급어민(能新其德以及於民 : 능히 그 덕을 새롭게 하여 백성에게 미침)' 여덟 글자와 뜻이 같다.

고, 시호가 문의(文懿)이며, 절강성 동양(東陽) 사람이다. 어려서 아버지가 돌아가시자 어머니 도씨(陶氏)가 직접 『효경(孝經)』·『논어(論語)』를 가르쳤다. 원 대 말기에 이르러 금화(金華)에 하기(何基)·왕백(王柏)·김이상(金履祥)·허겸(許謙)의 사현서원(四賢書院)을 세웠다. 저서로는 『백운집』 외에 『사서총설』·『시집전명물초(詩集傳名物鈔)』·『관사치홀기미(觀史治忽機微)』 등이 있다.

28) 호광 편(胡廣 編), 『대학장구대전(大學章句大全)』.

29) 진상도(陳祥道, 1053~1093) : 북송 시대의 학자로 자가 용지(用之) 또는 우지(祐之)이고, 복주(福州 : 長樂이라고도 함) 사람이다. 영종(英宗) 치평 4년(1067)에 왕안석의 아들 왕방계(王雱系)와 같이 진사과에 급제하였으며, 국자감 직강(直講), 태상박사(太常博士), 비서성(秘書省) 정자(正字) 등을 역임하였다. 스승 왕안석(王安石)의 『삼경신의(三經新義)』와 『시경(詩經)』·『상서(尚書)』·『주례(周禮)』의 주석이 그에게 영향을 주었으며, 특히 일생 동안 삼례(三禮) 공부에 몰두하였다. 저서로는 『예서(禮書)』·『의례주해(儀禮注解)』·『주례찬도(周禮纂圖)』·『고공해(考工解)』·『예기강의(禮記講義)』·『논어전해(論語全解)』 등이 있고, 그의 아우 진양(陳暘)과 『악서(樂書)』를 간행하였으나 이미 유실되었다.

[傳2-3]

『詩』曰 : "周雖舊邦, 其命維新."

『시경(詩經)』에서 말하기를, "주나라가 비록 옛 나라이나 그 명(命)이 새롭다."라고 하니,

朱註

'『詩』', 「大雅 · 文王」之篇. 言周國雖舊, 至於文王, 能新其德, 以及於民, 而始受天命也.

'『시(詩)』'는 「대아(大雅) · 문왕(文王)」의 편이다. 주나라가 비록 오래된 나라이나 문왕 때에 이르러 그 덕(德)을 새롭게 하여 백성에게 미칠 수 있어서 비로소 천명(天命)을 받음을 말한 것이다.

詳說

○ 朱子曰 : "后稷以來, 千餘年."[30)]

'주국수구(周國雖舊)'에 대해, 주자(朱子)가 말하였다. "후직(后稷) 이래로 천여 년이다."

○ 『大全』曰 : "此是推本說."[31)]

'이급어민(以及於民)'에 대해, 『대학장구대전(大學章句大全)』에서 말하였다. "이는 근본을 헤아려서 말한 것이다."

○ 『大全』曰 : '始'字, 貼'新'字.[32)]

'시수천명야(始受天命也)'에 대해, 『대학장구대전(大學章句大全)』에서 말하였다. "'시(始)'자에 '신(新)'자를 붙인 것이다."

---

30) 주희(朱熹), 『대학혹문(大學或問)』, 권2, 「대학(大學) · 전(傳)10장」. "曰 : '『詩』之言, 周雖舊邦, 其命維新, 何也?' 曰 : '言周之有邦, 自后稷以來, 千有餘年, 至於文王, 聖德日新, 而民亦丕變. 故天命之, 以有天下, 是其邦雖舊, 而命則新也. 蓋民之視效在君, 而天之視聽在民, 君德旣新, 則民德必新; 民德旣新, 則天命之新, 亦不旋日矣.'(…… 말하였다. '주나라가 나라를 둔 지 후직(后稷) 이래로 천여 년인데, 문왕(文王)에 이르러 성덕(聖德)이 날로 새로워져서 백성이 또한 크게 변하였다. 그러므로 하늘이 명하여 천하를 두었으니, 이에 그 나라가 비록 오래되었어도 명(命)은 새로웠다. ……)"

31) 호광 편(胡廣 編), 『대학장구대전(大學章句大全)』.

32) 호광 편(胡廣 編), 『대학장구대전(大學章句大全)』.

○ 朱子曰："君德旣新，則民德必新；民德旣新，則天命亦新.[33] 是新民之極和天命也新."[34]

주자(朱子)가 말하였다. "임금의 덕이 이미 새로우면 백성의 덕이 반드시 새로워지고, 백성의 덕이 이미 새로우면 천명(天命)이 또한 새로운 것이다. 이는 백성을 새롭게 하는 지극함과 천명이 새로워짐이다."

○ 北溪陳氏曰："三節有次第，「盤銘」言新民之本，「康誥」言新民之事，詩言新民成效之極."[35]

북계 진씨(北溪陳氏：陳淳)[36]가 말하였다. "세 구절에는 차례가 있으니, 「반명(盤銘)」에서는 백성을 새롭게 하는 근본을 말하였고, 「강고(康誥)」에서는 백성을 새롭게 하는 일을 말하였으며, 시(詩)에서는 백성을 새롭게 하여 효험을 이룬 지극함을 말하였다."

○ 雙峰饒氏曰："'明命'以理言，'新命'以位言."[37]

쌍봉 요씨(雙峰饒氏：饒魯)가 말하였다. "'명명(明命：명을 밝힘)'은 이치로써 말하였고, '신명(新命：명을 새롭게 함)'은 지위로써 말한 것이다."

---

33) 주희(朱熹), 『대학혹문(大學或問)』, 권2, 「대학(大學)·전(傳)10장」. "言周之有邦，自后稷以來，千有餘年，至於文王，聖德日新，而民亦丕變. 故天命之，以有天下，是其邦雖舊，而命則新也. 蓋民之視效在君，而天之視聽在民，君德旣新，則民德必新；民德旣新，則天命之新，亦不旋日矣.(……대개 백성이 보고 본받음은 임금에게 달려있고, 하늘이 보고 들음은 백성에게 달려있으니, 임금의 덕이 이미 새로우면 백성의 덕이 반드시 새로워지고, 백성의 덕이 이미 새로우면 천명(天命)의 덕이 또한 날을 되돌리지 않는다. …….)"

34) 호광 편(胡廣 編), 『대학장구대전(大學章句大全)』. "朱子曰：'是新民之極和天命也新.'"

35) 호광 편(胡廣 編), 『대학장구대전(大學章句大全)』. "北溪陳氏曰：'三節有次第，「盤銘」言新民之本；「康誥」言新民之事；「文王詩」言新民成效之極.'(북계 진씨가 말하였다. '세 구절에는 차례가 있으니, 「반명(盤銘)」에서는 백성을 새롭게 하는 근본을 말하였고, 「강고(康誥)」에서는 백성을 새롭게 하는 일을 말하였으며, 「문왕시」에서는 백성을 새롭게 하여 효험을 이룬 지극함을 말하였다.')"

36) 진순(陳淳, 1159~1223)：남송 시대의 학자로 자가 안경(安卿)이고, 호가 북계(北溪)이며, 장주 용계(漳州龍溪) 사람이다. 주자가 만년에 만족스럽게 여긴 학문을 계승한 제자이다. 저서로는 『북계전집(北溪全集)』·『북계자의(北溪字義)』 등이 있다.

37) 호광 편(胡廣 編), 『대학장구대전(大學章句大全)』. "雙峯饒氏曰：'明命，是初頭稟受底，以理言；新命，是末梢膺受底，以位言. 要之，只是一箇天下無性外之物.'(쌍봉 요씨가 말하였다. '명명(明命)은 처음에 받은 것이니 이치로써 말하였고, 신명(新命)은 끝에 받은 것이니 지위로써 말하였다. …….')"

[傳2-4]

是故, 君子, 無所不用其極.
이러므로 군자는 그 지극함을 쓰지 않는 일이 없다.

朱註

'自新'·'新民', 皆欲止於至善也.
'자신(自新)'과 '신민(新民)'은 모두 지극한 선(善)에 그치고자 한 것이다.

詳說

○ 朱子曰: "此結上文『詩』·『書』之意. 「盤銘」, 自新也; 「康誥」, 新民也; 詩, 自新·新民之極也. '極', 卽至善之云也, 用其極者, 求其止於是也."[38]

주자(朱子)가 말하였다. "이는 윗글 『시경(詩經)』과 『서경(書經)』의 뜻을 맺은 것이다. 「반명(盤銘)」은 스스로 새로워짐이고, 「강고(康誥)」는 백성을 새롭게 함이며, 시는 스스로 새로워짐과 백성을 새롭게 함의 지극함이다. '극(極)'은 곧 지극한 선(善)을 이름이니, 그 지극함을 쓰는 사람은 이에 그침을 구하는 것이다."[39]

○ 指湯·文王.

'군자(君子)'는 탕(湯) 임금과 문왕(文王)을 가리킨다.

○ 玉溪盧氏曰: "止至善·用其極, 二義互相發. 止則不紛紛擾擾; 用則非槁木死灰."[40]

---

38) 주희(朱熹), 『대학혹문(大學或問)』, 권2, 「대학(大學)·전(傳)10장」. "此結上文『詩』·『書』之意也. 蓋「盤銘」, 言自新也; 「康誥」, 言新民也; 「文王」之詩, 自新·新民之極也. 故曰: 君子無所不用其極. 極, 卽至善之云也, 用其極者, 求其止於是而已矣.'(이는 윗글 『시경(詩經)』과 『서경(書經)』의 뜻을 맺은 것이다. 대개 「반명(盤銘)」에서는 스스로 새로워짐을 말하였고, 「강고(康誥)」에서는 백성을 새롭게 함을 말하였으며, 「문왕」의 시는 스스로 새로워짐과 백성을 새롭게 함의 지극함이다. 그러므로 말하기를, 군자는 그 지극함을 쓰지 않는 일이 없다고 한 것이다. 극(極)은 곧 지극한 선(善)을 이름이니, 그 지극함을 쓰는 사람은 이에 그침을 구할 따름인 것이다.)"

39) 『주자어류(朱子語類)』 권16, 「대학3(大學三)」 24조목에는 "'주나라는 비록 옛 나라이지만 그 천명이 새롭다.'라고 하였는데, 스스로 새로워지고 백성을 새롭게 하여 천명이 바뀌는 데 이르니, 극(極)이라 할 수 있다. 반드시 이와 같이 한 뒤에 지극한 선에 그치게 하는 것이다.('周雖舊邦, 其命維新.' 自新新民, 而至於天命之改易, 可謂極矣. 必如是而後爲'止於至善'也.)"라고 하였다.

40) 호광 편(胡廣 編), 『대학장구대전(大學章句大全)』. "玉溪盧氏曰: '前言止至善, 此言用其極, 二義互相發. 止則不紛紛擾擾矣; 用則非枯木死灰矣.'(옥계 노씨가 말하였다. '앞에서는 지극한 선(善)에 멈춤을 말하였고, 여기서는 그 지극함을 씀을 말하여 두 가지 뜻이 서로 드러냈다. 멈추면 어지럽지 않으며, 쓰면 마른 나무나 죽은 재가 아닌 것이다.')"

옥계 노씨(玉溪盧氏 : 盧孝孫[41])가 말하였다. "지극한 선(善)에 멈춤과 그 지극함을 씀이라는 두 가지 뜻이 서로 드러냈다. 멈추면 어지럽지 않으며, 쓰면 마른 나무나 죽은 재가 아닌 것이다."

◯ 雲峯胡氏曰 : "章首'日新', 所以承上章'明明德'之意; 章末'用極', 所以開下章'止至善'之端. 文理 · 血脉貫通, 此亦可見."[42]

운봉 호씨(雲峯胡氏 : 胡炳文[43])가 말하였다. "장머리의 '일신(日新)'은 위 장 '명명덕(明明德)'의 뜻을 이었고, 장 끝의 '용극(用極)'은 아래 장 '지지선(止至善)'의 실마리를 열었다. 문리(文理)와 혈맥(血脈)이 관통함을 여기서 또한 볼 수 있다."

◯ 臨川吳氏曰 : "'用其極', 結上文'自新' · '新民'之義, 而起下章所止之說."[44]

임천 오씨(臨川吳氏 : 吳澄[45])가 말하였다. "'용기극(用其極)'은 윗글 '자신(自新)'

---

41) 노효손(盧孝孫) : 자는 신지(新之)이고 호는 옥계(玉溪)이며, 귀계(貴溪) 사람이다. 진덕수(陳德秀)의 문하에서 학문을 배워, 가태(嘉泰: 1201~1204) 연간에 진사에 급제하였다. 벼슬은 태학박사(太學博士)에 이르렀다. 벼슬을 그만둔 뒤 옥계서원(玉溪書院)에서 주로 강학하였다. 저서에는 송 이종(理宗)에게 진상한 『사서집의(四書集義)』 1백 권이 있다.

42) 호광 편(胡廣 編), 『대학장구대전(大學章句大全)』. "雲峯胡氏曰 : '上章釋明明德, 故此章之首曰 : 日新又新, 所以承上章之意; 下章釋止於至善, 故此章之末曰 : 無所不用其極, 又所以開下章之端. 文理接續, 血脈貫通, 此亦可見.'(운봉 호씨가 말하였다. '위 장에서 명명덕(明明德)을 풀이하였기 때문에 이 장의 머리에서 말하기를, 날로 새롭게 하고 또 새롭게 하라고 하여 위 장의 뜻을 이었고, 아래 장에서는 지어지선(止於至善)을 풀이하였기 때문에 이 장의 끝에서 말하기를, 그 지극함을 쓰지 않는 일이 없다고 하여 또 아래 장의 실마리를 열었다. 문리(文理)가 접속하고 혈맥(血脈)이 관통함을 여기서 또한 볼 수 있다.')"

43) 호병문(胡炳文, 1250~1333) : 원나라 때의 학자로 자가 중호(仲虎)이고, 호가 운봉(雲峯)이며, 무원고천(婺源考川) 사람이다. 특히 주자학(朱子學)과 역학(易學) 공부에 조예가 있었다. 저서로는 『운봉집(雲峯集)』 · 『사서통(四書通)』 · 『주역본의통석(周易本義通釋)』 · 『순정몽구(纯正蒙求)』 등이 있다.

44) 호광 편(胡廣 編), 『대학장구대전(大學章句大全)』. "臨川吳氏曰 : '此章「盤銘」, 承上章言自明者所以自新, 而欲新民者, 必先自新, 是發新民之端也; 「康誥」, 承上文言自新既至, 則可推以作興自新之民, 示新民之方也; 「文王」詩, 承上文, 言既能自新, 而推以新民, 則民德皆新, 而天命亦新, 著新民之效也. 「盤銘」言自新; 「康誥」言新民; 「文王」詩自新 · 新民之極也. 極, 卽至善之云也, 用其極者, 求其止於是之謂也. 故以用其極, 結上文自新 · 新民之義, 而起下章所止之說也.'(임천 오씨가 말하였다. '…… 그러므로 용기극(用其極)으로써 윗글 자신(自新)과 신민(新民)의 뜻을 맺어서 아래 장의 머물러 사는 곳의 말을 일으킨 것이다.')"

45) 오징(吳澄, 1249~1333) : 원나라 때의 학자로 자가 유청(幼清) 또는 백청(伯清)이고, 호가 초려(草廬)이고, 시호가 문정(文正)이며, 무주숭인(撫州崇仁) 사람이다. 어려서부터 총명하고 부지런히 분발하여 배우기를 좋아하였으며, 송나라가 망한 뒤에는 저술에 마음을 두었는데 학자들

과 '신민(新民)'의 뜻을 맺어서 아래 장의 머물러 사는 곳의 말을 일으킨 것이다."

朱註

右, 「傳」之二章, 釋'新民'.

위는 「전(傳)」의 2장이니, '신민(新民)'을 풀이하였다.

詳說

○ 東陽許氏曰 : "章內五'新'字, 皆非'新民'之新. 「盤銘」以'自新'言, 「康誥」以'民之自新'言, 詩以'天命之新'言. 然'新民'之意, 却於中可見."[46]

동양 허씨(東陽許氏 : 許謙)가 말하였다. "이 장 안의 다섯 개의 '신(新)'자는 모두 '신민(新民)'의 신(新)이 아니다. 「반명(盤銘)」은 '자신(自新)'으로써 말하였고, 「강고(康誥)」는 '백성의 자신(自新)'으로써 말하였으며, 시(詩)는 '천명(天命)의 신(新)'으로써 말하였다. 그러나 '신민(新民)'의 뜻을 도리어 그 가운데서 볼 수 있다."

○ 首節三節, 皆略'民'字, 次節以'作'代'新', 而所言'新'字, 則非吾新之也, 亦合迎觀之, 其義方備.

머리절의 세 구절에는 모두 '민(民)'자를 생략하였고, 다음 구절에는 '작(作)'으로써 '신(新)'을 대신하였는데, '신(新)'자를 말한 것은 곧 내가 새로워지는 것이 아니지만, 또한 맞춰 보면 그 뜻이 바야흐로 갖추어졌다.

이 초려선생이라고 불렸다. 원나라 무종(武宗) 1년(1308)에 국자감승(國子監丞)에 임명되고, 영종(英宗) 1년(1321)에 한림학사(翰林學士)에 임명되고, 진종(晉宗) 1년(1324)에는 경연강관(經筵講官)이 되었으며, 『영종실록(英宗實錄)』을 수찬하였다. 『노자』·『장자』·『태현경(太玄經)』·『악률(樂律)』·『팔진도(八陣圖)』 등을 핵정하고, 『주역(周易)』·『춘추』·『예기』와 곽박(郭璞)의 『장서(葬書)』에 대해 찬언(纂言)을 하였다. 허형(許衡)과 이름이 나란하여 북허남오(北許南吳)라는 칭송을 들었다. 『오문정공전집(吳文正公全集)』이 세상에 전하며, 『열자해(列子解)』는 전하지 않는다.

46) 호광 편(胡廣 編), 『대학장구대전(大學章句大全)』. "東陽許氏曰 : '此章釋新民, 而章內五新字, 皆非新民之新. 「盤銘」以自新言, 「康誥」以民之自新言, 詩以天命之新言. 然新民之意, 却只於中可見.'(동양 허씨가 말하였다. '이 장은 신민(新民)을 풀이하였는데, 이 장 안의 다섯 개의 신(新)자는 모두 신민(新民)의 신(新)이 아니다. 「반명(盤銘)」은 자신(自新)으로써 말하였고, 「강고(康誥)」는 백성의 자신(自新)으로써 말하였으며, 시(詩)는 천명(天命)의 신(新)으로써 말하였다. 그러나 신민(新民)의 뜻을 도리어 다만 그 가운데서 볼 수 있다.')"

전3장

「傳」之三章

[傳3-1]

『詩』云 : "邦畿千里, 惟民所止."
『시경(詩經)』에 이르기를, "나라의 기내(畿內) 천 리여, 오직 백성이 사는 곳이다."라고 하였다.

詳說

○ '惟', 『詩』作'維', 此恐傳寫之誤.
'유(惟)'는 『시경(詩經)』에 '유(維)'로 썼으니, 이는 아마도 전하여 베끼면서 잘못 쓴 듯하다.

朱註

'『詩』', 「商頌 · 玄鳥」之篇. '邦畿', 王者之都也. '止', 居也, 言物各有所當止之處也.
'『시(詩)』', 「상송(商頌) · 현조(玄鳥)」의 시편(詩篇)이다. '방기(邦畿)'는 임금의 도성(都城)이다. '지(止)'는 사는 것이니, 사물마다 각각 마땅히 머물러 사는 곳이 있음을 말한다.

詳說

○ 新安陳氏曰 : "以民所止之處, 比事物各有所當止之處, 且汎說'止'字."[1)]
신안 진씨(新安陳氏 : 陳櫟)[2)]가 말하였다. "백성이 머물러 사는 곳으로써 사물

1) 호광 편(胡廣 編), 『대학장구대전(大學章句大全)』. "新安陳氏曰 : '引『詩』謂邦畿爲民所止之處, 以此事物各有所當止之處, 且泛說止字.'(신안 진씨가 말하였다. '『시경(詩經)』을 인용하여 방기(邦畿)가 백성이 머물러 사는 곳이 되는데, 이로써 사물이 각각 마땅히 사는 곳이 있어야 함을 말하였으며, 또 지(止)자를 넓게 말하였다.')"

2) 진력(陳櫟, 1252~1334) : 자는 수옹(壽翁)이고, 호는 정우(定宇) 또는 동부노인(東阜老人)이다. 송말원초 때 휘주(徽州) 휴녕(休寧) 사람이다. 송나라가 망하자 은거하여 학문과 제자 양성에 힘썼다. 학문 성향은 주희(朱熹)의 학문을 위주로 하면서 육구연(陸九淵)의 심학(心學)을 아울러 취하려 하였다. 인종(仁宗) 연우(延祐) 초에 향시(鄕試)에 급제했지만 예부시(禮部試)에 나가지 않고 집에서 학생들을 가르쳤다. 효성과 우애가 지극했고, 세력이나 이익에 휩쓸리지 않았다. 주희와 여러 학자의 학설을 채집하고 자신의 견해를 덧붙여 『상서집전찬소(尙書集傳纂疏)』를 저술하였다. 그 밖의 저서에 『사서발명(四書發明)』, 『예기집의(禮記集義)』, 『역조통략

이 각각 마땅히 사는 곳이 있어야 함을 견주었으며, 또 '지(止)'자를 넓게 말하였다."

◯ 東陽許氏曰 : "事有至善之理, 人當止之也."[3)]
동양 허씨(東陽許氏 : 許謙)[4)]가 말하였다. "사물마다 지극한 선(善)의 이치가 있으니, 사람이 마땅히 그쳐야 하는 것이다."

◯ 按, 此章之末, 無總結者, 故各就所引之下而釋其意, 此節獨無釋語者, 以本文已明白, 不待申說故也.
내가 생각하건대, 이 장의 끝에 통틀어서 맺은 것이 없다. 그러므로 각각 인용한 아래에 나아가서 그 뜻을 풀이하였는데, 이 구절에만 오직 풀이한 말이 없는 것은 본문이 이미 명백하여 거듭 설명함을 갖추지 않았기 때문이다.

[傳3-2]

『詩』云 : "緡蠻黃鳥! 止于丘隅." 子曰 : "於止, 知其所止, 可以人而不如鳥乎?"
『시경(詩經)』에 이르기를 "앙증맞은 꾀꼬리여! 언덕에 머물러 있어라."라고 하거늘, 공자가 말하기를 "머묾에 그 머물 곳을 알지라도 사람이 새만 같지 못할 수 있겠느냐?"라고 하였다.

(歷朝通略)』, 『근유당수록(勤有堂隨錄)』, 『정우집(定宇集)』 등이 있다.

3) 호광 편(胡廣 編), 『대학장구대전(大學章句大全)』. "東陽許氏曰 : '王者所居, 地方千里, 謂之王畿, 居天下之中. 四方之人, 環視內向, 皆欲歸止於其地, 猶事有至善之理, 人當止之也.'(동양 허씨가 말하였다. '…… 사물마다 지극한 선(善)의 이치가 있는 것과 같으니, 사람이 마땅히 그쳐야 하는 것이다.')"

4) 허겸(許謙 : 1269~1337) : 원나라 때 학자로, 자가 익지(益之)이고, 호가 백운산인(白雲山人)이고, 시호가 문의(文懿)이며, 절강성 동양(東陽) 사람이다. 어려서 아버지가 돌아가시자 어머니 도씨(陶氏)가 직접 『효경(孝經)』·『논어(論語)』를 가르쳤다. 원 대 말기에 이르러 금화(金華)에 하기(何基)·왕백(王柏)·김이상(金履祥)·허겸(許謙)의 사현서원(四賢書院)을 세웠다. 저서로는 『백운집』 외에 『사서총설』·『시집전명물초(詩集傳名物鈔)』·『관사치홀기미(觀史治忽機微)』 등이 있다.

朱註

‘緡’, 『詩』作‘緜’.[5] ‘『詩』’, 「小雅 · 緡蠻」之篇. ‘緡蠻’, 鳥聲. ‘丘隅’, 岑蔚之處. ‘子曰’以下, 孔子說詩之辭, 言人當知所當止之處也.

‘면만황조(緡蠻黃鳥)’에서 ‘면(緡)’자는 『시경(詩經)』에 ‘면(緜)’으로 썼다. ‘『시(詩)』’는 「소아(小雅) · 면만(緡蠻)」의 시편이다. ‘면만(緡蠻)’은 새소리이다. ‘구우(丘隅)’는 풀과 나무가 깊고 우거진 곳이다. ‘자왈(子曰)’ 이하는 공자가 시를 설명한 말이니, 사람이 마땅히 멈춰야 할 곳을 알아야 함을 말한다.

詳說

○ 鋤林反.[6]

‘잠울지처(岑蔚之處)’에서 ‘잠(岑)’자는 ‘서(鋤)’와 ‘림(林)’의 반절이다.

○ 紆胃反.[7]

‘잠울지처(岑蔚之處)’에서 ‘울(蔚)’자는 ‘우(紆)’와 ‘위(胃)’의 반절이다.

○ 北溪陳氏曰 : “丘之一角, 山岑高而木森蔚處.”[8]

‘잠울지처(岑蔚之處)’에 대해, 북계 진씨(北溪 陳氏 : 陳淳)가 말하였다. “언덕의 한 귀퉁이니, 산봉우리가 높고 나무가 많이 빽빽하게 우거진 곳이다.”

○ ‘說’字, 釋於詩.

‘공자설시지사(孔子說詩之辭)’에서 ‘설(說)’자는 시를 풀이한 것이다.

○ 謂鳥得所止也, 上‘止’字, 汎言; 下‘止’字, 指地而言也.

‘어지지기소지(於止知其所止)’는 새가 머물러 살 곳을 얻었음을 이르니, 위의 ‘지(止)’자는 넓게 말한 것이고, 아래의 지(止)’자는 땅을 가리켜서 말한 것이다.

---

5) 『예기주소(禮記注疏)』 권60, 「대학 · 음의(音義)」에 의하면, “‘緡蠻’, 音緜, 一音亡巾反, 『毛詩』作‘緜’, 「傳」云 : ‘緜蠻, 小鳥貌’.”라고 하였다.

6) 호광 편(胡廣 編), 『대학장구대전(大學章句大全)』. 『예기주소(禮記注疏)』 권60, 「대학 · 음의(音義)」에는 “‘岑’, 仕金反.”이라고 하였다.

7) 호광 편(胡廣 編), 『대학장구대전(大學章句大全)』. 『대학장구대전(大學章句大全)』에는 “‘蔚’, 紆弗反.”으로 되어 있다. 『예기주소(禮記注疏)』 권60, 「대학 · 음의(音義)」에는 “‘蔚’, 音鬱, 又音‘尉’.”이라고 하였다.

8) 호광 편(胡廣 編), 『대학장구대전(大學章句大全)』. “北溪陳氏曰 : ‘土高曰丘, 隅謂丘之一角峻處, 山岑高而木森蔚, 所謂林茂鳥知歸也.’(북계 진씨가 말하였다. ‘땅이 높은 곳을 구(丘)라 하고, 우(隅)는 언덕 한 귀퉁이의 높은 곳을 이른다. 산봉우리가 높고 나무가 많이 빽빽하게 우거진 곳이니, 이른바 숲이 무성해도 새는 돌아갈 줄 안다는 것이다.’)” 그리고 또 “‘岑’ · ‘蔚’二字, 本古註.”라고 하였다.

○ 新安陳氏曰："此比人當知所止, 重在'知'字."[9)]

'인당지소당지지처야(人當知所當止之處也)'에 대해, 신안 진씨(新安陳氏 : 陳櫟)가 말하였다. "이는 사람이 마땅히 멈출 곳을 알아야 함에 견준 것이니, 중점이 '지(知)'자에 달려 있다."

○ 雲峯胡氏曰："此「傳」不特釋'止至善', 幷'知止'至'能得', 皆釋之. 故曰：'知其所止', 而『章句』於下文, 亦以知其所止, 與得之之由, 言之."[10)]

운봉 호씨(雲峯胡氏 : 胡炳文)[11)]가 말하였다. "이 「전」문에서는 다만 '지극한 선에 멈춤'을 풀이하였을 뿐 아니라, '지지(知止)'를 아울러 '능득(能得)'에 이르기까지 모두 풀이하였다. 그러므로 말하기를 '그 멈출 곳을 안다.'라고 하였는데, 『대학장구(大學章句)』의 아래 글에서 또한 그 멈출 곳을 아는 것과 지극한 선(善)에 멈춤을 얻는 이유로써 말하였다."

○ 按, 三節註, 皆歸宿於'止至善'之意, 而上註之'有'字, 此註之'知'字, 下註之'安'字, 亦有次序.

살펴보건대, 세 구절의 주석이 모두 '지극한 선(善)에 멈춤'의 뜻으로 돌아가는데, 위 구절 주석의 '유(有)'자와, 이 구절 주석의 '지(知)'자와, 아래 구절 주석의 '안(安)'자에도 또한 차례가 있다.

○ 臨川吳氏曰："此節承上文'物各有所止'之意, 以明'人當知所止'之義, 而起下文, 實指'人所當止'者之說, 蓋發'止至善'之端也."[12)]

---

9) 호광 편(胡廣 編), 『대학장구대전(大學章句大全)』.

10) 호광 편(胡廣 編), 『대학장구대전(大學章句大全)』. "雲峯胡氏曰：'此「傳」不特釋止至善, 幷知止至能得, 皆釋之. 故首引孔子之言曰：知其所止, 而『章句』於下文, 亦以知其所止, 與所以得止至善之由, 言之.'(운봉 호씨가 말하였다. '이 전문에서는 다만 지극한 선에 멈춤을 풀이하였을 뿐 아니라, 지지(知止)를 아울러 능득(能得)에 이르기까지 모두 풀이하였다. 그러므로 머리에서 공자(孔子)의 말을 인용하여 말하기를, 그 멈출 곳을 안다고 하였는데, 『장구』의 아래 글에서 또한 그 멈출 곳을 아는 것과 지극한 선(善)에 멈춤을 얻는 이유로써 말하였다.')"

11) 호병문(胡炳文, 1250~1333) : 자는 중호(仲虎)이고, 호는 운봉(雲峯)이다. 원(元) 나라 때의 경학자로 휘주 무원(徽州 婺源 : 현 안휘성 소속) 사람이다. 주희(朱熹)의 종손(宗孫)에게 『주역(周易)』과 『서경(書經)』을 배워 주자학에 잠심했으며, 특히 『주역(周易)』에 뛰어났다. 신주(信州) 도일서원(道一書院) 산장(山長)을 지내고, 난계주학정(蘭溪州學正)이 되었는데 취임하지 않았다. 주자의 『주역본의(周易本義)』를 근거로 여러 설을 절충·시정하여 『주역본의통석(周易本義通釋)』 12권을 지었다. 처음 이름은 『주역본의정의(周易本義精義)』였고, 『통지당경해(通志堂經解)』에 들어있다. 이밖에 『서집해(書集解)』, 『춘추집해(春秋集解)』, 『예서찬술(禮書纂述)』, 『사서통(四書通)』, 『대학지장도(大學指掌圖)』, 『오경회의(五經會義)』, 『이아운어(爾雅韻語)』 등이 있다.

임천 오씨(臨川吳氏 : 吳澄)[13]가 말하였다. "이 구절은 윗글의 '사물마다 각각 멈출 곳이 있다.'라는 뜻을 이어서 '사람은 마땅히 멈출 곳을 알아야 한다.'라는 뜻을 밝히고 아래 글을 일으켰는데, 실제로는 '사람이 마땅히 멈춰야 하는 곳'이라는 것을 가리킨 말이니, 대개 '지극한 선(善)에 멈춤'의 실마리를 드러낸 것이다."

[傳3-3]

『詩』云 : "穆穆文王! 於緝熙敬止." 爲人君, 止於仁; 爲人臣, 止於敬; 爲人子, 止於孝; 爲人父, 止於慈; 與國人交, 止於信.

『시경(詩經)』에 이르기를 "훌륭하신 문왕이여! 아, 계속하여 밝으셔도 삼가 그치셨도다."라고 하니, 임금이 되어서는 어짊에 그치시고, 신하가 되어서는 공경함에 그치시고, 사람의 자식이 되어서는 효도함에 그치시고, 사람의 부모가 되어서는 사랑함에 그치시고, 나라 사람과 더불어 사귐에는 믿음에 그치셨다.

---

12) 호광 편(胡廣 編), 『대학장구대전(大學章句大全)』. "臨川吳氏曰 : '此章「緜蠻」詩, 承上文物各有所止之意, 以明人當知所止之義, 而起下文, 實指人所當止者之說, 此蓋發止於至善之端也. 「文王」詩以下, 承上文人當知所當止之義, 而實指人所當止之處. 「淇澳」切磋琢磨, 承上文, 實指人所當止之處, 而言求止於所當止者之由, 此蓋示止於至善之方也. 「瑟僩」以下, 言明明德得止於至善之極, 而發新民之端. 「烈文」詩以下, 承上文民不能忘之說, 而言新民得止於至善之極, 以著明明德之效, 此蓋極言止於至善之效也.'(임천 오씨가 말하였다. '이 장의 「면만(緜蠻)」의 시는 윗글의 사물마다 각각 멈출 곳이 있다는 뜻을 이어서 사람은 마땅히 멈출 곳을 알아야 한다는 뜻을 밝히고 아래 글을 일으켰는데, 실제로는 사람이 마땅히 멈춰야 하는 곳이라는 것을 가리킨 말이니, 이는 대개 지극한 선(善)에 멈춤의 실마리를 드러낸 것이다. …….')"

13) 오징(吳澄, 1249~1333) : 원나라 때의 학자로 자가 유청(幼淸) 또는 백청(伯淸)이고, 호가 초려(草廬)이고, 시호가 문정(文正)이며, 무주숭인(撫州崇仁) 사람이다. 어려서부터 총명하고 부지런히 분발하여 배우기를 좋아하였으며, 송나라가 망한 뒤에는 저술에 마음을 두었는데 학자들이 초려선생이라고 불렀다. 원나라 무종(武宗) 1년(1308)에 국자감승(國子監丞)에 임명되고, 영종(英宗) 1년(1321)에 한림학사(翰林學士)에 임명되고, 진종(晉宗) 1년(1324)에는 경연강관(經筵講官)이 되었으며, 『영종실록(英宗實錄)』을 수찬하였다. 『노자』·『장자』·『태현경(太玄經)』·『악률(樂律)』·『팔진도(八陣圖)』 등을 핵정하고, 『주역(周易)』·『춘추』·『예기』와 곽박(郭璞)의 『장서(葬書)』에 대해 찬언(纂言)을 하였다. 허형(許衡)과 이름이 나란하여 북허남오(北許南吳)라는 칭송을 들었다. 『오문정공전집(吳文正公全集)』이 세상에 전하며, 『열자해(列子解)』는 전하지 않는다.

朱註

‘於緝’之‘於’, 音烏. ‘『詩』’, 「文王」之篇. ‘穆穆’, 深遠之意. ‘於’, 歎美辭. ‘緝’, 繼續也. ‘熙’, 光明也. ‘敬止’, 言其無不敬而安所止也.

‘오집(於緝)’에서 ‘오(於)’자는 음이 ‘오(烏)’이다. ‘『시(詩)』’는 「문왕(文王)」의 시편이다. ‘목목(穆穆)’은 깊고 원대한 뜻이다. ‘오(於)’는 감탄하며 크게 칭찬하는 말이다. ‘집(緝)’은 끊이지 않고 이어져감이다. ‘희(熙)’는 밝고 환함이다. ‘경지(敬止)’는 그 삼가지 않음이 없어서 그치는 것에 편안함을 말한다.

詳說

○ 「大雅」二字, 蒙上章註..

‘「문왕」지편(「文王」之篇)’에서 「대아(大雅)」 두 글자는 위 장의 주석[14]를 이어받은 것이다.

○ 『大全』曰 : “以德容言.”[15]

‘심원지의(深遠之意)’에 대해, 『대학장구대전(大學章句大全)』에서 말하였다. “덕이 있는 용모로써 말한 것이다.”

○ 三字, 出『禮記』「曲禮」.

‘무불경(無不敬)’ 세 글자는 『예기』「곡례(曲禮)」에 나온다.[16]

○ 西山眞氏曰 : “‘敬止’之‘敬’, 擧全體言, ‘止於敬’, 專指敬君, 言‘敬’之一事也.”[17]

서산 진씨(西山眞氏 : 眞德秀[18])가 말하였다. “‘경지(敬止)’의 ‘경(敬)’은 전체를 들

14) 위 장의 주석 : 전2장 “『시경(詩經)』에 말하였다. ‘주나라가 비록 옛 나라이나, 그 명(命)이 새롭다.’(『詩』曰 : ‘周雖舊邦, 其命維新.’)”의 주석에 “『詩』, 「大雅 · 文王」之篇.”이라고 한 것을 이어받음을 말한다.

15) 호광 편(胡廣 編), 『대학장구대전(大學章句大全)』.

16) 세 글자는 『예기』「곡례(曲禮)」에 나온다 : 『예기』「곡례상(曲禮上)」에서 “「곡례(曲禮)」에서 말하였다. ‘공경하지 않음이 없어서 공손하고 의젓함이 마치 사려 깊은 것 같으며, 말을 편안하고 일정하게 하면 백성을 편안하게 할 것이다.’(「曲禮」曰, ‘毋不敬, 儼若思, 安定辭, 安民哉.’)”라고 하였다.

17) 호광 편(胡廣 編), 『대학장구대전(大學章句大全)』. “西山眞氏曰 : ‘敬止之敬, 擧全體言無不敬之敬也, 爲人臣止於敬, 專指敬君, 言敬之一事也. 文王之敬, 包得仁敬孝慈信.’(서산 진씨가 말하였다. ‘경지(敬止)의 경(敬)은 전체를 들어서 공경하지 않음이 없는 경(敬)을 말한 것이고, 신하가 되어 공경함에 그침은 오로지 임금을 공경하는 것을 가리키니, 경(敬)의 한 가지 일을 말한 것이다. …….’)”

어서 말한 것이고, '공경함에 그침'은 오로지 임금을 공경하는 것을 가리키니, '경(敬)'의 한 가지 일을 말한 것이다."

○ '而'字, 當如'以'字看.

'이안소지야(而安所止也)'에서, '이(而)'자는 마땅히 '이(以)'자와 같이 보아야 한다.

○ 得所止而安之.

안소지야(安所止也)는 그치는 것을 얻어서 그것을 편안하게 여기는 것이다.

○ 朱子曰: "'緝熙', 是工夫; '敬止', 是功效."[19]

주자(朱子)가 말하였다. "'집희(緝熙)'는 공부이고, '경지(敬止)'는 공효이다."

○ 又曰: "'敬止'之'止', 『詩』爲語辭, 而於此斷章借辭, 以明己意, 未取本文之義."[20]

또 주자(朱子)가 말하였다. "'경지(敬止)'의 '지(止)'는 『시경(詩經)』에서 어조사로 여겼는데, 여기서는 문장을 끊거나 말을 빌어서 자기의 뜻을 밝히되, 본문의 뜻을 취하지 않았다."

朱註

引此而言聖人之止, 無非至善, 五者乃其目之大者也. 學者於此, 究其精微之蘊, 而又推類以盡其餘, 則於天下之事, 皆有以知其所止而無疑矣.

이것을 인용하여 성인(聖人)의 그침이 지극한 선(善)이 아님이 없음을 말하였으니, 다섯 가지는 바로 그 항목의 큰 것이다. 배우는 사람이 이것에서 그 정미(精微)함의 깊음을 추구(追究)하면서, 또 유추하여 그 나머지를 다한다면[21] 천하의

---

18) 진덕수(眞德秀, 1178~1235) : 남송 시대의 학자로 자가 경원(景元) 또는 희원(希元)이고, 호가 서산(西山)이고, 시호가 문충(文忠)이며, 복건성 포성(浦城) 사람이다. 본래 성은 신(愼)씨였는데, 효종의 휘(諱)를 피하여 성(姓)을 진(眞)으로 고쳤다. 주희의 이학(理學)을 계승한 위료옹(魏了翁)과 함께 이름을 나란히 하였으며, 당시 학자들이 서산선생(西山先生)이라고 불렀다. 저서로는 『진문충공집(眞文忠公集)』 등이 있다.

19) 호광 편(胡廣 編), 『대학장구대전(大學章句大全)』.

20) 주희(朱熹), 『대학혹문(大學或問)』, 권2, 「대학(大學) · 전(傳)10장」. "曰 : '子之說『詩』, 旣以敬止之止, 爲語助之辭, 而於此書, 又以爲所止之義, 何也?' 曰 : '古人引『詩』, 斷章或姑借其辭, 以明己意, 未必皆取本文之義也.'(말하였다. '공자가 『시경(詩經)』을 해설함에 이미 경지(敬止)의 지(止)를 어조사로 여겼는데, 이 책에서는 또 그치는 곳의 뜻으로 여겼으니, 어째서인가?' 말하였다. '옛 사람이 『시경(詩經)』을 인용함에 문장을 끊거나 짐짓 그 말을 빌어서 자기의 뜻을 밝히되, 반드시 모두 본문의 뜻을 취하지는 않았다.')"

21) 배우는 사람이 이것에서 그 정미(精微)함의 깊음을 추구(追究)하면서, 또 유추하여 그 나머지

일에서 모두 그 그칠 곳을 알아서 의구심이 없게 될 것이다.

詳說

○ 指文王也, 亦汎指也.

'성인(聖人)'은 문왕(文王)을 가리키니, 또한 두루 가리키는 것이다.

○ 註於此, 始說出'至善'字者, 蓋以上二節只爲喩意, 而此節乃其正意故也.

'무비지선(無非至善)'에서 보면, 주석이 여기서 비로소 '지선(至善)'자를 말한 것은 대개 위의 두 개의 구절에서 단지 뜻을 비유했기 때문에, 이 구절에서 이에 그 뜻을 바르게 한 까닭이다.

○ 節齋蔡氏曰: "'緝熙敬止', 爲止至善之本; '仁'·'敬'·'孝'·'慈'·'信', 止至善之目."[22]

'오자내기목지대자야(五者乃其目之大者也)'에서, 절재 채씨(節齋蔡氏 : 蔡淵)[23]가 말

를 다한다면 : 『주자어류(朱子語類)』 권16, 「대학3(大學三)」 30조목에서는 다음과 같이 설명하고 있다. "'주(周)가 물었다. '『대학장구』 집주에 이르기를 '배우는 사람이 이것에서 그 정미(精微)함의 깊음을 추구(追究)하면서, 또 유추하여 그 나머지를 다한다.'라고 하였는데 무슨 뜻입니까?' 주희가 말하였다. '인륜의 큰 도에는 다섯 가지가 있는데, 이는 그 세 번째를 말하지만 여기에 그치는 것은 아니다. '그 정미(精微)함의 깊음을 추구(追究)한다'는 것은 세 번째의 안에 나아가서 그 깊은 뜻을 궁구하는 일이다. '유추하여 그 나머지를 다한다'는 것은 밖에 나아가서 미루어 넓히는 일이니 부부나 형제와 같은 부류이다.' …… '군주의 인과 신하의 공경, 자식의 효와 부모의 자애, 백성들이 군주를 미더워하는 점에 나아가서 정밀하고 자세한 점을 미루어 연구하는데 각기 다할 수 없는 이치가 있다. 이 장은 비록 인륜의 큰 절목이나 또한 세 가지만 들었을 뿐입니다. 반드시 이에 나아가서 윗사람을 섬길 때는 마땅히 어떻게 하고 아랫사람을 대할 때는 또 어떻게 해야 하는지를 미루어 넓힌 것이다. 존귀한 사람과 비천한 사람 윗사람과 아랫사람 사이에 처하는데 각각의 요체가 이와 같다.('周問 : '注云 : '究其精微之蘊, 而又推類以通其餘.' 何也?' 曰 : '大倫有五, 此言其三, 蓋不止此. '究其精微之蘊', 是就三者裏面窮究其蘊 ; '推類以通其餘', 是就外面推廣, 如夫婦·兄弟之類.' …… '須是就君仁臣敬·子孝父慈與國人信上推究精微, 各有不盡之理. 此章雖人倫大目, 亦只擧得三件. 必須就此上推廣所以事上當如何, 所以待下又如何. 尊卑大小之間, 處之各要如此.')"

22) 호광 편(胡廣 編), 『대학장구대전(大學章句大全)』. "節齋蔡氏曰 : '緝熙敬止者, 所以爲止至善之本; 仁敬孝慈信, 所以爲止至善之目.'(절재 채씨가 말하였다. '집희경지(緝熙敬止)라는 것은 지극한 선(善)에 멈추는 근본이 되는 것이며, 인(仁)과 경(敬)과 효(孝)와 자(慈)와 신(信)은 지극한 선(善)에 멈추는 항목이 되는 것이다.')"

23) 채연(蔡淵, 1156~1236) : 남송 시대의 학자로 자가 백정(伯靜)이고, 호가 절재(節齋)이며, 건주 건양(建州建陽) 사람이다. 채원정(蔡元定)의 장자이며, 주자의 사위 채침(蔡沈)의 형이다. 어려서부터 천지의 이치를 구명하고 인물의 성(性)에 공력을 다하였으며, 오경(五經)과 자사(子史)를 읽었다. 안으로는 그 아버지를 스승 삼고, 밖으로는 주자를 섬겼다. 저서로는 『주역훈해(周

하였다. "'집희경지(緝熙敬止)'는 지극한 선(善)에 멈추는 근본이 되며, '인(仁)'과 '경(敬)'과 '효(孝)'와 '자(慈)'와 '신(信)'은 지극한 선(善)에 멈추는 항목이다."

○ 爲人臣, 指服事殷.

신하가 됨은 은(殷)나라에 대해 복무(服務)하고 섬기는 일이다.

○ 猶相與也.

'교(交)'는 상여(相與)와 같다.

○ 五者.

'구기(究其)'의 '기(其)'는 다섯 가지이다.

○ 委粉·於問二反.[24)]

'온(蘊)'자는 '위(委)'와 '분(粉)', '어(於)'와 '문(問)' 두 개의 반절이다.

○ 主'學者'言, 故又變'安'言'知'.

'지기소지(知其所止)'에서 보면, '배우는 사람'을 중심으로 말했기 때문에 또 '안(安)'을 고쳐서 '지(知)'를 말하였다.

○ 新安陳氏曰: "'學者'以下, 推廣「傳」文言外之意."[25)]

신안 진씨(新安陳氏: 陳櫟)가 말하였다. "'학자(學者)' 이하는 「전(傳)」의 글에 담긴 말 밖의 뜻을 미루어 확대하였다."

○ 南塘曰: "「文王」以上, 以知止言; 「淇澳」以下, 以能得言."[26)]

남당(南塘: 韓元震[27)])이 말하였다. "「문왕(文王)」 이상에서는 그침을 아는 것으로

易訓解)』·『역상의언(易象意言)』·『괘효사지(卦爻詞旨)』 등이 있다.

24) 호광 편(胡廣 編), 『대학장구대전(大學章句大全)』.

25) 호광 편(胡廣 編), 『대학장구대전(大學章句大全)』. "新安陳氏曰: '學者於此以下, 乃朱子推廣傳文言外之意.'(신안 진씨가 말하였다. '학자어차(學者於此) 이하는 바로 주자가 전문(傳文)의 말 밖의 뜻을 미루어 확대하였다.')"

26) 『남당선생문집(南塘先生文集)』 권18, 「서(書)·지구왕복(知舊往復)·답김치명시찬대학문목(答金稚明時粲大學問目)」. "癸丑十二月. 第三章「文王」詩以上, 以知止言; 「淇澳」詩以下, 以能得言, 而「淇澳」「烈文」, 又自分爲明德新民之止至善矣, 細考『章句』可見.(…… 제3장 「문왕(文王)」의 시편 이상에서는 그침을 아는 것으로써 말하였고, 「기욱(淇澳)」의 시편 이하에서는 능히 얻음으로써 말하였는데, …….)"

27) 한원진(韓元震, 1682~1751): 자는 덕소(德昭)이고, 호는 남당(南塘)이며, 시호는 문순(文純)이다. 본관은 청주(淸州)이다. 송시열(宋時烈)의 학맥을 이은 서인 산림(山林) 권상하(權尙夏)의 제자로 과거에 뜻을 두지 않고 학문에 전념하였다. 1717년(숙종 43) 학행(學行)으로 천거되어 영릉참봉으로 관직에 나갔다가 경종 때에 노론(老論)이 축출될 때 사직하였다. 1725년(영조 1)

써 말하였고, 「기욱(淇澳)」 이하에서는 능히 얻음으로써 말하였다."

[傳3-4]

『詩』云 : "瞻彼淇澳, 菉竹猗猗. 有斐君子! 如切如磋, 如琢如磨. 瑟兮僩兮, 赫兮喧兮, 有斐君子! 終不可諠兮." '如切如磋'者, 道學也; '如琢如磨'者, 自修也. '瑟兮僩兮'者, 恂慄也; '赫兮喧兮'者, 威儀也; '有斐君子! 終不可諠兮'者, 道盛德至善, 民之不能忘也.

『시경(詩經)』에 이르기를, "저 기수(淇水)의 물굽이를 보니, 푸른 대나무가 아름답도다. 문채 있는 군자여! 끊은 것 같고 밀은 것 같고 쪼아낸 것 같고 갈은 것 같아라. 엄숙하며 당당하고 빛이 나며 의젓하니, 문채 있는 군자여! 마침내 잊을 수 없어라."라고 하니, '끊은 것 같고 밀은 것 같고'라는 것은 배움을 말함이고, '쪼아낸 것 같고 갈은 것 같아라'라는 것은 스스로 닦음이다. '엄숙하며 당당하고'라는 것은 두려워함이고, '빛이 나며 의젓하니'라는 것은 위엄과 거동이고, '문채 있는 군자여! 마침내 잊을 수 없어라'라는 것은 성대한 덕과 지극히 착함을 백성들이 잊을 수 없음을 말한다.

朱註

'澳', 於六反. '菉', 『詩』作'綠'. '猗', 叶韻音阿. '僩', 下版反. '喧', 『詩』作'咺', '諠'『詩』作'諼', 幷况晚反. '恂', 鄭氏讀作'峻'.[28] '『詩』', 「衛風 · 淇澳」之

경연관으로 출사하였으나 영조에게 소론을 배척하다가 삭직되었다. 그 뒤 장령 · 집의에 임명되었지만 취임하지 않았으며, 이조판서에 추증되었다. 같은 문인인 이간(李柬) 등과 호락논쟁(湖洛論爭)을 일으켜, 호서 지역 학자들의 호론(湖論)을 이끌었다. 그 주장의 핵심은 사람이 오상(五常)을 모두 갖추었음에 비해 초목이나 금수와 같은 것은 그것이 치우치게 존재하여, 인성과 물성이 근본적으로 다르다는 것이었다. 이러한 주장은 사람과 금수의 근본적 차이를 강조하여 인간의 존엄성을 높이려는 생각에서 나온 것이다. 문집으로 『남당집(南塘集)』이 있으며, 송시열과 스승 권상하의 사업을 이어받아 50년 만에 『주자언론동이고(朱子言論同異攷)』(1741)를 완성하였다. 그 밖에 『역학답문(易學答問)』, 『의례경전통해보(儀禮經傳通解補)』 등 『주역(周易)』 관련 저술들과 『장자변해(莊子辨解)』 등의 편저들이 있다.

篇. '淇', 水名. '澳', 隈也. '猗猗', 美盛貌, 興也.
'첨피기욱(瞻彼淇澳)'에서 '욱(澳)'은 '어(於)'와 '륙(六)'의 반절이다. '록죽의의(菉竹猗猗)'에서 '록(菉)'자는 『시경(詩經)』에 '록(綠)'으로 썼고, '의(猗)'는 협운(叶韻)의 음이 '아(阿)'이다. '슬혜한혜(瑟兮僩兮)'에서 '한(僩)'은 '하(下)'와 '판(版)'의 반절이다. '혁혜훤혜(赫兮喧兮)'에서 '훤(喧)'자는 『시경(詩經)』에 '훤(咺)'으로 썼다. '종불가훤혜(終不可諠兮)'에서 '훤(諠)'자는 『시경(詩經)』에 '훤(諼)'으로 썼으니, 아울러서 '황(况)'과 '만(晩)'의 반절음이다. '순률야(恂慄也)'에서 '순(恂)'자에 대해 정씨(鄭氏 : 鄭玄)[29]가 독음(讀音)이 '준(峻)'이라고 하였다. '『시(詩)』'는 「위풍(衛風) · 기욱(淇澳)」의 시편이다. '기(淇)'는 물 이름이다. '욱(澳)'은 물굽이다. '의의(猗猗)'는 아름다움이 성대한 모양이니, 흥(興)이다.

詳說

○ 烏回反.[30]

'오, 외야('澳', 隈也)'에서 '외(隈)'자는 '오(烏)'와 '회(回)'의 반절이다.

○ 去聲.[31]

'흥야(興也)'에서 '흥(興)'자는 거성(去聲 : 六義의 하나. 言物起詠)이다.

○ 幷指'瞻彼', 至'猗猗'.

'흥야(興也)'는 전문의 '첨피(瞻彼)'에서 '의의(猗猗)'까지[瞻彼淇澳, 菉竹猗猗] 아울러서 가리킨다.

---

28) 『예기주소(禮記注疏)』 권60, 「대학(大學) · 음의(音義)」에는 "'淇', 音其. '澳', 本亦作'奥', 於六反. 本又作'隩', 一音烏報反. '菉', 音緑. '猗', 於宜反. '斐', 芳尾反, 一音匪, 文章貌. '磋', 七何反. '琢', 丁角反. '摩', 本亦作'磨', 末何反. 『爾雅』云 : '骨曰切, 象曰磋, 玉曰琢, 石曰磨.' '僩', 下板反, 又胡板反. '赫', 許百反. '喧', 本亦作'咺', 况晩反. '諠', 許袁反, 『詩』作'諼', 或作'喧', 音同. '恂', 依注音峻, 思俊反, 一音思旬反. '慄', 利悉反. '澳', 於六反. '隈', 烏四反."이라고 하였다.

29) 정현(鄭玄, 127~200) : 동한(東漢) 시대 말의 학자로 자가 강성(康成)이고, 북해 고밀(北海 高密) 사람이다. 일찍이 태학(太學)에 들어가 『경씨역(京氏易)』 · 『공양춘추(公羊春秋)』 등을 배웠고, 장공조(張恭祖)로부터 『고문상서(古文尙書)』 · 『주례(周禮)』 · 『좌전(左傳)』 등을 배웠으며, 마지막에는 마융(馬融)으로부터 고문경(古文經)을 배웠다. 한(漢) 대 경학을 집대성한 사람으로, 저서로는 『천문칠정론(天文七政論)』 · 『중후(中侯)』 등이 있다.

30) 호광 편(胡廣 編), 『대학장구대전(大學章句大全)』.

31) 호광 편(胡廣 編), 『대학장구대전(大學章句大全)』.

○ 新安陳氏曰:“借淇竹起興, 以美衛武公有文之君子.”[32]

신안 진씨(新安陳氏:陳櫟)가 말하였다. “기수(淇水)의 대나무를 빌려 흥(興)을 일으켜서 위(衛)나라 무공(武公)이 문채 있는 군자임을 찬미한 것이다.”

○ 按, 「緡蠻」則所引止於所興, 故註不言‘興’也, 「節南山」則註釋幷取其高大之義, 故亦不言‘興’也. 「淇澳」·「桃夭」則初無取義於所興, 故特曰:‘興也’. 『章句』之精切如此. 或曰:“此二詩, 係是咏歎, 故特言‘興也’云爾, 則「烈文」, 何不引興詩, 「蓼蕭」·「鳲鳩」, 何不幷引其取興乎? 且『論語』「唐棣」註之‘興也’, 是亦取咏歎耶? 凡『詩』勿論比賦, 何莫非咏歎乎? 蓋『詩』之六義, 其起語而無取義者, 謂之‘興’, 故引『詩』而無以義者, 從而註之曰:‘興也’云.”

내가 생각하건대, 「면만(緡蠻)」은 인용한 것이 일으킨 것에 그친 까닭에 주석에서 ‘흥(興)’을 말하지 않았고, 「절남산(節南山)」은 주석(註釋)에서 그 고대(高大)한 뜻을 아울러 취한 까닭에 또한 ‘흥(興)’을 말하지 않았다. 「기욱(淇澳)」과 「도요(桃夭)」도 애당초 일으킨 것에서 뜻을 취함이 없는 까닭에 다만 말하기를 ‘흥(興)이다.’라고 하였다. 『대학장구(大學章句)』의 정밀하고 절실함이 이와 같다. 어떤 사람이 말하였다. “이 두 개의 시편이 영탄(咏歎)함에 걸리는 까닭에 다만 ‘흥야(興也)’라고 말했을 뿐이라면, 「열문(烈文)」은 어찌하여 흥시(興詩)를 인용하지 않았으며, 「육소(蓼蕭)」와 「시구(鳲鳩)」는 아울러서 흥(興)을 취한 것을 인용하지 않았는가? 또 『논어(論語)』「당체(唐棣)」의 주석에서 ‘흥야(興也)’라고 한 것은 또한 영탄을 취한 것인가? 무릇 『시경(詩經)』에는 비(比)와 부(賦)는 물론이거니와 영탄함이 아닌 것이 없는가? 대개 『시경(詩經)』의 육의(六義)에서 말을 일으키되 뜻을 취함이 없는 것을 일러서 ‘흥(興)’이라 하는 까닭에 『시경(詩經)』을 인용하되 뜻으로써 함이 없는 것을 좇아서 주석(註釋)하기를, ‘흥야(興也)’라고 한 것이다.”

朱註

‘斐’, 文貌. ‘切’以刀鋸, ‘琢’以椎鑿, 皆裁物使成形質也; ‘磋’以鑢鐋, ‘磨’以沙石, 皆治物使其滑澤也.

‘비(斐)’는 문채 있는 모양이다. ‘절(切)’은 칼이나 톱으로써 하고, ‘탁(琢)’은 망

32) 호광 편(胡廣 編), 『대학장구대전(大學章句大全)』. “新安陳氏曰:‘此, 於『詩』之六義, 屬興, 借淇竹起興, 以美衛武公有文之君子也.’(신안 진씨가 말하였다. ‘이는 『시경(詩經)』의 육의(六義)에 흥(興)에 속하니, 기수(淇水)의 대나무를 빌려 흥(興)을 일으켜서 위(衛)나라 무공(武公)이 문채 있는 군자임을 찬미한 것이다.’)”

치나 끌로써 하니, 모두 물건을 마름질하여 형질(形質)을 이루게 하는 것이다. '차(磋)'는 줄이나 대패로써 하고, '마(磨)'는 사포(砂布)나 숫돌로써 하니, 모두 물건을 다스려서 매끄럽고 윤택하게 하는 것이다.

詳說

○ 雙峰饒氏曰: "'有斐', 是說做成君子之人, 其初自'切磋琢磨'中來."[33)]

'비 문모(斐, 文貌)'에 대해, 쌍봉 요씨(雙峰饒氏: 饒魯)[34)]가 말하였다. "'유비(有斐)'는 군자의 경지에 도달한 사람을 말하는 것이니, 그것은 애초에 '절차탁마(切磋琢磨)'의 가운데로부터 온 것이다."

○ 音據.[35)]

'절이도거('切'以刀鋸)'에서 '거(鋸)'자는 음이 거(據)이다.

○ 直追反.[36)]

'탁이추착('琢'以椎鑿)'에서 '추(椎)'자는 직(直)과 추(追)의 반절이다.

○ 按, 『詩』註作'槌', 蓋用鑿之具也.

내가 생각하건대, 『시경(詩經)』[37)]의 주석에는 '추(槌)'로 썼으니, 대개 뚫는 데 사용하는 도구이다.

○ 鑽物之器.

'탁이추착('琢'以椎鑿)'에서 '착(鑿)'은 물건을 뚫는 기구이다.

---

33) 호광 편(胡廣 編), 『대학장구대전(大學章句大全)』. "雙峯饒氏曰: '有斐, 是說做成君子之人, 所以斐然有文者, 其初自切磋琢磨中來也.'(쌍봉 요씨가 말하였다. '유비(有斐)는 군자의 경지에 도달한 사람을 말하는 것이니, 찬란하게 문채가 있는 까닭은 그것은 애초에 절차탁마(切磋琢磨)의 가운데로부터 온 것이다.')"

34) 요로(饒魯, 1194~1264): 송나라 때의 유학자로 요주의 여간 사람이며, 자는 중원(仲元)이며, 호는 쌍봉(雙峰)이다. 황간에게 학문을 배우고, 평생 동안 벼슬하지 않아 그의 사후 문인들이 그에게 사시(私諡)를 문원(文元)이라 올렸다. 저서로는 『오경강의』, 『논맹기문(論孟紀聞)』, 『춘추절전(春秋節傳)』, 『학용찬술(學庸纂述)』, 『근사록주(近思錄註)』, 『태극삼도(太極三圖)』, 『용학십이도(庸學十二圖), 『서명도(西銘圖)』 등이 있다.

35) 『대학장구대전(大學章句大全)』에는 "'鋸', 居御反.('거(鋸)'는 거(居)와 어(御)의 반절이다.)"라고 하였다.

36) 호광 편(胡廣 編), 『대학장구대전(大學章句大全)』.

37) 『시경(詩經)』: 「위풍(衛風)·기욱(淇澳)」을 말한다.

○ 音慮.[38)]

'차이려탕('磋'以鑢鐋)'에서 '려(鑢)'자는 음이 려(慮)이다.

○ 刮物之器.

'차이려탕('磋'以鑢鐋)'에서 '려(鑢)'는 물건을 깎는 기구이다.

○ '鐋', 他浪反.[39)]

'차이려탕('磋'以鑢鐋)'에서 '탕(鐋)'자는 타(他)와 랑(浪)의 반절이다.

○ 平而滑之之器.

'차이려탕('磋'以鑢鐋)'에서 '탕(鐋)'은 평평하고 매끄럽게 하는 기구이다.

○ 以上錯訓, 此下順釋.

'개치물사기활택야(皆治物使其滑澤也)'에 대해, 위에서는 새김을 뒤섞었으나, 이 아래에서는 순서대로 풀이하였다.

朱註

治骨角者, 旣切而復磋之; 治玉石者, 旣琢而復磨之, 皆言其治之有緖而益致其精也. '瑟', 嚴密之貌. '僩', 武毅之貌. '赫'·'喧', 宣著盛大之貌. '諠', 忘也.

뼈와 뿔을 다스리는 사람은 이미 끊어놓고 다시 밀며, 옥과 돌을 다스리는 사람은 이미 쪼아놓고 다시 가니, 모두 그 다스림에 두서(頭緖)를 두어서 더욱 그 정교함을 이룸을 말한 것이다.[40)] '슬(瑟)'은 엄정하고 치밀한 모양이다. '한(僩)'은 굳세고 씩씩한 모양이다. '혁(赫)'과 '훤(喧)'은 훤히 드러내고 성대한 모양이다. '훤(諠)'은 잊음이다.[41)]

---

38) 호광 편(胡廣 編), 『대학장구대전(大學章句大全)』.

39) 호광 편(胡廣 編), 『대학장구대전(大學章句大全)』.

40) 모두 그 다스림에 두서(頭緖)를 두어서 더욱 그 정교함을 이룸을 말한 것이다. : 『주자어류(朱子語類)』 권16, 「대학3(大學三)」 36조목에는 "뼈와 뿔은 열어서 해체하기 쉬우나 옥(玉)과 돌은 갈아 문지르는 공부를 다 해야 한다.(骨·角, 卻易開解 ; 玉·石, 儘著得磨揩工夫.)"라고 설명하였다.

41) '슬(瑟)'은 엄정하고 치밀한 모양이다. …… '훤(諠)'은 잊음이다. : 『주자어류(朱子語類)』 권16, 「대학3(大學三)」 37조목에는 다음과 같이 설명되어 있다. "슬(瑟)은 조심스럽고 엄숙한 모양이다. 한(僩)은 굳센 모양이다. 준율(恂慄)은 엄숙하고 굳센 모양이다. 옛 사람들은 줄곧 이와 같이 완전하여 빈틈이 없는 뒤에야 그 위엄 있고 엄숙한 태도가 빛나고 밝아서 드러나게 된다.(瑟, 矜莊貌 ; 僩, 武貌 ; 恂慄, 嚴毅貌. 古人直是如此嚴整, 然後有那威儀烜赫著見.)"

詳說

○ 去聲, 下同.[42]

'기절이부차지(旣切而復磋之)'에서 '부(復)'자는 거성(去聲 : 다시)이니, 아래도 같다.

○ 此二句, 又錯取其意而申釋之.

'개언기치지유서이익치기정야(皆言其治之有緖而益致其精也)'는 앞의 이 두 구절에서 또 그 뜻을 뒤섞어 취하여 거듭 풀이한 것이다.

○ 『大全』曰 : "'切'·'琢', 是治之有端緖; '磋'·'磨', 是益致其精細."[43]

『대학장구대전(大學章句大全)』에서 말하였다. "'절(切)'과 '탁(琢)'은 물건을 다스림에 단서(端緖)가 있는 것이고, '차(磋)'와 '마(磨)'는 더욱 그 정교하고 세밀함을 이루는 것이다.

○ 朱子曰 : "就心言, 只是不麁疎."[44]

'엄밀지모(嚴密之貌)'에 대해, 주자(朱子)가 말하였다. "마음에서 말한 것이니, 거칠고 소략하지 않음이다."

○ 『大全』曰 : "不怠弛也."[45]

'무의지모(武毅之貌)'에 대해, 『대학장구대전(大學章句大全)』에서 말하였다. "게으르고 느슨하지 않음이다."

○ 雙峰饒氏曰 : "'宣著', 釋'赫'字; '盛大', 釋'喧'字."[46]

'선저성대지모(宣著盛大之貌)'에 대해, 쌍봉 요씨(雙峰饒氏 : 饒魯)가 말하였다. "'선저(宣著)'는 '혁(赫)'자를 풀이한 것이고, '성대(盛大)'는 '훤(喧)'자를 풀이한 것이다."

---

42) 호광 편(胡廣 編), 『대학장구대전(大學章句大全)』.

43) 호광 편(胡廣 編), 『대학장구대전(大學章句大全)』. "'切'與'琢', 是治之有端緖; '磋'與'磨', 是益致其精細.('절(切)'과 '탁(琢)'은 물건을 다스림에 단서(端緖)가 있는 것이고, '차(磋)'와 '마(磨)'는 더욱 그 정교하고 세밀함을 이루는 것이다.)"

44) 『주자어류(朱子語類)』 권16, 「대학3(大學三)」 38조목. "問 : '解瑟爲嚴密, 是就心言, 抑就行言?' 曰 : '是就心言.' 問 : '心如何是密處?' 曰 : '只是不粗疏, 恁地縝密.'(물었다. '슬(瑟)을 풀이하여 빈틈없이 치밀하다고 한 것은 마음에 대하여 말한 것입니까? 아니면 행동에 관하여 말한 것입니까?' 주희가 말하였다. '마음에 관해서 말한 것이다.' 물었다. '마음은 어떠해야 치밀한 것입니까?' 말하였다. '거칠어 소략하지 않고 이렇게 치밀하기만 하면 된다.')"

45) 호광 편(胡廣 編), 『대학장구대전(大學章句大全)』. "'嚴密', 不麤疏也; '武毅', 不怠弛也.('엄밀(嚴密)'은 거칠고 소략함이고, '무의(武毅)'는 게으르고 느슨하지 않음이다.)"

46) 호광 편(胡廣 編), 『대학장구대전(大學章句大全)』.

◯ 『詩』音, 況元反.

'훤, 망야('諠', 忘也)'에서 '훤(諠)'자는, 『시경(詩經)』에서 음이 '황(況)'과 '원(元)'의 반절이다.

朱註

'道', 言也. '學', 謂講習討論之事. '自修'者, 省察克治之功. '恂慄', 戰懼也. '威', 可畏也; '儀', 可象也. 引『詩』而釋之, 以明明明德者之止於至善.

'도(道)'는 말함이다. '학(學)'은 강습(講習)하고 토론(討論)하는 일을 이른다. '자수(自修)'라는 것은 성찰하고 이겨내고 다스리는 노력이다. '준률(恂慄)'은 벌벌 떨고 두려워함이다. '위(威)'는 두려워할 만함이고, '의(儀)'는 본뜰 만함이다. 『시경(詩經)』을 인용하여 풀이하면서 밝은 덕을 밝히는 사람이 지극한 선(善)에 그침을 밝혔다.

詳說

◯ 幷指二'道'字.

'도, 언야(道, 言也)'에서 볼 때, 두 개의 '도(道)'자를 아울러 가리키는 것이다.

◯ 悉井反.[47]

'성찰극치지공(省察克治之功)'에서 '성(省)'자는 '실(悉)'과 '정(井)'의 반절이다.

◯ 朱子曰: "骨角脉理可尋, 切磋之功易; 玉石渾全堅確, 琢磨之功難, 所以爲學問·自修之别."[48]

'성찰극치지공(省察克治之功)'에 대해, 주자(朱子)가 말하였다. "뼈와 뿔의 맥락이나 이치는 찾을 수 있어서 절차(切磋)의 공이 쉽고, 옥과 돌은 완전히 굳고 강하여 탁마(琢磨)의 공이 어려우니, 학문(學問)과 자기 수양이 구별되는 까닭이다."

---

47) 『대학장구대전(大學章句大全)』에는 "'省', 星上聲.('성(省)'은 음이 성(星)이니 상성(上聲)이다.)"라고 하였다.

48) 주희(朱熹), 『대학혹문(大學或問)』, 권2, 「대학(大學)·전(傳)10장」. "曰: '切磋琢磨, 何以爲學問自修之别也?' 曰: '骨角脈理可尋, 而切磋之功易, 所謂始條理之事也; 玉石渾全堅確, 而琢磨之功難, 所謂終條理之事也.'(말하였다. '절차탁마(切磋琢磨)가 어떻게 학문(學問)과 자기수양의 구별이 되는 것입니까?' 말하였다. '뼈와 뿔의 맥락이나 이치는 찾을 수 있어서 절차(切磋)의 공이 쉬우니, 이른바 조리(條理)를 시작하는 일이고, 옥과 돌은 완전히 굳고 강하여 탁마(琢磨)의 공이 어려우니, 이른바 조리(條理)를 마치는 일이다.')"

○ 新安陳氏曰 : "'學', 所以致知, '知'視行爲易; '自修'所以力行, '行'視知爲難."[49)]

신안 진씨(新安陳氏 : 陳櫟)가 말하였다. "'학문(學問)'은 앎을 이루는 것이니 '지(知)'는 행(行)에 비하여 쉽고, '자기 수양'은 힘써 행하는 것이니 '행(行)'은 지(知)에 비하여 어렵다."

○ 蛟峯方氏曰 : "兢業戒懼."[50)]

'전구야(戰懼也)'에 대해, 교봉 방씨(蛟峯方氏 : 方逢辰[51)])가 말하였다. "삼가고 조심하며 경계하고 두려워함이다."

○ 『左傳』曰 : "有威而可畏, 謂之'威'; 有儀而可象, 謂之'儀'."[52)]

'위, 가외야; 의, 가상야(威, 可畏也; 儀, 可象也)'에 대해, 『춘추좌전(春秋左傳)』에서 말하였다. "위엄이 있어 두려워할 만한 것을 일러 '위(威)'라 하고, 거동이 있어 본뜰 만한 것을 일러 '의(儀)'라고 한다."

○ '道學'以下, 是釋『詩』意也.

'도학(道學)' 이하는 『시경(詩經)』의 뜻을 풀이한 것이다.

○ 『大全』曰 : "此'明'字, 謂發明."[53)]

---

49) 호광 편(胡廣 編), 『대학장구대전(大學章句大全)』. "新安陳氏曰 : '學所以致知, 知視行爲易, 故以切磋比之, 治骨角, 猶易於治玉石也. 自脩所以力行, 行視知爲難, 故以琢磨比之, 治玉石則難於治骨角矣.'(신안 진씨가 말하였다. '학문(學問)은 앎을 이루는 것이니, 지(知)는 행(行)에 비하여 쉽다. 그러므로 절차(切磋)로써 비유하였으니, 뼈와 뿔을 다스림은 오히려 옥과 돌을 다스림보다 쉬운 것이다. 자기수양은 힘써 행하는 것이니, 행(行)은 지(知)에 비하여 어렵다. 그러므로 탁마(琢磨)로써 비유하였으니, 옥과 돌을 다스림은 뼈와 뿔을 다스림보다 어려운 것이다.')"

50) 호광 편(胡廣 編), 『대학장구대전(大學章句大全)』. "蛟峯方氏曰 : '瑟是工夫細密, 僩是工夫強毅, 恂慄是兢兢業業, 惟其兢業戒懼, 所以工夫精密而強毅.'(교봉 방씨가 말하였다. '슬(瑟)은 공부가 세밀하고, 한(僩)은 공부가 굳세며, 준율(恂慄)은 경계하고 삼가고 두려워함이니, 오직 삼가고 조심하며 경계하고 두려워함이 공부가 정밀하고 굳센 것이다.)"

51) 방봉진(方逢辰, 1221~1291) : 남송 시대의 학자로 원래 이름이 몽괴(夢魁)이다. 자가 군석(君錫)이고, 호가 교봉(蛟峰)이어서 학자들이 교봉선생이라 불렀으며, 순안현(淳安县) 성곽 고방(城郭 高坊) 사람이다. 저서로는 『효경해(孝經解)』·『역외전(易外傳)』·『상서석전(尚書釋傳)』·『학용주석(學庸注釋)』·『격물입문(格物入門)』 등이 있다.

52) 『춘추좌전(春秋左傳)』 양공(襄公) 31년조에 보인다. "公曰 : '善哉! 何謂威儀?' 對曰 : '有威而可畏, 謂之威; 有儀而可象, 謂之儀. 君有君之威儀, 其臣畏而愛之, 則而象之, 故能有其國家, 令聞長世; 臣有臣之威儀, 其下畏而愛之, 故能守其官職, 保族宜家順, 是以下皆如是, 是以上下能相固也.'('…… 위엄이 있어 두려워할 만한 것을 일러 위(威)라 하고, 거동이 있어 본뜰 만한 것을 일러 의(儀)라고 한다. …….')"

53) 호광 편(胡廣 編), 『대학장구대전(大學章句大全)』.

'이명명명덕자지지어지선(以明明明德者之止於至善)'에서 '이명(以明)'에 대해, 『대학장구대전(大學章句大全)』에서 말하였다. "이 '명(明)'자는 발명(發明)을 이른다."

○ 未必指武公.

'이명명명덕자(以明明明德者)'는 반드시 무공(武公)을 가리키지 않는다.

○ 此句總提.

'이명명명덕자지지어지선(以明明明德者之止於至善)'에서 이 구절은 총괄하여 제시한 것이다.

○ 註於此, 又幷說'明明德'.

이것을 주석함에 또 아울러서 '명명덕(明明德)'을 말하였다.

○ 朱子曰 : "上言止至善之理備矣, 然其求之之方與得之之驗, 則未之及, 故又引此以明之."[54]

주자(朱子)가 말하였다. "위에서는 지극한 선(善)에 멈추는 이치가 갖추어짐을 말하였으나, 그 구하는 방법과 얻는 효험에는 아직 미치지 못한 까닭에 또 이것[「기욱(淇澳)」의 시편]을 인용하여 밝힌 것이다."

朱註

'道學'·'自修', 言其所以得之之由. '恂慄'·'威儀', 言其德容表裏之盛, 卒乃指其實而歎美之也.

'도학(道學)'과 '자수(自修)'는 그것을 얻는 연유를 말한 것이다. '준률'과 '위의(威儀)'는 그 덕과 용모의 겉과 속의 성대함을 말한 것이니, 마침내 그 실제를 가리키면서 감탄하며 아름다움을 칭찬하였다.

---

54) 주희(朱熹), 『대학혹문(大學或問)』, 권2, 「대학(大學)·전(傳)10장」. "曰 : '復引「淇澳」之詩, 何也?' 曰 : '上言止於至善之理備矣, 然其所以求之之方與其得之之驗, 則未之及, 故又引此詩以發明之也. 夫如切如磋, 言其所以講於學者, 已精而益求其精也; 如琢如磨, 言其所以修於身者, 已密而益求其密也. 此其所以擇善固執, 日就月將, 而得止於至善之由也. 恂慄者, 嚴敬之存乎中也; 威儀者, 輝光之著乎外也. 此其所以睟面盎背, 施於四體, 而爲止於至善之驗也. 盛德至善, 民不能忘, 蓋人心之所同然, 聖人旣先得之, 而其充盛宣著又如此, 是以民皆仰之而不能忘也. 盛德, 以身之所得而言也; 至善, 以理之所極而言也; 切磋琢磨, 求其止於是而已矣.'(말하였다. '다시 「기욱(淇澳)」의 시편을 인용한 것은 어째서인가?' 말하였다. '위에서는 지극한 선(善)에 멈추는 이치가 갖추어짐을 말하였으나, 그 구하는 방법과 얻는 효험에는 아직 미치지 못한 까닭에 또 이 시(詩)를 인용하여 드러내 밝힌 것이다. …….')"

詳說

○ '道'字, 帶過說.

'도학 · 자수(道學 · 自修)'에서 '도(道)'자는 대수롭지 않게 말하는 것이다.[55]

○ 玉溪盧氏曰: "'切磋', 知至善之所止; '琢磨', 得至善之所止."[56]

'기소이득지지유(其所以得之之由)'에 대해, 옥계 노씨(玉溪盧氏 : 盧孝孫)가 말하였다. "'절차(切磋)'는 지극한 선(善)이 그칠 바를 아는 것이고, '탁마(琢磨)'는 지극한 선(善)이 그칠 바를 얻는 것이다."

○ 新安陳氏曰: "與「經」文能得, 相照應."[57]

'기소이득지지유(其所以得之之由)'에 대해, 신안 진씨(新安陳氏 : 陳櫟)가 말하였다. "「경(經)」의 글을 능히 얻는다는 것과 더불어 서로 대조해 보아야 한다."

○ 『大全』曰: "'恂慄', 在裏德也; '威儀', 見於外容也."[58]

'기덕용표리지성(其德容表裏之盛)'에 대해, 『대학장구대전(大學章句大全)』에서 말하였다. "'준율(恂慄)'은 속에 있는 덕이고, '위의(威儀)'는 겉에 보이는 용모이다."

○ 『大全』曰: "謂盛德至善."[59]

'졸내지기실(卒乃指其實)'에 대해, 『대학장구대전(大學章句大全)』에서 말하였다.

---

55) '도학 · 자수(道學 · 自修)'에서 '도(道)'자는 대수롭지 않게 말하는 것이다 : 『주자어류(朱子語類)』 권108에서 '帶過說'을 말하였는데, 다음 문장의 '帶說過'와 그 뜻이 같다. "緊要處, 政宜緊說, 而却以閒語帶說過也.(긴요한 곳은 정말로 긴요하게 말해야 하는데, 도리어 쓸데없는 말로써 곁들여서(대수롭지 않게) 말한다.)"

56) 호광 편(胡廣 編), 『대학장구대전(大學章句大全)』. "玉溪盧氏曰 : '切磋則知至善之所止, 琢磨則得至善之所止. 恂慄見至善之德脩於中, 威儀見至善之容著於外, 德容表裏之盛, 一至善耳, 卒指至善之實, 非盛德之外有至善, 亦非明德之外有盛德也.'(옥계 노씨가 말하였다. '절차(切磋)는 곧 지극한 선(善)이 그칠 바를 아는 것이고, 탁마(琢磨)는 곧 지극한 선(善)이 그칠 바를 얻는 것이다. …….')"

57) 호광 편(胡廣 編), 『대학장구대전(大學章句大全)』. "新安陳氏曰 : '此章釋止至善, 亦有釋知止能得之意. 於止知其所止, 知止也. 引「淇澳」而釋之, 學與自脩, 言明明德所以得止至善之由, 恂慄威儀, 盛德至善, 指其得止至善之實. 民不能忘, 已開新民得止至善之端, 下文方極言之耳. 『章句』所以得之之得字, 正與經文能得之得字, 相照應.'(신안 진씨가 말하였다. '이 장은 지극한 선(善)에 그침을 풀이한 것이니, 또한 그침을 알고 능히 얻는 뜻을 풀이함이 있다. …… 『대학장구』의 얻는다는 득(得)자는 참으로 경문(經文)의 능히 얻는다는 득(得)자와 더불어 서로 대조해 보아야 한다.')"

58) 호광 편(胡廣 編), 『대학장구대전(大學章句大全)』.

59) 호광 편(胡廣 編), 『대학장구대전(大學章句大全)』.

"성대한 덕과 지극한 선(善)을 이른다."

○ 主言'至善', 而'盛德', 只是帶說, 蓋此節以'道學'·'自修'·'恂慄'·'威儀', 陪'盛德'·'至善', 又以'盛德', 陪'至善', '至善', 是實之實而此一節之主也.

'지선(至善)'을 주요하게 말하였고, '성덕(盛德)'은 단지 곁들여서 말한 것이다. 대개 이 단락에서는 '도학(道學)'과 '자수(自修)'와 '준율(恂慄)'과 '위의(威儀)'로써 '성덕'과 '지선'에 보탰고, 또 '성덕'으로써 '지선'에 보탰으니, '지선'이 알맹이 가운데 알맹이로써 이 하나의 단락에 중심인 것이다.

○ 新安吳氏曰:"理在事物, 則爲'至善', 體此理而有所得, 則爲'盛德'. '明德', 得於稟賦之初; '盛德', 得於踐履之後."[60]

신안 오씨(新安吳氏:吳浩)[61]가 말하였다. "이치가 사물에 있으면 '지선(至善)'이 되고, 이 이치를 체득하여 얻는 바가 있으면 '성덕(盛德)'이 된다. '명덕(明德)'은 선천적으로 타고나는 처음에 얻는 것이고, '성덕'은 실천하고 이행한 뒤에 얻는 것이다."

○ 指'民之不能忘'.

'졸내지기실이탄미지야(卒乃指其實而歎美之也)'에서 '탄미(歎美)'는 '민지불능망(民之不能忘)'을 가리킨다.

○ 新安陳氏曰:"民不能忘, 已開新民, 得止至善之端, 下文方極言之."[62]

신안 진씨(新安陳氏:陳櫟)가 말하였다. "백성이 능히 잊지 못한다는 것은 이미 새

---

60) 호광 편(胡廣 編), 『대학장구대전(大學章句大全)』. "新安吳氏曰:'理在事物, 則爲至善, 身體此理而有所得, 則爲盛德, 如君之至善是仁, 能極其仁, 卽君之盛德也. 明德, 是得於禀賦之初者; 盛德, 是得於踐履之後者, 亦只一理而已.'(신안 오씨가 말하였다. '이치가 사물에 있으면 지선(至善)이 되고, 몸으로 이 이치를 체득하여 얻는 바가 있으면 성덕(盛德)이 되니, …… 명덕(明德)은 선천적으로 타고나는 처음에 얻는 것이고, 성덕(盛德)은 실천하고 이행한 뒤에 얻는 것이니, …….')"

61) 오호(吳浩):송나라 때의 학자로 자가 의부(義夫)이고, 호가 직헌(直軒)이며, 휘주 휴녕(徽州休寧) 사람이다. 저서로는 『직헌대학의(直軒大學義)』 등이 있다.

62) 호광 편(胡廣 編), 『대학장구대전(大學章句大全)』. "新安陳氏曰:'此章釋止至善, 亦有釋知止能得之意. 於止知其所止, 知止也. 引「淇澳」而釋之, 學與自脩, 言明明德所以得止至善之由, 恂慄威儀, 盛德至善, 指其得止至善之實. 民不能忘, 已開新民, 得止至善之端, 下文方極言之耳. 『章句』所以得之之得字, 正與「經」文能得之得字, 相照應.'(신안 진씨가 말하였다. '이 장은 지극한 선(善)에 그침을 풀이한 것이니, 또한 그침을 알고 능히 얻는 뜻을 풀이함이 있다. …… 백성이 능히 잊지 못한다는 것은 이미 새로운 백성을 열어서 지극한 선(善)에 그치는 실마리를 얻은 것이니, 아래 글에서 바야흐로 지극하게 말하였을 뿐이다. ……')"

로운 백성을 열어서 지극한 선(善)에 그치는 실마리를 얻은 것이니, 아래 글에서 바야흐로 지극하게 말하였다."

[傳3-5]

『詩』云 : "於戲! 前王不忘." 君子, 賢其賢而親其親; 小人, 樂其樂而利其利, 此以沒世不忘也.

『시경(詩經)』에서 이르기를 "아아! 예전의 임금을 잊지 못하겠도다."라고 하니, 군자는 그 어짊을 어질게 여기며, 그 친함을 친하게 여기고, 소인은 그 즐거움을 즐겁게 여기며, 그 이로움을 이롭게 여기나니, 이로써 이 세상에 없어도 잊지 못하는 것이다.

朱註

'於戲', 音烏呼. '樂', 音洛.[63] '『詩』', 「周頌 · 烈文」之篇. '於戲', 歎辭. '前王', 謂文武也. '君子', 謂其後賢後王. '小人', 謂後民也.

'오호(於戲)'는 음이 '오호(烏呼)'이다. '락기락(樂其樂)'에서 '락(樂)'자는 음이 락(洛)이다. '『시(詩)』'는 「주송(周頌) · 열문(烈文)」의 시편이다. '오호(於戲)'는 감탄사이다. '전왕(前王)'은 문왕과 무왕을 이른다. '군자(君子)'는 후세의 현철(賢哲)과 후세의 임금을 이른다. '소인(小人)'은 뒤의 백성이다.

詳說

○ 一無'之'字.[64]

'「주송 · 열문」지(「周頌 · 烈文」之)'의 경우, 어떤 판본에는 '지(之)'자가 없다.

○ 依本文'賢' · '親'之序而先言'後賢'.

'기후현후왕(其後賢後王)'은 본문의 '현(賢)'과 '친(親)'의 차례에 의거하여 먼저

63) 『예기주소(禮記注疏)』 권60, 「대학(大學) · 음의(音義)」에는 "'於',音烏, 下'於緝熙'同. '戲', 好胡反, 徐范音義. '樂其樂', 並音岳, 又音洛, 注同."이라고 하였다.

64) 『대학장구대전(大學章句大全)』와 조선 내각본에는 '之'자가 없다.

'후현(後賢)'을 말하였다.

○ 新安陳氏曰: "'後賢', '賢其賢'; '後王', '親其親', 下'賢' · '親'二字, 指前王之身."65)
신안 진씨(新安陳氏 : 陳櫟)가 말하였다. "후세의 현철(賢哲)은 그 어짊을 어질게 여기고, 후세의 임금'은 그 친함을 친하게 여기니, 아래의 '현(賢)'과 '친(親)' 두 글자는 예전 임금의 몸을 가리킨다."

○ 朱子曰: "'賢其賢', 仰其德業之盛 ; '親其親', 思其覆育之恩."66)
주자(朱子)가 말하였다. "'현기현(賢其賢)'은 그 덕업(德業)의 성대함을 우러르는 일이고, '친기친(親其親)'은 감싸 보호하여 길러주는 은혜를 생각하는 것이다."67)

○ 新安陳氏曰: "下'樂' · '利'二字, 指前王之澤."68)
'후민야(後民也)'에 대해, 신안 진씨(新安陳氏 : 陳櫟)가 말하였다. "아래의 '락(樂)'과 '리(利)'의 두 글자는 예전 임금의 은택을 가리킨다."

---

65) 호광 편(胡廣 編), 『대학장구대전(大學章句大全)』. "新安陳氏曰: '後賢, 賢其賢; 後王, 親其親, 下賢 · 親二字, 指前王之身. 後民, 樂其樂而利其利, 下樂 · 利二字, 指前王之澤. 傳文雖未嘗言新民 · 止於至善之工夫事實, 然就親 · 賢 · 樂 · 利上, 見得前王不特能使當世天下無一物不得其所, 而後世尙且如此, 可見新民 · 止於至善之效驗矣.'(신안 진씨가 말하였다. '후세의 현철(賢哲)은 그 어짊을 어질게 여기고, 후세의 임금은 그 친함을 친하게 여기니, 아래의 현(賢)과 친(親) 두 글자는 예전 임금의 몸을 가리킨다. …….')"

66) 주희(朱熹), 『대학혹문(大學或問)』, 권2, 「대학(大學) · 전(傳)10장」. "曰: '引「烈文」之詩, 而言前王之沒世不忘, 何也?' 曰: '賢其賢者, 聞而知之, 仰其德業之盛也; 親其親者, 子孫保之, 思其覆育之恩也; 樂其樂者, 含哺鼓腹, 而安其樂也; 利其利者, 耕田鑿井, 而享其利也. 此皆先王盛德至善之餘澤, 故雖已沒世, 而人猶思之, 愈久而不能忘也. 上文之引「淇澳」, 以明明德之得所止言之, 而發新民之端也. 此引「烈文」, 以新民之得所止言之, 而著明明德之效也.'(…… 말하였다. '현기현(賢其賢)이라는 말은 들어서 아는 것이니, 그 덕업(德業)의 성대함을 우러르는 일이고, 친기친(親其親)이라는 말은 자손이 보호함이니, 감싸 보호하여 길러준 은혜를 생각하는 것이다. …….')"

67) 『주자어류(朱子語類)』 권16, 「대학3(大學三)」 45조목에는 "'군자는 그 어짊을 어질게 여긴다.'는 데 대해 묻자, 주희가 말하였다. '예컨대 공자가 문왕과 무왕의 덕을 우러른 일이 '그 어짊을 어질게 여기는' 것이고, 성왕 · 강왕 이후로는 그 은혜를 생각하여 기틀의 실마리를 보존한 일이 바로 '그 친함을 친하게 여긴 것'이다.'(問: '君子賢其賢而親其親.' 曰: '如孔子仰文武之德, 是'賢其賢', 成康以後, 思其恩而保其基緖, 便是'親其親'.)"라고 되어 있다.

68) 호광 편(胡廣 編), 『대학장구대전(大學章句大全)』. 그 내용은 다음과 같다. "新安陳氏曰: '後賢, 賢其賢; 後王, 親其親, 下賢 · 親二字, 指前王之身. 後民, 樂其樂而利其利, 下樂 · 利二字, 指前王之澤. …….'(신안 진씨가 말하였다. '…… 후민(後民)은 그 즐거움을 즐거워하고 그 이로움을 이롭게 여기니, 아래의 '락(樂)'과 '리(利)'의 두 글자는 예전 임금의 은택을 가리킨다…….')"

○ 四'其'字, 皆指前王.

「전(傳)」의 '현기현이친기친 락기락이리기리(賢其賢而親其親 樂其樂而利其利)'에서 네 개의 '기(其)'자는 모두 예전 임금을 가리킨다.

朱註

此言前王所以新民者, 止於至善, 能使天下後世, 無一物不得其所, 所以旣沒世而人思慕之, 愈久而不忘也.

이는 예전의 임금이 백성을 새롭게 한 것이 지극한 선(善)에 그쳐서 능히 천하와 후세에게 하나의 사물이라도 그 곳을 얻지 못함이 없게 하여, 그래서 이미 이 세상에 없어도 사람들이 그를 생각하고 그리워하여 더욱 오래될수록 잊지 못함을 말한다.

詳說

○ 此'者'字, 非指人也.

'전왕소이신민자(前王所以新民者)'에서 이 '자(者)'자는 사람을 가리키는 말이 아니다.

○ 此句總提.

'차언전왕소이신민자, 지어지선(此言前王所以新民者, 止於至善)'의 경우, 이 구절은 전체적으로 제시하였다.

○ 註於此, 又幷說'新民',

이것을 주석함에 또 '신민(新民)'을 아울러서 말하였다.

○ 此節, 雖無'至善'字, 然旣因上節'至善不忘', 而申說其'不忘'之事, 則'至善'二字, 已該其中. 故註槩以'至善'言之.

이 단락에 비록 '지선(至善)'자가 없으나, 이미 위 단락의 '지선불망(至善不忘)'에 말미암아 그 '불망(不忘)'의 일을 거듭하여 말하였으니, 곧 '지선(至善)' 두 글자가 이미 그 가운데 갖추어졌다. 그러므로 주석에서 '지선'으로 개괄하였다.

○ '天下'二字, 帶說.

'능사천하후세(能使天下後世)'에서, '천하(天下)' 두 글자는 곁들여서 말한 것이다.

○ 使其賢之親之樂之利之.

'무일물부득기소(無一物不得其所)'는, 그[군자와 소인]에게 어질게 여기게 하고, 친하게 여기게 하며, 즐겁게 여기게 하고, 이롭게 여기게 하는 것이다.

○ '此以'.

'소이기몰세이인사모지(所以旣沒世而人思慕之)'에서 '소이(所以)'는 '차이(此以 : 이로써)'이다.

○ 前王已沒.

'소이기몰세이인사모지(所以旣沒世而人思慕之)'에서 '기몰세(旣沒世)'는 예전의 임금이 이미 없는 것이다.

○ 玉溪盧氏曰 : "此兩節, 相表裏, 上節卽此節之本原, 此節卽上節之效驗, 然則新民之至善, 豈在'明明德'·'至善'[69]之外哉?"[70]

'유구이불망야(愈久而不忘也)'에 대해, 옥계 노씨(玉溪盧氏 : 盧孝孫[71])가 말하였다. "이 두 단락은 서로 겉과 속이 되니, 위의 단락은 곧 이 단락의 본원이고, 이 단락은 곧 위 단락의 효험이니, 그렇다면 백성을 새롭게 하는 지극한 선(善)이 어찌 '명명덕(明明德)'과 '지선(至善)'의 밖에 있겠는가?"

朱註

此兩節, 咏歎淫泆, 其味深長, 當熟玩之.

이 두 개의 단락은 영탄(咏歎)하고 음일(淫佚)하여 그 의미가 깊고 크니 마땅히 익숙하게 연구해야 한다.

詳說

○ '泆', 音逸.

'영탄음일(咏歎淫泆)'에서 '일(泆)'은 음이 일(逸)이다.

○ 四字, 出『禮記』「樂記」.[72]

네 글자[영탄음일(咏歎淫泆)]는 『예기』「악기(樂記)」에 나온다.

---

69) 『대학장구대전(大學章句大全)』에는 '止至善'으로 되어 있다.

70) 호광 편(胡廣 編), 『대학장구대전(大學章句大全)』.

71) 노효손(盧孝孫) : 자는 신지(新之)이고 호는 옥계(玉溪)이며, 귀계(貴溪) 사람이다. 진덕수(陳德秀)의 문하에서 학문을 배워, 가태(嘉泰: 1201~1204) 연간에 진사에 급제하였다. 벼슬은 태학박사(太學博士)에 이르렀다. 벼슬을 그만둔 뒤 옥계서원(玉溪書院)에서 주로 강학하였다. 저서에는 송 이종(理宗)에게 진상한 『사서집의(四書集義)』 1백 권이 있다.

72) 出『禮記』「樂記」: 『대학장구대전(大學章句大全)』에서 "『記』「樂記」, '咏歎之, 淫泆之'."라고 하였다.

○ 雙峰饒氏曰："'咏歎', 言其詞, '淫泆', 言其意味, 溢乎言詞之外也."[73]

쌍봉 요씨(雙峰饒氏 : 饒魯)가 말하였다. "'영탄(咏歎)'은 그 말을 말하고, '음일(淫泆)'은 그 의미를 말하니, 말 밖에 넘치는 것이다.

○ 註, 雖分'明德'·'新民'言, 而其爲釋'止至善'則同焉. 今人或認此二節, 初無釋義, 只取'咏歎'之意, 則誤矣. '咏歎'乃其餘意, 故於註末, 言之耳.

주석에 비록 '명덕(明德)'과 '신민(新民)'을 나누어 말하였으나 '지지선(止至善)'을 풀이한 것은 곧 같다. 지금 사람이 간혹 이 두 구절에 애당초 뜻을 풀이함이 없다고 인정하고 다만 '영탄(咏歎)'의 뜻만 취한 것은 잘못이다. '영탄'은 바로 그 나머지 뜻이기 때문에 주석 끝에서 말하였을 뿐이다.

○ 蒙前節註'學者'而言.

'당숙완지(當熟玩之)'는 앞 단락의 주석 가운데 '학자(學者)'[74]를 이어받아서 말하였다.

朱註

右, 「傳」之三章, 釋'止於至善'.

위는 「전(傳)」의 3장이니, '지어지선(止於至善 : 지극한 선에 그침)'을 풀이한 것이다.

詳說

○ 朱子曰："前三節說'止', 中一節說'至善', 「烈文」, 又咏歎至善之意."[75]

주자(朱子)가 말하였다. "앞의 세 단락에서는 '지(止)'를 말하였고, 중간의 한 단락에서는 '지선(至善)'을 말하였으며, 「열문(烈文)」은 또 지극한 선(善)을 영탄(咏歎)하는 뜻이다."

---

73) 호광 편(胡廣 編), 『대학장구대전(大學章句大全)』. "雙峯饒氏曰 : '咏歎, 言其詞; 淫泆, 言其義, 淫泆者, 意味溢乎言詞之外也.'(쌍봉 요씨가 말하였다. '영탄(咏歎)은 그 말을 말하고, 음일(淫泆)은 그 뜻을 말하니, 음일(淫泆)이라는 것은 의미가 말 밖에 넘치는 것이다.')"

74) 앞 단락의 주석 가운데 '학자(學者)' : "배우는 사람이 여기서 그 정미한 깊은 속을 구명하고, …….(學者於此, 究其精微之蘊, …….)"에 나오는 '學者'를 말한다.

75) 『주자어류(朱子語類)』 권16, 「대학3(大學三)」 46조목. "或問'至善章'. 曰 : '此章, 前三節是說止字, 中一節說至善, 後面「烈文」一節, 又是詠歎此至善之意.'(어떤 사람이 '지선장(至善章)'을 물었다. 말하였다. '이 장의 앞 세 단락은 지(止)자를 말하였고, 중간의 한 단락에서는 지선(至善)을 말하였으며, 뒷장의 「열문(烈文)」 한 단락은 또 이 지극한 선(善)을 영탄(咏歎)하는 뜻이다.')"

◯ 按, 此節十'止'字 · 一'至善'字, 亦合而觀之, 其義方備.

내가 생각하건대, 이 단락의 열 개의 '지(止)'자와 한 개의 '지선(至善)'자는 또한 합쳐서 보아야 그 뜻이 바야흐로 갖춰진다.

◯ 玉溪盧氏曰 : "一節, 言物各有所當止之處; 二節, 以知止之事言; 三節, 以得所止之事言; 四節, 言至善之體, 所以立; 五節, 言至善之用, 所以行."[76)]

옥계 노씨(玉溪盧氏 : 盧孝孫)가 말하였다. "첫째 단락에서는 물건마다 각각 마땅히 그쳐야 하는 것이 있음을 말하였고, 둘째 단락에서는 그칠 데를 아는 일로써 말하였으며, 셋째 단락에서는 그칠 것을 얻는 일로써 말하였고, 넷째 단락에서는 지극한 선(善)의 본체가 세워지는 까닭을 말하였으며, 다섯째 단락에서는 지극한 선의 쓰임이 행해지는 까닭을 말하였다."

◯ 雙峯饒氏曰 : "'明德' · '新民'兩章, 釋得甚略, 此章所釋'仁' · '敬'等條目旣詳; '學' · '修'等工夫又備, 可見「經」首三句重在此一句上矣."[77)]

쌍봉 요씨(雙峯饒氏 : 饒魯)가 말하였다. "'명덕(明德)'과 '신민(新民)'의 두 장은 풀이한 것이 매우 간략한데, 이 장에서 '인(仁)'과 '경(敬)' 등의 조목을 풀이한 것은 이미 상세하고, '학(學)'과 '수(修)' 등의 공부가 또 갖추어졌으니, 「경(經)」 머리의 세 구절은 중요함이 이 한 구절에 달려 있음을 볼 수 있다."

---

76) 호광 편(胡廣 編), 『대학장구대전(大學章句大全)』. "玉溪盧氏曰 : '此章凡五節, 第一節, 言物各有所當止之處; 第二節, 言人當知所當止之處, 以知止之事而言也; 第三節, 言聖人之止, 無非至善, 以得其所止之事而言也; 第四節, 言明明德之止於至善, 乃至善之體所以立; 第五節, 言新民之止於至善, 乃至善之用所以行.'(옥계 노씨가 말하였다. '…… 첫째 단락에서는 물건마다 각각 마땅히 그쳐야 하는 것이 있음을 말하였고, 둘째 단락에서는 …… 그칠 데를 아는 일로써 말하였으며, 셋째 단락에서는 …… 그칠 것을 얻는 일로써 말하였고, 넷째 단락에서는 …… 지극한 선(善)의 본체가 세워지는 까닭을 말하였으며, 다섯째 단락에서는 …… 지극한 선(善)의 쓰임이 행해지는 까닭을 말하였다.')"

77) 호광 편(胡廣 編), 『대학장구대전(大學章句大全)』. "雙峯饒氏曰 : '明德 · 新民兩章, 釋得甚略, 此章所釋節目旣詳, 工夫又備, 可見「經」首三句重在此一句上. 節目, 謂仁 · 敬 · 孝 · 慈等; 工夫, 謂學與自脩.'(쌍봉 요씨가 말하였다. '명덕(明德)과 신민(新民)의 두 장은 풀이한 것이 매우 간략한데, 이 장에서 절목을 풀이한 것은 이미 상세하고, 공부가 또 갖추어졌으니, 「경(經)」 머리의 세 구절은 중요함이 이 한 구절에 달려 있음을 볼 수 있다. 절목은 인(仁)과 경(敬)과 효(孝)와 자(慈) 등을 이르고, 공부는 학(學)과 자수(自修)를 이른다.')"

朱註

此章內, 自引「淇澳」詩以下, 舊本誤在'誠意章'下.

이 장 안에 「기욱(淇澳)」의 시편을 인용한 것으로부터 이하는 옛날 판본에 잘못 되어 '성의장(誠意章)'[78] 아래에 있었다.

詳說

○ 按, 明道改正本, 則此二節, 幷下'聽訟節', 在'平天下章''天下僇矣'·'『詩』云殷之'之間".

내가 생각하건대, 정명도(程明道 : 程顥)가 고쳐 바르게 만든 본(本)에는 곧 이 두 단락이 아래의 '청송절(聽訟節)'과 아울러 '평천하장(平天下章)'의 '천하륙의(天下僇矣 : 천하의 죽임)'와 '『시』운은지(『詩』云殷之 : 『시경(詩經)』에 이르기를, 은나라가)'[79] 사이에 들어 있었다.

○ 朱子曰 : "鄭·程二家所繫, 文意不屬, 以'盛德'·'至善'·'沒世不忘'推之, 則知其當屬乎此也."[80]

주자(朱子)가 말하였다. "정현(鄭玄)과 정호(程顥) 두 사람이 연계한 것에는 글의 뜻이 이어지지 않으나 '성덕(盛德)'과 '지선(至善)'과 '몰세불망(沒世不忘)'으로써 미루어보면 마땅히 이에 이어지는 것을 알 수 있다.

---

78) 성의장(誠意章) : 「전(傳)」6장을 말한다.

79) '평천하장(平天下章)'의 '천하륙의 …… '『시』운은지(『詩』云殷之 : 『시경(詩經)』에 이르기를, 은나라가)' : 「전(傳)」10장의 "『시경(詩經)』에 이르기를, '가파른 저 남산이여! …… 편벽되면 천하의 죽임이 되는 것이다.' 『시경(詩經)』에 이르기를, '은나라가 백성을 잃지 않았을 때는 능히 상제와 짝하였도다. …….'(『詩』云 : '節彼南山! …… 辟則爲天下僇矣.' 『詩』云 : '殷之未喪師, 能配上帝. …….')"에서 '天下僇矣. 『詩』云殷之'를 말하는 것이다.

80) 주희(朱熹), 『대학혹문(大學或問)』, 권2, 「대학(大學)·전(傳)10장」. "曰 : '「淇澳」·「烈文」二節, 鄭本元在「誠意章」後, 而程子置之卒章之中, 子獨何以知其不然, 而屬之此也?' 曰 : '二家所繫, 文意不屬, 故有不得而從者, 且以所謂道盛德·至善·沒世不忘者推之, 則知其當屬乎此也.'(…… 말하였다. '두 사람이 연계한 것에 글의 뜻이 이어지지 않는다. 그러므로 좇지 않는 사람이 있었으니, 장차 이른바 성덕(盛德)과 지선(至善)과 몰세불망(沒世不忘)으로써 미루어보면 마땅히 이에 이어짐을 알 수 있다.')"

전4장 ◦「傳」之四章

[傳4-1]

子曰 : "聽訟, 吾猶人也, 必也使無訟乎." 無情者, 不得盡其辭, 大畏民志, 此謂知本.
공자가 말하기를 "송사(訟事)를 들음이 내가 남과 같으나 반드시 송사가 없게 할 것이다."라고 하였다. 실정(實情)이 없는 사람이 그 말을 다할 수 없음은 백성의 뜻을 크게 두렵게 한 까닭이니, 이것을 일러 근본을 앎이라 하는 것이다.

朱註

'猶人', 不異於人也. '情', 實也. 引夫子之言, 而言聖人能使無實之人, 不敢盡其虛誕之辭,
'유인(猶人)'은 남과 다르지 않음이다. '정(情)'은 실정(實情)이다. 공자의 말을 인용하여 성인(聖人)이 실정이 없는 사람에게 감히 그 허망한 거짓말을 다하지 못하게 할 수 없음은,[1)]

詳說

○ 詳見『論語』'文莫吾猶人'註.
'유인, 불이어인야(猶人, 不異於人也)'는『논어(論語)』'문막오유인(文莫吾猶人 : 문은 내가 남과 같지 않으냐?)'의 주석[2)]에 자세하게 보인다.

---

1) 실정이 없는 사람에게 감히 그 허망한 거짓말을 다하지 못하게 할 수 없음은 :『주자어류(朱子語類)』권16, 「대학3(大學三)」 49조목에는 「전(傳)」에서 말한 '실정(實情)이 없는 사람이 그 말을 다할 수 없음은'에 대해, 그 송사가 없게 된 이유를 말한 것이다. 그러나 먼저 마음에 품은 의지를 설복해야 그 거짓말을 다하지 못하게 할 수 있는 것이다.('無情者不得盡其辭', 便是說那無訟之由. 然惟先有以服其心志, 所以能使之不得盡其虛誕之辭.)라고 하였다.

2)『논어(論語)』'문막오유인(文莫吾猶人 : 문은 내가 남과 같지 않으냐?)'의 주석 :『논어(論語)』「술이(述而)」의 "공자가 말하였다. '문(文)은 내가 남과 같지 않으냐? 군자를 몸소 행함은 곧 내가 얻음이 있지 못했노라.'(子曰 : '文莫吾猶人也? 躬行君子, 則吾未之有得.')"라는 구절의『논어집주(論語集註)』에서 "'유인(猶人)'은 남보다 지나치지 않으나 오히려 남에게 미칠 수 있음을 말한다.('莫', 疑辭. '猶人', 言不能過人, 而尚可以及人. '未之有得', 則全未有得, 皆自謙之辭, 而足以見言行之難易緩急, 欲人之勉其實也.)"라고 하였는데, 여기서 "'猶人', 言不能過人, 而尚可以及人."의 내용을 말하는 것이다.

○ 見『論語』「顔淵」.

'인부자지언(引夫子之言)'은 『논어(論語)』「안연(顔淵)」에 보인다.[3]

○ 非理健訟者, 不能售其欺誣之姦計, 蓋不待其盡言而覺其姦.

'불감진기허탄지사(不敢盡其虛誕之辭)'라는 구절은 사리(事理)가 건전하여 소송(訴訟)한 사람이 아니면 그 속이는 간교한 계책을 행할 수 없으니, 대개 그 말을 다 하기를 기다리지 않고도 그 간교함을 아는 것이다.

朱註

蓋我之明德旣明, 自然有以畏服民之心志, 故訟不待聽而自無也. 觀於此言, 可以知本末之先後矣.

대개 자신의 밝은 덕이 이미 밝아져서 자연스럽게 백성들의 마음과 뜻에 두려워하고 굴복함이 있기 때문에 송사(訟事)는 기다려서 듣지 않아도 저절로 없어졌음을 말한 것이다. 이 말을 보면 근본과 말단의 먼저 하고 뒤에 하는 일을 알 수 있다.

詳說

○ 『大全』曰: "此推本言之, '明明德'爲本, 乃傳者言外之意."[4]

'개아지명덕기명(蓋我之明德旣明)'에 대해, 『대학장구대전(大學章句大全)』에서 말하였다. "이는 근본을 미루어 말한 것이며, '명명덕(明明德)'이 근본이 되니, 이에 주해(註解)한 것이 말 밖의 뜻이 된다."

○ 『大全』曰: "此卽'新民'."[5]

'자연유이외복민지심지(自然有以畏服民之心志)'에 대해, 『대학장구대전(大學章句大全)』에서 말하였다. "이는 곧 '신민(新民)'이다."

○ 使民志畏服而無訟也, 使之者, 卽我之明德也.

'자연유이외복민지심지(自然有以畏服民之心志)'라는 구절의 내용은 백성들의 뜻에 두려워하고 굴복함이 있게 하여 소송이 없게 함이니, 백성들에게 그렇게 하도록

---

3) 『논어(論語)』「안연(顔淵)」에 보인다: "子曰: '聽訟, 吾猶人也, 必也使無訟乎'."의 내용이 『논어(論語)』「안연(顔淵)」편에서 인용된 것임을 말한다.

4) 호광 편(胡廣 編), 『대학장구대전(大學章句大全)』.

5) 호광 편(胡廣 編), 『대학장구대전(大學章句大全)』.

만드는 일은 곧 나의 밝은 덕이다.

○ 倒釋以便於文.

'송부대청이자무야(訟不待聽而自無也)'는 거꾸로 풀이하여 글을 편하게 한 것이다.

朱註

觀於此言, 可以知本末之先後矣.

이 말을 보면 근본과 말단의 먼저 하고 뒤에 하는 일을 알 수 있다.

詳說

○ 夫子之言.

'관어차언(觀於此言)'은 공자(孔子 : 夫子)의 말이다.

○ 添'末之先後'四字.

'가이지본말지선후의(可以知本末之先後矣)'는 '말지선후(末之先後)' 네 글자를 더한 것이다.

○ 本當先而末當後.

근본은 마땅히 먼저 해야 하고, 말단은 마땅히 뒤에 해야 한다.

○ 以無訟, 使無訟之本末, 明'明明德'·'新民'之本末, 而「傳」文擧重以該輕, 故不言'末'字.

'무송(無訟)'으로써 백성들에게 송사(訟事)의 근본과 말단이 없게 하여 '명명덕(明明德)'과 '신민(新民)'의 근본과 말단을 밝혔는데, 「전(傳)」의 글에서는 중요한 일을 들어 가벼운 것을 갖추는 까닭에 '말(末)'자를 말하지 않았다.

○ 玉溪盧氏曰 : "無訟可聽, 方爲新民之至善, 使民無訟, 惟明明德者能之. 聽訟, 使無訟之本末先後, 卽明德新民之本末先後也."[6)]

---

6) 호광 편(胡廣 編), 『대학장구대전(大學章句大全)』. "玉溪盧氏曰 : '有訟可聽, 非新民之至善; 無訟可聽, 方爲新民之至善. 無訟則民新矣, 使民無訟, 惟明明德者能之. 聽訟, 使無訟之本末先後, 卽明德新民之本末先後也. 「經」文物有本末上, 有知止能得一節, 前章釋止至善, 而知止能得之義, 已在其中. 「經」文物有本末下, 有終始先後, 又有脩身爲本, 及本亂末治者否矣, 此言知本, 則不特終始先後之義在其中, 而爲本及本亂末治者否之意, 亦在其中矣.'(옥계 노씨가 말하였다. '…… 송사(訟事)를 들을 만한 것이 없어야 바야흐로 신민(新民)의 지선(至善)이 된다. …… 백성들에게 송사가 없게 함은 오직 명덕(明德)을 밝히는 사람만이 잘할 수 있다. 송사를 들음에 백성들에게 송사의 근본과 말단, 선무(先務)와 후사(後事)가 없게 하는 것은 곧 명덕과 신민의 근본과 말단이며 선무와 후사이다. …….')"

옥계 노씨(玉溪盧氏 : 盧孝孫)[7]가 말하였다. "송사(訟事)를 들을 만한 것이 없어야 바야흐로 신민(新民)의 지선(至善)이 되니, 백성들에게 송사가 없게 함은 오직 명덕(明德)을 밝히는 사람만이 잘할 수 있다. 송사를 들음에 백성들에게 송사의 근본과 말단, 선무(先務)와 후사(後事)가 없게 하는 것은 곧 명덕과 신민의 근본과 말단이며 선무와 후사이다."

○ **朱子曰 : "使民無訟, 在我之事, 本也, 此所以聽訟爲末."**[8]

주자(朱子)가 말하였다. "백성에게 송사(訟事)가 없게 함을 나에게 두는 일이 근본이고, 이에 송사 들음이 말단이 되는 것이다."

○ **沙溪曰 : "小註曰'明明德爲本', 又曰'此卽新民'. 此與下小註朱子所謂'使民無訟本也, 聽訟爲末', 似不同, 更詳之."**[9]

사계(沙溪 : 金長生)[10]가 말하였다. "소주(小註)에서 '명덕을 밝히는 것이 근본이다.'라 하고, 또 말하기를 '이것이 곧 백성을 새롭게 함이다.'라고 하였다. 이는 아래 소주(小註)의 주자(朱子)가 이른바 '백성에게 송사(訟事)가 없게 하는 것이 근본이고, 송사를 들음이 말단이 된다.'라고 한 구절과 더불어 같지 않은 듯하니, 다

---

7) 노효손(盧孝孫) : 자는 신지(新之)이고 호는 옥계(玉溪)이며, 귀계(貴溪) 사람이다. 진덕수(陳德秀)의 문하에서 학문을 배워, 가태(嘉泰: 1201~1204) 연간에 진사에 급제하였다. 벼슬은 태학박사(太學博士)에 이르렀다. 벼슬을 그만둔 뒤 옥계서원(玉溪書院)에서 주로 강학하였다. 저서에는 송 이종(理宗)에게 진상한 『사서집의(四書集義)』 1백 권이 있다.

8) 호광 편(胡廣 編), 『대학장구대전(大學章句大全)』. 『주자어류(朱子語類)』 권16, 「대학3(大學三)」 48조목에는 "使他無訟, 在我之事, 本也. 恁地看, 此所以聽訟爲末."로 되어 있다.

9) 김장생(金長生), 『사계전서(沙溪全書)』 권11, 「경서변의(經書辨疑) · 대학(大學) · 전(傳)4장」. "**聽訟註'我之明德旣明', 小註'明明德爲本'; 註'自然有以畏服民之心志', 小註'此卽新民'. 按此與下小註朱子所謂'使民無訟本也, 聽訟爲末', 似不同, 更詳之.**(…… 소주(小註)에서 '명덕을 밝히는 것이 근본이다.'라 하고, …… 소주에서 '이것이 곧 백성을 새롭게 함이다.'라고 하였다. 살펴보건대, 이는 아래 소주의 주자(朱子)가 이른바 '백성에게 송사(訟事)가 없게 하는 것이 근본이고, 송사를 들음이 말단이 된다.'라고 한 구절과 더불어 같지 않은 듯하니, 다시 자세히 살펴보아야 한다.)"

10) 김장생(金長生, 1548~1631) : 조선 중기 학자로 자가 희원(希元)이고, 호가 사계(沙溪)이며, 본관이 광산(光山)이다. 송익필(宋翼弼)과 이이(李珥)에게 배웠으며, 벼슬이 형조참판 · 가의대부에 올랐으나, 벼슬에 나아가기보다는 교학(教學)에 전념하여 송시열(宋時烈) · 송준길(宋浚吉) · 장유(張維) · 정홍명(鄭弘溟) · 조익(趙翼) · 윤순거(尹舜擧) · 최명길(崔鳴吉) 등 걸출한 제자들을 배출하였으며, 아들 김집(金集)도 그의 문하이다. 저서로는 『사계선생전서(沙溪先生全書)』 외에 『근사록석의(近思錄釋疑)』 · 『경서변의(經書辨疑)』 · 『상례비요(喪禮備要)』 · 『가례집람(家禮輯覽)』 · 『전례문답(典禮問答)』 · 『의례문해(疑禮問解)』 등이 있다.

시 자세히 살펴보아야 한다."

○ **農巖曰:"聽訟與無訟, 皆新民之事, 但聽訟, 是無其本而從事於末者也; 無訟, 是其本旣立而末從之者也. 以此觀之, 本末之意, 明矣, 細玩『章句』, 此意了然. 若小註朱子說, 終有所未合矣. 「傳」所以釋「經」也, 豈有「經」「傳」所言本末, 其義各異之理乎?"**[11]

농암(農巖:金昌協)[12]이 말하였다. "송사(訟事)를 들음과 송사가 없음은 모두 백성을 새롭게 하는 일이나 다만 송사를 들음은 그 근본이 없이 말단을 좇는 것이고, 송사가 없음은 그 근본이 이미 서서 말단이 좇는 것이다. 이로써 본다면 근본과 말단의 뜻이 분명하지만, 자세하게 『대학장구(大學章句)』를 연구해야 이 뜻이 명백해진다. 만약 소주(小註)의 주자(朱子)의 말과 같으면 끝내 합치하지 못하는 부분이 있을 것이다. 「전(傳)」은 「경(經)」을 풀이한 것이니, 어찌 「경(經)」과 「전(傳)」에서 말한 근본과 말단에 그 뜻이 각각 다른 이치가 있겠는가?"

○ **按, '物有本末註'分明, 以'明德'爲本'新民'爲末, 言之, 故農巖云然耳.**

내가 생각하건대, 사물에는 근본과 말단이 있다는 주석[13]에 분명하게 '명덕(明

---

11) 김창협(金昌協), 『농암집(農巖集)』 권16, 「서(書)·답이현익경진(答李顯益庚辰)」. "聽訟與無訟, 皆新民之事, 但聽訟, 是無其本而從事於末者也; 無訟, 是其本旣立而末從之者也. 以此觀之, 則本末之意, 明矣, 細玩『章句』, 此義了然. 若小註朱子說, 終有所未合. 夫傳所以釋經也, 豈有經傳所云本末, 其義各異之理乎?"(송사(訟事)를 들음과 송사가 없음은 모두 백성을 새롭게 하는 일이나, 다만 송사를 들음은 그 근본이 없이 말단을 좇는 것이고, 송사가 없음은 그 근본이 이미 서서 말단이 좇는 것이다. 이로써 본다면 근본과 말단의 뜻이 분명하지만, 자세하게 『대학장구』를 연구해야 이 뜻이 명백해진다. 만약 소주(小註)의 주자(朱子)의 말과 같으면 끝내 합치하지 못하는 부분이 있을 것이다. 무릇 전문(傳文)은 경문(經文)을 풀이한 것이니, 어찌 경(經)과 전(傳)에서 말한 근본과 말단에 그 뜻이 각각 다른 이치가 있겠는가?)"

12) 김창협(金昌協, 1651~1708): 조선 중후기 학자로 자가 중화(仲和)이고, 호가 농암(農巖)·삼주(三洲)이며, 본관은 안동(安東)이다. 조부가 김상헌(金尙憲)이고, 아버지가 김수항(金壽恒)이며, 벼슬은 동부승지·대사성·예조참의·대사간 등을 지냈다. 저서로는 『농암집(農巖集)』 외에 『논어상설(論語詳說)』·『오자수언(五子粹言)』·『이가시선(二家詩選)』·『주자대전차의문목(朱子大全箚疑問目)』 등이 있다.

13) 사물에는 근본과 말단이 있다는 주석: 「경(經)」1장에서 "물건에는 근본과 말단이 있고, 사업에는 마침과 시작이 있으니, 먼저 하고 뒤에 할 것을 알면 도(道)에 가까워질 것이다.(物有本末, 事有終始, 知所先後, 則近道矣.)"라 하고, 그 주석에서 "명덕(明德)은 근본이 되고, 신민(新民)은 말단이 되며, '지지(知止)'는 시작이 되고, '능득(能得)'은 마침이 되니, '본(本)'과 '시(始)'는 먼저 해야 할 것이고, '말(末)'과 '종(終)'은 뒤에 해야 할 것이다.('明德'爲本, '新民'爲末, '知止'爲始, '能得'爲終, '本'·'始'所先, '末'·'終'所後.)"라고 한 구절을 말한다.

德)'을 근본으로 삼고 '신민(新民)'을 말단으로 삼아서 말하였기 때문에 농암(農巖)이 그렇다고 말하였을 뿐이다.

○ **朱子曰 : "不論終始者, 古人釋『經』, 取其大略."**[14]

주자(朱子)가 말하였다. "끝과 시작을 따지지 않은 것이니, 옛사람이 『경』을 풀이함에 그 대략을 취하였다."

朱註

右, 「傳」之四章, 釋'本末'.

위는 「전(傳)」의 4장이니, '본말(本末)을 풀이하였다.

詳說

○ **朱子曰 : "以「傳」之結語考之, 其爲釋本末之義, 可知矣."**[15]

주자(朱子)가 말하였다. "「전(傳)」의 결어(結語)로써 살펴보면 그 본말(本末)의 뜻을 풀이한 것을 알 수 있다."

○ **按, 自此以下諸「傳」之末, 皆以'此謂'二字, 結之.**

내가 생각하건대, 이로부터 아래의 여러 「전(傳)」의 끝에 모두 '차위(此謂)' 두 글자로써 끝맺었다.

○ **新安陳氏曰 : "知本之當先, 則知末之當後矣."**[16]

신안 진씨(新安陳氏 : 陳櫟)[17]가 말하였다. "근본이 마땅히 먼저 해야 하는 것임을

---

14) 주희(朱熹), 『대학혹문(大學或問)』, 권2, 「대학(大學) · 전(傳)10장」. "曰 : '然則其不論夫終始者, 何也?' 曰 : '古人釋『經』, 取其大略, 未必如是之屑屑也. 且此章之下, 有闕文焉, 又安知其非本有而幷失之也耶?'(말하였다. '그렇다면 그 끝과 시작을 논하지 않은 것은 어째서인가?' 말하였다. '옛사람이 경서를 풀이함에 그 대략을 취하였으나 반드시 이처럼 자질구레하지는 않았다. …….')"

15) 주희(朱熹), 『대학혹문(大學或問)』, 권2, 「대학(大學) · 전(傳)10장」. "或問 : '聽訟一章, 鄭本元在止於信之後, 正心修身之前, 程子又進, 而寘之「經」文之下, 此謂知之至也之上, 子不之從, 而寘之於此, 何也?' 曰 : '以傳之結語考之, 則其爲釋本末之義, 可知矣. 以「經」之本文參之, 則其當屬於此, 可見矣. 二家之說, 有未安者, 故不得而從也.'(어떤 사람이 물었다. '…….' 말하였다. '「전(傳)」의 결어(結語)로써 살펴보면 그 본말(本末)의 뜻을 풀이한 것을 알 수 있다. …….')"

16) 호광 편(胡廣 編), 『대학장구대전(大學章句大全)』. "新安陳氏曰 : '此章, 釋本末, 以結句四字知之, 知本之當先, 則自知末之當後矣.'(신안 진씨가 말하였다. '…… 근본이 마땅히 먼저 해야 하는 것임을 안다면 말단이 마땅히 뒤에 해야 하는 것임을 알 것이다.')"

17) 진력(陳櫟, 1252~1334) : 자는 수옹(壽翁)이고, 호는 정우(定宇) 또는 동부노인(東阜老人)이다. 송말원초 때 휘주(徽州) 휴녕(休寧) 사람이다. 송나라가 망하자 은거하여 학문과 제자 양성에

안다면 말단이 마땅히 뒤에 해야 하는 것임을 알 것이다.”

◯ 蓋曰‘此謂知本末’, 故註常幷言‘末’字.

대개 말하기를, ‘이것을 일러서 본말(本末)을 아는 것이라 한다.’라고 하므로, 주석에서 항상 ‘말(末)’자를 아울러서 말하였다.

◯ 「經」文, 於三綱八條之末, 皆斤斤於本末其所指各異, 而三綱之本末, 尤其大者, 故註以此當之. 且特立一章曰 : “釋本末.” 若曰 : “本末, 初不與於三八云爾.” 則三八之名, 固非朱子之所定乎. 是奚翅如已見之昭虔而已.

『대학장구(大學章句)』「경(經)」의 글에서 삼강령(三綱領 : 明明德 · 新民 · 止於至善)과 팔조목(八條目 : 格物 · 致知 · 誠意 · 正心 · 修身 · 齊家 · 治國 · 平天下)의 끝에 모두 본말(本末)이 가리키는 것이 각각 다름을 분명하게 살폈는데, 삼강령의 본말이 더욱 큰 것이기 때문에 주석에서 이것으로써 감당하였다. 또 특별히 하나의 장(章)을 세워서 말하기를 “본말을 풀이하였다.”라고 하였다. 만약 “본말은 애당초 삼강령과 팔조목에 들지 않았을 뿐이다.”라고 했다면, 삼강령과 팔조목의 이름은 진실로 주자(朱子)가 정한 말이 아닐 것이다. 이 어찌 다만 자기 견해의 현저하고 정성스러움과 같을 따름이겠는가?

朱註

此章, 舊本, 誤在‘止於信’下.

이 장의 경우, 옛날 판본에는 착오(錯誤)로 인해 ‘지어신(止於信)’ 아래에 있었다.

詳說

◯ 朱子曰 : “以「經」之本文乘[18]之, 則其當屬於此, 可見矣.”[19]

힘썼다. 학문 성향은 주희(朱熹)의 학문을 위주로 하면서 육구연(陸九淵)의 심학(心學)을 아울러 취하려 하였다. 인종(仁宗) 연우(延祐) 초에 향시(鄕試)에 급제했지만 예부시(禮部試)에 나가지 않고 집에서 학생들을 가르쳤다. 효성과 우애가 지극했고, 세력이나 이익에 휩쓸리지 않았다. 주희와 여러 학자의 학설을 채집하고 자신의 견해를 덧붙여 『상서집전찬소(尙書集傳纂疏)』를 저술하였다. 그 밖의 저서에 『사서발명(四書發明)』, 『예기집의(禮記集義)』, 『역조통략(歷朝通略)』, 『근유당수록(勤有堂隨錄)』, 『정우집(定宇集)』 등이 있다.

18) 乘 : 주희(朱熹), 『대학혹문(大學或問)』에는 ‘參’으로 표기되어 있다.

19) 주희(朱熹), 『대학혹문(大學或問)』, 권2, 「대학(大學) · 전(傳)10장」. “或問 : ‘聽訟一章, 鄭本元在止於信之後, 正心修身之前, 程子又進而寘之「經」文之下, 此謂知之至也之上, 子不之從而寘之於此, 何也?’ 曰 : ‘以「傳」之結語考之, 則其爲釋本末之義, 可知矣. 以「經」之本文參之, 則其當屬

주자(朱子)가 말하였다. "「경(經)」의 본문을 좇으면 마땅히 여기에 속하는 것을 볼 수 있다."

◯ 栗谷曰: "晦齋, 以'聽訟章', 移置「經」文之末, 聽訟一章之別爲'釋本末', 尋常未知其極當, 置之「經」文之末, 恐爲得宜. 但「經」一章, 朱子則以爲孔子之言, 晦齋則以爲曾子之言, 未知何據. 若是曾子之言, 則以'子曰'結之, 宜矣; 若是孔子之言, 不應更稱'子曰'也."[20]

율곡(栗谷 : 李珥)[21]이 말하였다. "회재(晦齋 : 李彦迪)[22]가 '청송장(聽訟章)'을 「경(經)」의 글 끝에 옮겨놓고, '청송장(聽訟章)' 하나의 장(章)을 특별히 '석본말장(釋本末章)'으로 여겼는데, 보통 그 지극히 온당(穩當)한 것인지 알 수 없으나 「경(經)」의 글 끝에 둔 것은 아마도 마땅한 곳을 얻은 듯하다. 다만 「경(經)」1장을 주자는 곧 공자(孔子)의 말로 여겼는데, 회재는 곧 증자(曾子 : 曾參)의 말로 여겨 어디에 근거한 것인지 알 수 없었다. 만약 증자(曾子)의 말이라면 '자왈(子曰)'로써 끝맺는 것이 마땅하지만, 만약 공자의 말이라면 응당 다시 '자왈'을 칭하지 못

於此, 可見矣. 二家之說, 有未安者, 故不得而從也.'(어떤 사람이 물었다. '…….' 말하였다. '……「경(經)」의 본문을 참조하면 마땅히 여기에 속하는 것을 볼 수 있다. …….')"

20) 이이(李珥), 『율곡선생전서(栗谷先生全書)』 권14, 「잡저(雜著)1 · 회재대학보유후의(晦齋大學補遺後議)」. "聽訟一節, 別爲'釋本末'章, 尋常未知其穩當, 置之「經」文之末, 恐爲得宜. 但「經」一章, 朱子則以爲孔子之言, 晦齋則以爲曾子之言, 未知何據. 若是曾子之言, 則以'子曰'結之, 宜矣; 若是孔子之言, 則不應更稱'子曰', 此不可知也.('청송장(聽訟章)' 하나의 단락을 특별히 '석본말장(釋本末章)'으로 여겼는데, 보통 그 온당(穩當)한 것인지 알 수 없으나 「경(經)」의 글에서 끝에 둔 것은 아마도 마땅한 곳을 얻은 듯하다. 다만 「경(經)」 1장을 주자(朱子)는 곧 공자(孔子)의 말로 여겼는데, 회재(晦齋)는 곧 증자(曾子)의 말로 여겨 어디에 근거한 것인지 알 수 없다. 만약 증자(曾子)의 말이라면 '자왈(子曰)'로써 끝맺는 것이 마땅하지만, 만약 공자의 말이라면 응당 다시 '자왈'을 칭하지 못하니, 이는 알 수 없다.)"

21) 이이(李珥, 1536~1584) : 조선 중기 학자로 자가 숙헌(叔獻)이고, 호가 율곡(栗谷) · 석담(石潭) · 우재(愚齋)이며, 본관이 덕수(德水)이다. 벼슬은 호조좌랑 · 예조좌랑 · 이조좌랑 등을 맡았고, 1568년(선조1)에 서장관(書狀官)으로 명나라에 다녀왔다. 『명종실록』 편찬에 참여하였고, 벼슬이 우부승지 등을 거쳐 이조판서에 이르렀다. 저서로는 『성학집요(聖學輯要)』 · 『격몽요결(擊蒙要訣)』 · 『소학집주』 · 『순언(醇言)』 · 『기자실기(箕子實記)』 · 『동호문답(東湖問答)』 · 『경연일기(經筵日記)』 · 『석담일기(石潭日記)』 등이 있다.

22) 이언적(李彦迪, 1491~1553) : 조선 중기 학자로 자가 복고(復古)이고, 호가 회재(晦齋) · 자계옹(紫溪翁)이며, 본관이 여강(驪江)이다. 벼슬이 의정부 좌찬성을 비롯하여 이조판서 · 예조판서 · 형조판서 · 한성부판윤 · 경상도관찰사 · 대사헌 · 대사간 · 대사성 등을 맡았으며, 죽은 뒤에는 영의정으로 추증되었다. 저서로는 『대학장구보유(大學章句補遺)』 · 『중용구경연의(中庸九經衍義)』 · 『구인록(求仁錄)』 · 『봉선잡의(奉先雜儀)』 등이 있다.

하는 것이다."

○ 彼移置「經」文之末, 伊川本已如是. 但幷有下文'此謂知之至也'六字者, 爲異耳. 蓋以「傳」文之有'曾子曰'者推之, 「經」文之有'子曰', 亦其例也. 或是引用『論語』而別之耳. 雖然三八之間, 又置本末一「傳」, 旣無悖於「經」文, 而有益於學者, 恐不必移置耳.

저[晦齋]가 「경(經)」의 글에서 끝에 옮겨놓은 것은 이천(伊川 : 程顥)의 판본에서도 이미 이와 같았다. 다만 아래 글에 '차위지지지야(此謂知之至也)'의 여섯 글자가 있는 것이 다를 뿐이다. 대개 「전(文)」의 글에 '증자왈(曾子曰)'이 있는 것으로 미루어보면 「경(經)」의 글에 '자왈'이 있는 것도 또한 그 예이다. 간혹 『논어(論語)』를 인용하면서 나누어질 수도 있다. 비록 그러하나 삼강령(三綱領)과 팔조목(八條目)의 사이에 또 본말(本末)에 관한 하나의 「전(傳)」을 두었는데, 이미 『경』의 글에 어긋남이 없고 학자에게도 유익하지만, 아마도 반드시 옮겨놓지는 않았을 것이다.

[傳4-2]

> 此謂'知本'.
> 이것을 일러 '근본을 안다.'라고 한다.

朱註

> 程子曰 : "衍文也."
> 정자(程子 : 程頤)가 말하였다. "군더더기 글이다."

詳說

○ '程子', 叔子.

'정자(程子)'는 동생 정이(程頤)이다.

○ 亦作'羡'.23)

'연(衍)'은 또한 '연(羡)'으로도 쓴다.

---

23) 호광 편(胡廣 編), 『대학장구대전(大學章句大全)』에는 "'衍', 延面反, 亦作羡."이라 하였다.

○ 朱子曰 : "以其複出而他無所繫也."[24]

주자(朱子)가 말하였다. "거듭하여 나와서 따로 이어지는 곳이 없기 때문이다."

24) 주희(朱熹), 『대학혹문(大學或問)』, 권2, 「대학(大學) · 전(傳)10장」. "或問 : '此謂知本, 其一爲「聽訟章」之結語, 則聞命矣. 其一鄭本元在「經」文之後, 此謂知之至也之前, 而程子以爲衍文, 何也?' 曰 : '以其複出而他無所繫也.'(어떤 사람이 물었다. '차위지본(此謂知本)'은 그 하나가 '청송장(聽訟章)'의 결어가 된다면 명(命)을 듣는 것이다. 그 하나인 정씨본(鄭氏本)에는 원래 「경(經)」의 글 뒤에 있는 차위지지지야(此謂知之至也)의 앞에 있었는데, 정자(程子)가 연문(衍文)으로 여긴 것은 어째서인가?' 말하였다. '거듭하여 나와서 따로 이어지는 곳이 없기 때문이다.')"

전5장

「傳」之五章

[傳5-1]

此謂'知之至'也.
이것을 일러서 '앎의 지극함'이라 한다.

朱註

此句之上, 別有闕文, 此特其結語耳.
이 문구(文句)의 위에 별도로 빠진 글이 있으니, 이는 다만 그 끝맺음의 말일 뿐이다.

詳說

◯ 朱子曰 : "以「傳」之例推之, 而知其有闕文."[1)]
'별유궐문(別有闕文)'에 대해, 주자(朱子)가 말하였다. "「전(傳)」의 사례로써 미루어보면 그 빠진 글이 있음을 알 수 있다."

◯ 下所補, 卽其闕文也.
아래에 보충한 것이 곧 그 빠진 글이다.

◯ 朱子曰 : "以句法推之, 而知其爲結語也."[2)]
주자(朱子)가 말하였다. "구법(句法 : 문장을 마치는 양식)으로 미루어보면 그 끝맺는 말이 됨을 알 수 있다."

朱註

右, 「傳」「之五章, 蓋釋'格物''致知'之義而今亡矣.
위는 「전(傳)」 5장이니, 대개 '격물(格物)'과 '치지(致知)'의 뜻을 풀이했는데, 지금은 없다.

---

1) 주희(朱熹), 『대학혹문(大學或問)』, 권2, 「대학(大學) · 전(傳)10장」. "或問 : '此謂知本, 其一爲「聽訟章」之結語, 則聞命矣; 其一鄭本元在「經」文之後, 此謂知之至也之前, 而程子以爲衍文, 何也?' 曰 : '以其複出而他無所繫也.' …… 曰 : '然則子何以知其爲釋知至之結語, 而又知其上之當有闕文也?' 曰 : '以文義與下文推之, 而知其釋知至也; 以句法推之, 而知其爲結語也; 以傳之例推之, 而知其有闕文也.'(…… 말하였다. '글의 뜻과 아래 글로써 미루어보면 지지(知至)를 풀이한 것임을 알 수 있다. 구법(句法)으로써 미루어보면 그 끝맺는 말이 됨을 알 수 있다. 전문(傳文)의 예로써 미루어보면 그 빠진 글이 있음을 알 수 있다.')"

2) 주희(朱熹), 『대학혹문(大學或問)』, 권2, 「대학(大學) · 전(傳)10장」.

詳說

○ 朱子曰:"以文義與下文推之, 而知其釋知至也."[3]

'개석격물치지지의(蓋釋格物致知之義)'에 대해, 주자(朱子)가 말하였다. "글의 뜻과 아래 글로써 미루어보면 '지지(知至)'를 풀이한 것임을 알 수 있다."

○ 上以句言曰闕, 此以章言曰亡.

'금망의(今亡矣)'에서 볼 때, 위에서는 문구(文句)로써 말하여 '궐(闕)'이라 하였고, 여기서는 장절(章節)로써 말하여 '망(亡)'이라고 하였다.

朱註

此章, 舊本, 通下章, 誤在「經」文之下.

이 장의 경우, 옛날 판본에는 아래 장과 통하여 착오로 인해 「경(經)」의 글 아래[4]에 있었다.

詳說

○ 明道改正本同.

명도(明道 : 程顥)의 개정본도 같다.

朱註

間嘗竊取程子之意,

요사이 일찍이 가만히 정자(程子)의 뜻을 취하여,

詳說

○ 沙溪曰:"『韻會』'時日'也, 與中間之'間', 不類."[5]

---

3) 주희(朱熹), 『대학혹문(大學或問)』, 권2, 「대학(大學) · 전(傳)10장」.

4) 「경(經)」의 글 아래 : 「경(經)」1장의 "欲誠其意者, 先致其知, 致知, 在格物.(그 뜻을 정성스럽게 하려는 사람은 먼저 그 앎을 지극하게 하였으니, 앎을 지극하게 함은 사물을 궁구함에 달려 있다.)"을 말한다.

5) 김간(金幹), 『후재선생집(厚齋先生集)』 권22, 「차기(箚記) · 대학(大學) · 보망오장(補亡五章)」. "'間嘗', 沙溪先生曰 : '間, 『韻會』, 時日也; 『通考』云 : 補「傳」間嘗; 『或問』, 間, 獨與中間之間, 不類.'('간상(間嘗)'에 대해 사계 선생이 말하였다. '『운회』에서 시일(時日)이라 하였는데, 『통고』에서 「전(傳)」의 간상(間嘗)을 보충하였다고 이르렀으며, 『대학혹문』에서 오직 중간(中間)

'간(間)'과 관련해서, 사계(沙溪 : 金長生)가 말하였다. "『운회(韻會)』에서 '시일(時日)'이라고 하였으며, 중간(中間)의 '간(間)'과 서로 같지 않다.

○ 按, '間', 猶近日也, 與序文'間亦'之'間', 當參看.

내가 생각하건대, '간(間)'은 근일(近日)과 같으니, 서문의 '간역(間亦)'[6]의 '간(間)'과 마땅히 참조하여 보아야 한다.

○ 朱子曰 : "程子曰 : '學莫先於致知.'[7] 又曰 : '『大學』之序, 先致知而後誠意', 皆言格物致知, 當先而不可後之意."[8] 此所補, 雖不盡兩程子之言, 然其指趣要歸, 則不合者鮮矣.

'절취정자지의(竊取程子之意)'에 대해, 주자(朱子)가 말하였다. "정자(程子)가 말하

의 간(間)과 서로 같지 않다고 하였다.')"

6) 서문의 '간역(間亦)' : 「대학장구서(大學章句序)」에서 "이 때문에 그 고루함을 잊고서 가려 모으고, 요사이 또한 가만히 나의 뜻을 붙여서 그 빠지고 생략된 곳을 보충하여 후세의 군자를 기다리니, …….(是以, 忘其固陋, 采而輯之, 間亦竊附己意, 補其闕略, 以俟後之君子, …….)"라고 한 내용에 나오는 '間'자를 말하는 것이다.

7) 주희(朱熹), 『대학혹문(大學或問)』, 권2, 「대학(大學) · 전(傳)10장」. "曰 : '或問於程子曰 : 學何爲而可以有覺也? 程子曰 : 學莫先於致知, 能致其知, 則思日益明, 至於久而後有覺爾. 『書』所謂思曰睿睿作聖, 董子所謂勉强學問則聞見博而知益明, 正謂此也. 學而無覺, 則亦何以學爲也哉!'(말하였다. '어떤 사람이 정자(程子)에게 물어 말하기를, 배움을 어찌해야 깨달음을 둘 수 있습니까?라고 하니, 정자(程子)가 말하기를, 배움은 앎을 지극하게 하는 것보다 앞서는 것이 없다. …….')" ; 『주자어류(朱子語類)』 권18, 「대학(大學)5 · 혹문(或問)하」에도 정자가 말한 내용이 보인다. "伊川謂 : '學莫先於致知, 未有致知而不在敬者, 致知, 是主善而師之也; 敬, 是克一而協之也'."

8) 주희(朱熹), 『대학혹문(大學或問)』, 권2, 「대학(大學) · 전(傳)10장」. "或問 : '忠信則可勉矣, 而致知爲難, 奈何?' 程子曰 : '誠敬固不可以不勉, 然天下之理, 不先知之, 亦未有能勉以行之者也. 故『大學』之序, 先致知而後誠意, 其等有不可躐者. 苟無聖人之聰明睿智, 而徒欲勉焉以踐其行事之迹, 則亦安能如彼之動容周旋無不中禮也哉? 惟其燭理之明, 乃能不待勉强而自樂循理爾. 夫人之性, 本無不善, 循理而行, 宜無難者, 惟其知之不至, 而但欲以力爲之, 是以苦其難而不知其樂耳. 知之而至, 則循理爲樂, 不循理爲不樂, 何苦而不循理以害吾樂耶? 昔嘗見有談虎傷人者, 衆莫不聞, 而其間一人神色獨變, 問其所以, 乃嘗傷於虎者也. 夫虎能傷人, 人孰不知, 然聞之有懼有不懼者, 知之有眞有不眞也. 學者之知道, 必如此人之知虎, 然後爲至耳. 若曰 : 知不善之不可爲, 而猶或爲之, 則亦未嘗眞知而已矣.' 此兩條者, 皆言格物致知, 所以當先而不可後之意也.(어떤 사람이 물었다. '충성스럽고 미더우면 권면할 수 있거니와 앎을 지극히 하는 것이 어려운 것은 어째서입니까?' 정자가 말하였다. '…… 그러므로 『대학(大學)』의 차례는 앎을 지극하게 하는 것을 먼저 하고, 뜻을 정성스럽게 하는 것을 뒤에 해야 하니, 그런 것들은 차례를 뛰어넘어서는 안 되는 것이다. …….' 이 두 조목은 모두 격물치지(格物致知)를 마땅히 먼저 해야 하고 뒤에 해서는 안 된다는 뜻을 말한 것이다.)"

기를 '배움은 앎을 지극하게 하는 것보다 앞서는 일이 없다.'라고 하였고, 또 말하기를 '『대학(大學)』의 차례는 앎을 지극하게 하는 것을 먼저 하고, 뜻을 정성스럽게 하는 것을 뒤에 한다.'라고 하였는데, 모두 격물치지(格物致知)를 마땅히 먼저 해야 하고 뒤에 해서는 안 된다는 뜻을 말한 것이다." 여기서 보충한 것이 비록 두 정자의 말을 다하지 않았으나, 그 취지(趣旨)와 요지(要旨)가 맞지 않는 것이 드물다.

朱註

以補之, 曰 : "所謂'致知在格物'者, 言欲致吾之知, 在卽物而窮其理也.

보충하여 말하였다. "이른바 '앎을 지극하게 함이 사물을 궁구함에 있다.'라고 하는 것은 나의 앎을 지극하게 하고자 한다면 사물에 나아가서 그 이치를 궁구함에 있음을 말한다.

詳說

○ 此二句, 先總提而說破.

'욕치오지지, 재즉물이궁기리야(欲致吾之知, 在卽物而窮其理也)'에서, 이 두 구절은 먼저 통틀어 제시하여 설파하였다.

○ 朱子曰 : "卽夫事物之中而究其理."9)

주자(朱子)가 말하였다. "저 사물의 가운데로 나아가 그 이치를 구명해야 한다."

○ 又曰 : "或說格物, 扞禦外物, 是無君無父之教也."10)

---

9) 주희(朱熹), 『대학혹문(大學或問)』, 권2, 「대학(大學) · 전(傳)10장」. "…… 理有未窮, 故其知有不盡, 知有不盡, 則其心之所發, 必不能純於義理, 而無雜乎物欲之私. 此其所以意有不誠, 心有不正, 身有不修, 而天下國家不可得而治也. 昔者聖人, 蓋有憂之, 是以於其始教, 爲之小學, 而使之習於誠敬, 則所以收其放心, 養其德性者, 已無所不用其至矣. 及其進乎大學, 則又使之卽夫事物之中, 因其所知之理, 推而究之, 以各造乎其極, 則吾之知識, 亦得以周遍精切而無不盡也. …….(…… 이치에 궁구하지 못함이 있기 때문에 그 앎이 다하지 못함이 있으니, 앎이 다하지 못함이 있으면 그 마음의 드러나는 것이 반드시 의리에 순수하여 사사로운 물욕(物欲)에 섞임이 없을 수 없다. …… 그 대학(大學)에 나아감에 미쳐서 또 그에게 저 사물의 가운데로 나아가 그 아는 이치에 말미암아 미루어 구명하여 각각 그 지극함에 나아가면 나의 지식(知識)이 또한 두루 미치고 정치하고 간절하여 다하지 못함이 없을 것이다. …….)"

10) 주희(朱熹), 『대학혹문(大學或問)』, 권2, 「대학(大學) · 전(傳)10장」. "曰 : '近世大儒, 有爲格物致知之說者曰 : 格, 猶扞也禦也, 能扞禦外物而後, 能知至道也. 又有推其說者曰 : 人生而靜, 其性本無不善, 而有爲不善者, 外物誘之也, 所謂格物以致其知者, 亦曰 : 扞去外物之誘, 而本然之善自

주자(朱子)가 또 말하였다. “간혹 격물(格物)을 말하면서 외물(外物)을 막아버리니, 이는 임금도 없고 부모도 없는 가르침[11]이다.”

朱註

蓋人心之靈, 莫不有知, 而天下之物, 莫不有理, 惟於理有未窮, 故其知有不盡也.
대개 사람마음의 영명(靈明)은 앎을 두지 않음이 없고, 천하의 사물은 이치가 있지 않음이 없지만, 오직 이치에 궁구하지 못함이 있기 때문에 그 앎이 다하지 못함이 있는 것이다.

明耳, 是其爲說, 不亦善乎?' 曰 : '天生烝民, 有物有則, 則物之與道, 固未始相離也. 今曰 : 禦外物而後, 可以知至道, 則是絶父子而後, 可以知孝慈; 離君臣而後, 可以知仁敬也, 是安有此理哉? 若曰 : 所謂外物者, 不善之誘耳, 非指君臣父子而言也, 則夫外物之誘人, 莫甚於飮食男女之欲. 然推其本, 則固亦莫非人之所當有而不能無者也, 但於其間自有天理人欲之辨, 而不可以毫釐差耳. 惟其徒有是物, 而不能察於吾之所以行乎其間者, 孰爲天理, 孰爲人欲, 是以無以致其克復之功, 而物之誘於外者, 得以奪乎天理之本然也. 今不卽物以窮其原, 而徒惡物之誘乎己, 乃欲一切扞而去之, 則是必閉口枵腹然後, 可以得飮食之正, 絶滅種類然後, 可以全夫婦之別也. 是雖二氏(裔戎)無君無父之敎, 有不能充其說者, 況乎聖人大中至正之道, 而得以此亂之哉!'(말하였다. '근세 큰 학자 가운데 격물치지(格物致知)의 설명을 하는 사람이 말하기를, 격(格)은 한(扞)이나 어(禦)와 같으니, 능히 외물(外物)을 막아낸 뒤에 능히 지극한 도를 알 수 있는 것이다. …… 이른바 사물을 궁구하여 그 앎을 지극하게 하는 사람이 또한 말하기를, 외물(外物)의 유혹을 막아버려야 본연(本然)의 선(善)이 저절로 밝아질 뿐이라고 하니, 그 말한 것이 또한 선(善)하지 않은가?' 말하였다. '…… 지금 말하기를, 외물을 막은 뒤에 지극한 도를 알 수 있다면, 곧 이는 부모와 자식이 끊어진 뒤에 효도와 자애를 알 수 있으며, 임금과 신하가 헤어진 뒤에 인자함과 공경함을 알 수 있는 것이니, 이 어찌 이러한 이치가 있는가? …… 지금 외물에 나아가지 않고 그 근원을 궁구하는데 다만 외물이 자기를 유혹하는 것이 싫어서 이에 일절 막아버린다면, …… 이는 비록 두 사람의 임금도 없고 부모도 없는 가르침이라도 능히 그 설명을 채우지 못하는 것이 있거늘, 하물며 성인(聖人)의 큰 중도(中道)와 지극한 정도(正道)의 도(道)가 이 어지러움을 만남에 있어서이랴!')

11) 임금도 없고 부모도 없는 가르침 : 맹자(孟子)가 묵적(墨翟)과 양주(楊朱)를 배척하고 질책한 데서 나온 말로 윤리강상(倫理綱常)이 없음을 나무라고 꾸짖는 것이다. 『맹자(孟子)』「등문공하(滕文公下)」에 의하면, “양씨는 터럭만큼도 손해 보지 않고 자기 자신만을 위하였으니, 이는 임금이 없음이고, 묵씨는 가리지 않고 누구나 똑같이 사랑해야 한다고 주장했으니, 이는 부모가 없는 것이다. 부모가 없고 임금이 없으니, 이는 짐승인 것이다.(楊氏爲我, 是無君也; 墨氏兼愛, 是無父也. 無父無君, 是禽獸也.)”라고 하였다.

詳說

◯ '人心之靈, 莫不有知', 朱子曰 : "足以管天下之理."[12]

'인심지령, 막불유지(人心之靈, 莫不有知)'에 대해, 주자(朱子)가 말하였다. "충분히 천하의 이치를 관리할 수 있다."

◯ 此二句, 說可爲之具.

'천하지물, 막불유리(天下之物, 莫不有理)'에서, 이 두 구절은 할 수 있는 완비(完備)를 말한 것이다.

◯ 朱子曰 : "程子曰 : '凡有一物, 必有一理.'[13] 又曰 : '萬物各具一理, 萬理同出一

---

12) 주희(朱熹), 『대학혹문(大學或問)』, 권2, 「대학(大學) · 전(傳)10장」. "曰 : '人之所以爲, 學心與理而已矣. 心雖主乎一身, 而其體之虛靈, 足以管乎天下之理; 理雖散在萬物, 而其用之微妙, 實不外乎一人之心, 初不可以內外精粗而論也. 然或不知此心之靈, 而無以存之, 則昏昧雜擾, 而無以窮衆理之妙. 不知衆理之妙, 而無以窮之, 則偏狹固滯, 而無以盡此心之全. 此其理勢之相須, 蓋亦有必然者. 是以聖人設敎, 使人默識此心之靈, 而存之於端莊靜一之中, 以爲窮理之本; 使人知有衆理之妙, 而窮之於學問思辨之際, 以致盡心之功. 巨細相涵, 動靜交養, 初未嘗有內外精粗之擇, 及其眞積力久, 而豁然貫通焉, 亦有以知其渾然一致, 而果無內外精粗之可言矣. 今必以是爲淺近支離, 而欲藏形匿影, 別爲一種幽深恍惚 · 艱難阻絶之論, 務使學者, 莽然措其心於文字言語之外, 而曰 : 道必如此然後, 可以得之, 則是近世佛學詖淫邪遁之尤者, 而欲移之以亂古人明德新民之實學, 其亦誤矣.'(말하였다. '사람이 하는 것은 마음과 이치를 배울 따름이다. 마음은 비록 한 몸에 주인이나 그 몸이 허령(虛靈)해야 충분히 천하의 이치를 관리할 수 있으며, 이치가 비록 만물에 흩어졌으나 그 쓰임이 미묘하여 실로 한 사람의 마음에서 벗어나지 않으니, 처음부터 안과 밖이나 깨끗하고 거침으로써 논해서는 안 된다. 간혹 이 마음의 영명(靈明)함을 알지 못하여 보존함이 없으면 어둡고 난잡하여 많은 이치의 오묘함을 궁구할 수 없다. 많은 이치의 오묘함을 알지 못하여 궁구함이 없으면 편협하고 꽉 막혀서 이 마음의 온전함을 다할 수 없는 것이다. …….')" ; 또한 이는 명나라 학자 고청(顧清 : ?~1527)의 글에도 보인다. 『흠정화치사서문(欽定化治四書文)』 권2, 「논어상(論語上) · 고청(顧清) · 학이불사즉망일절(學而不思則罔一節)」. "聖人論學與思, 廢一不可也. 夫君子合內外而成性者也. 思也學也, 可偏廢哉? 且君子所當用力者, 心與事而已矣. 心原於一而足以管天下之理, 事散於萬而實不外於一心之微, 是心與事爲一, 則學與思不可偏廢者也. 學者習其事也, 博文以益其知, 考迹以利其用, 其誰能廢學也?(성인(聖人)이 배움과 생각함에 대해 논한 것은 하나라도 없애서는 안 된다. 군자(君子)는 안과 밖을 합쳐서 성품을 이룬 사람이다. …… 군자가 마땅히 힘써야 할 것은 마음과 일일 따름이다. 마음이 하나에 근원해야 충분히 천하의 이치를 관리할 수 있으며, 일이 만 가지로 흩어져도 실로 한 마음의 작은 것에서 벗어나지 않아서 마음과 일이 하나가 되면 배움과 생각함을 하나에 치우쳐 없애지 못하는 것이다. …….)"

13) 주희(朱熹), 『대학혹문(大學或問)』, 권2, 「대학(大學) · 전(傳)10장」. "程子曰 : '莫先於正心誠意, 然欲誠意, 必先致知, 而欲致知, 又在格物. 致, 盡也. 格, 至也. 凡有一物, 必有一理, 窮而至之,

原.'[14] 又曰 : '一草一木, 亦皆有理.'[15]"

주자(朱子)가 말하였다. "정자(程子)가 말하기를 '무릇 하나의 사물이 있으면 반드시 하나의 이치가 있다.'라고 하였다. 또 말하기를 '만물은 각각 하나의 이치를 갖추었고, 온갖 이치는 하나의 근원에서 같이 나온다.'라고 하였다. 또 말하기를 '하나의 풀과 하나의 나무도 또한 모두 이치가 있다.'라고도 하였다."

○ 按, 萬事各有一理, 亦如萬物.

내가 생각하건대, 온갖 일에는 각각 하나의 이치가 있으니, 또한 만물과 같다.

○ 不爲也.

'미궁(未窮)'은 하지 않음이다.

○ 不能也.

'부진야(不盡也)'는 능하지 못함이다.

○ 此二句, 說不學之病.

'유어리유미궁, 고기지유부진야(惟於理有未窮, 故其知有不盡也)'에서, 이 두 구절은 배우지 못한 병폐를 말한 것이다.

所謂格物者也. 然而格物, 亦非一端, 如或讀書, 講明道義, 或論古今人物, 而別其是非, 或應接事物, 而處其當否, 皆窮理也.'(정자가 말하였다. '정심(正心)과 성의(誠意)보다 우선할 것이 없으니, 뜻을 정성스럽게 하려면 반드시 먼저 앎을 지극하게 이루어야 하고, 앎을 지극하게 이루고자 함은 또 사물을 궁구함에 달려있는 것이다. 치(致)는 극진히 함이다. 격(格)은 지극하게 함이다. 무릇 하나의 사물이 있으면 반드시 하나의 이치가 있으니, 궁구하여 지극하게 함이 이른바 격물(格物)이라는 것이다. …….')"

14) 주희(朱熹), 『대학혹문(大學或問)』, 권2, 「대학(大學) · 전(傳)10장」. "又曰 : '格物, 非欲盡窮天下之物, 但於一事上窮盡, 其他可以類推. 至於言孝, 則當求其所以爲孝者, 如何? 若一事上窮不得, 且別窮一事, 或先其易者, 或先其難者, 各隨人淺深. 譬如千蹊萬徑, 皆可以適國, 但得一道而入, 則可以推類而通其餘矣. 蓋萬物各具一理, 而萬理同出一原, 此所以可推而無不通也.'(또 말하였다. '격물(格物)은 천하의 사물을 극진하게 궁구하고자 함이 아니고, 다만 하나의 일에 궁구함을 극진하게 하면 그밖에 다른 것도 유추할 수 있다. …… 대개 만물은 각각 하나의 이치를 갖추었고, 온갖 이치는 하나의 근원에서 같이 나오니, 이것이 유추하여 통하지 않음이 없는 까닭이다.')"

15) 주희(朱熹), 『대학혹문(大學或問)』, 권2, 「대학(大學) · 전(傳)10장」. "曰 : '然則先求之四端可乎?' 曰 : '求之情性, 固切於身, 然一草一木, 亦皆有理, 不可不察.'(말하였다. '…… 그러나 하나의 풀과 하나의 나무도 또한 모두 이치가 있으니, 살피지 않아서는 안 된다.')"

朱註

是以大學始教, 必使學者, 卽凡天下之物, 莫不因其已知之理, 而益窮之, 以求至乎其極,
이 때문에 대학(大學)에서 비로소 가르침에 반드시 학자에게 무릇 천하의 사물에 나아가서 그 이미 아는 이치에 말미암아 더욱 궁구하여 그 지극함에 이르는 것을 구하지 않음이 없게 하니,

詳說

○ 『大全』曰 : "'已知', 卽上文'人心之靈, 莫不有知'之'知'."[16)]
'기이지지리(其已知之理)'에 대해, 『대학장구대전(大學章句大全)』에서 말하였다. "'이지(已知)'는 곧 윗글의 '인심지령, 막불유지(人心之靈, 莫不有知 : 사람마음의 영명함은 앎을 두지 않음이 없다)'의 '지(知)'이다."

○ 尤庵曰 : "'莫不有知', 卽人心中知覺之'知'也; '已知', 卽格物已知之知也, 兩'知'字, 所指不同."[17)]
우암(尤庵 : 宋時烈)[18)]이 말하였다. "'막불유지(莫不有知)'는 곧 사람마음 가운데 지각(知覺)하는 '지(知)'이고, '이지(已知)'는 곧 사물을 궁구하여 이미 안다는 '지(知)'이니, 두 '지(知)'자는 가리키는 것이 같지 않다."

○ 農巖曰 : "兩'知'字, 未見其有異."[19)]

---

16) 호광 편(胡廣 編), 『대학장구대전(大學章句大全)』.

17) 송시열(宋時烈), 『송자대전(宋子大全)』 권104, 「서(書) · 답이군보세필(答李君輔世弼)」. "然來示所引「補亡章」'已知'之'知', 此'知'字, 其意云何? 「補亡章」小註, '已知', 卽上文'人心之靈, 莫不有知'之'知'. 愚每謂此註未安也. 此所謂'已知'者, 蓋因'格物而已知'之'知'也. 所謂'人心之靈, 莫不有知', 卽知覺之'知'也, 兩'知'字, 自不同. 蓋以此知覺之'知'而知事物之理, 旣有所知然後, 因此'已知'之'知'而益窮之也.(…… 여기서 이른바 '이지(已知)'라는 것은 대개 사물을 궁구하여 이미 아는 '지(知)'이다. 이른바 '사람마음의 영명(靈明)함은 앎을 두지 않음이 없다.'라는 것은 곧 지각(知覺)의 '지(知)'이니, 두 '지(知)'자는 스스로 같지 않다. 대개 지각의 '지(知)'로써 사물의 이치를 알고, 이미 안 것이 있은 뒤에 이미 아는 '지(知)'에 말미암아 더욱 궁구한다는 것이다.)"

18) 송시열(宋時烈 : 1607~1689) : 본관이 은진(恩津)으로 자가 영보(英甫), 호가 우암(尤庵) 또는 우재(尤齋), 시호가 문정(文正)이다. 저서로는 『송자대전(宋子大全)』 외에 『주자대전차의(朱子大全箚疑)』 · 『주자어류소분(朱子語類小分)』 · 『이정서분류(二程書分類)』 등이 있다.

19) 김창협(金昌協), 『농암집(農巖集)』 권16, 「서(書) · 답이현익경진(答李顯益庚辰)」. "「補亡章」小註, '已知'之'知', 卽上文云云, 此章'知'字, 皆以知之用言. 沙溪以'莫不有知'之'知', 爲知之體, '因其已知'之'知', 爲知之用, 恐非是. 兩'知'字, 似未見其有異.(…… 이 장의 '지(知)'자는 모두 앎

농암(農巖 : 金昌協)[20]이 말하였다. "두 '지(知)'자는 차이가 있음을 보이지 않는다."

○ 按, 『或問』云 : "因其所知之理, 蓋莫不有知, 是萬事統體之知也; 因其所已知, 是一事端緖之知也."[21]

내가 생각하건대, 『대학혹문(大學或問)』에서 이르기를 "그 아는 것의 이치에 말미암음은 대개 앎이 있지 않음이 없음이니, 이는 온갖 일에 전체를 통솔하는 지(知)이고, 그 이미 아는 것에 말미암음은 이는 하나의 일의 단서(端緖)인 지(知)이다."라고 하였다.

○ 此, 與前註'因其所發''因其已新'之語勢同.

이는 앞의 주석의 '인기소발(因其所發)'과 '인기이신(因其已新)'의 말의 흐름과 같다.

○ 朱子曰 : "因其端而推致之, 『孟子』所謂'擴而充之', 便是'致'字意思."[22]

의 쓰임으로써 말한 것이다. 사계(沙溪)는 '막불유지(莫不有知)'의 '지(知)'를 지(知)의 본체로 여겼고, '인기이지(因其已知)'의 '지(知)'는 지(知)의 쓰임으로 여겼는데, 아마도 옳지 않은 듯하다. 두 개의 '지(知)'자는 차이가 있음을 보이지 않는 것 같다.)"

20) 김창협(金昌協 : 1651~1708) : 조선 숙종 때 학자로, 자가 중화(仲和)이고, 호가 농암(農巖) 또는 삼주(三洲)이며, 본관이 안동(安東)이다. 좌의정을 지낸 김상헌(金尙憲)의 증손자이고, 영의정을 지낸 김수항(金壽恒)의 아들이며, 또한 영의정을 지낸 김창집(金昌集)의 아우이다. 현종 10년(1669)에 진사시에 합격하고, 숙종 8년(1682)에 증광 문과에서 장원으로 급제한 뒤 벼슬길에 올라 대사간까지 역임하고 기사환국(己巳換局) 때 부친이 죽은 이후로 포천에 은거하면서 학문에 몰두하였다. 저서로는 『주자대전차의문목(朱子大全箚疑問目)』·『논어상설(論語詳說)』·『오자수언(五子粹言)』·『이가시선(二家詩選)』·『농암집(農巖集)』 등이 있다.

21) 『주자어류(朱子語類)』 권18, 「대학(大學)5 · 혹문하(或問下)」 12조목에는 "窮理者, 因其所已知而及其所未知, 因其所已達而及其所未達. 人之良知, 本所固有. 然不能窮理者, 只是足於已知已達, 而不能窮其未知未達, 故見得一截, 不曾又見得一截, 此其所以於理未精也. 然仍須工夫日日增加. 今日旣格得一物, 明日又格得一物, 工夫更不住地做. 如左脚進得一步, 右脚又進一步; 右脚進得一步, 左脚又進, 接續不已, 自然貫通.(이치를 궁구한다는 것은 자신이 아는 것에 근거하여 알지 못하는 것에 이르는 일이며, 이미 도달한 것에 따라서 도달하지 못한 것에 이르는 일이다. 사람의 양지(良知)는 본래 지니고 있는 것이다. 그럼에도 이치를 궁구할 수 없는 것은 이미 알고 있고 이미 도달한 것에 만족하여 아직 알지 못하고 도달하지 못한 것을 궁구하지 않기 때문에 한 부분만 알 뿐, 또 한 부분을 알지 못하는 것이다. 이것이 이치에 정미(精微)하지 못한 까닭이다. 그러나 거듭하여 반드시 날마다 공부를 늘려야 한다. 오늘 이미 하나의 사물을 궁구하고, 다음날 하나의 사물을 궁구하여, 공부가 다시 머물러 있지 않게 해야 한다. 마치 왼 다리가 한 걸음 나아가고 오른 다리가 한 걸음 나아가는 것과 같다. 오른 다리가 한 걸음 나아가고 왼 다리가 또 나아가, 이어져서 그침이 없으니 자연스럽게 관통한다.)"로 되어 있다.

22) 『주자어류(朱子語類)』 권16, 「대학3(大學三)」 53조목에는 다음과 같이 되어 있다. "任道弟問 :

'익궁지(益窮之)'에 대해, 주자(朱子)가 말하였다. "그 단서에 말미암아 추구하여 지극하게 함이니, 『맹자(孟子)』에서 이른바 '확이충지(擴而充之 : 넓혀서 채워감)'는 곧 '치(致)'자의 뜻이다."

◯ 此五句, 主教者, 立法而言.

'대학시교, 필사학자, 즉범천하지물, 막불인기이지지리, 이익궁지이구지호기극(大學始教, 必使學者, 卽凡天下之物, 莫不因其已知之理, 而益窮之以求至乎其極)'에서, 이 다섯 구절은 가르치는 일을 중심으로 하여 법도를 세워서 말한 것이다.

朱註

至於用力之久而一旦豁然貫通焉, 則衆物之表裏精粗, 無不到, 而吾心之全體大用,23) 無不明矣.

노력함이 오래되어 하루아침에 훤히 깨우침에 이르면 모든 사물의 겉과 속, 깨끗한 것과 거친 것에 이르지 않음이 없고, 내 마음의 온전한 본체와 광대한 활

''致知'章, 前說窮理處云 : '因其已知之理而益窮之.' 且「經」文'物格, 而后知至', 卻是知至在後. 今乃云'因其已知而益窮之', 則又在格物前.' 曰 : '知先自有. 才要去理會, 便是這些知萌露. 若懵然全不向著, 便是知之端未曾通. 才思量著, 便這箇骨子透出來. 且如做些事錯, 才知道錯, 便是向好門路, 卻不是方始去理會箇知. 只是如今須著因其端而推致之, 使四方八面, 千頭萬緖, 無有些不知, 無有毫髮窒礙. 孟子所謂 : '知皆擴而充之, 若火之始然, 泉之始達.' '擴而充之', 便是'致'字意思.'('임도제가 물었다. '치지(致知)'장은 전에 궁리(窮理)를 말하면서 '이미 알고 있는 이치에 따라 더욱 궁구한다.'라고 하였습니다. 또한 「경」1장에 '사물의 이치가 이른 뒤에 앎이 지극해진다.'고 하여 도리어 지지(知至)가 뒤에 있습니다. 이제 '이미 알고 있는 것에 따라 더욱 궁구한다.'라고 말한다면 또 격물 앞에 있는 것입니다.' 주희가 말하였다. '앎은 앞서서 저절로 있는 것이다. 이제 막 이해하려 하면 곧 이러한 앎들이 싹터 드러나는 것이다. 만약 흐릿하게 전혀 다가가지 않는다면 앎의 단서는 통하지 않는다. 이제 막 생각하기 시작하면 이러한 핵심들이 통하게 된다. 또한 어떤 일을 하는데 어지러워지면 아는 것도 어지러워지니, 실마리를 향해 나아가야지 앎을 이해한 것은 아니다. 다만 이제 반드시 그 단서를 따라 미루어 나가 여러 방면과 수많은 실마리로 하여금 조금도 모름이 없고, 털끝만큼도 막힘이 없게 해야 한다. 맹자는 '사단이 나에게 있는 것을 모두 넓혀서 채울 줄 알면, 마치 불이 처음 타오르고 샘물이 처음 솟는 것과 같다.'라고 하였다. '넓혀서 채운다.'는 것은 '치(致)'자의 뜻이다.)"

23) 全體大用 : 『주자어류(朱子語類)』 권16, 「대학3(大學三)」 61조목에는 다음과 같은 설명이 있다. "안경(安卿)이 '전체대용(全體大用)'에 묻자, 주희가 말하였다. '체와 용은 원래 서로 떨어지지 않으니, 마치 사람이 가거나 앉는 것과 같다. 앉으면 몸이 완전히 앉은 것이니 곧 체이다. 가면 몸이 완전히 가는 것이니 곧 용이다.'(安卿問 : '全體大用.' 曰 : '體用元不相離. 如人行坐 : 坐則此身全坐, 便是體 ; 行則此體全行, 便是用.')"

용이 밝지 않음이 없는 것이다.

詳說

○ 此二句, 主學者, 自力而言.

'지어용력지구, 이일단활연관통언(至於用力之久, 而一旦豁然貫通焉)'에서, 이 두 구절은 배우는 일을 중심으로 하여 스스로 힘쓰는 것으로 말하였다.

○ 朱子曰: "程子曰: '積累多後, 脫然有悟處'."[24]

주자(朱子)가 말하였다. "정자(程子)가 말하기를 '노력이 점점 쌓이고 시간이 많아진 뒤에 시원하게 깨닫는 곳이 있는 것이다.'라고 하였다."

○ 新安陳氏曰: "'久'字, '一旦'字相應."[25]

신안 진씨(新安陳氏: 陳櫟)[26]가 말하였다. "'구(久)'자는 '일단(一旦)'자와 서로 어울린다."

○ 『諺』音誤.

'조(粗)'는 『언해』의 음이 잘못되었다.[27]

○ 朱子曰: "'表'者, 人物所共由; '裏'者, 吾心所獨得."[28]

---

24) 주희(朱熹), 『대학혹문(大學或問)』, 권2, 「대학(大學)·전(傳)10장」. "又曰: '窮理者, 非謂必盡窮天下之理, 又非謂止窮得一理便到, 但積累多後, 自當脫然有悟處.'(또 말하였다. '궁리(窮理)라는 것은 반드시 천하의 이치를 극진하게 궁구함을 이르는 것이 아니고, …… 다만 노력이 점점 쌓이고 시간이 많아진 뒤에 저절로 마땅히 기분 좋게 깨닫는 곳이 있는 것이다.')"

25) 호광 편(胡廣 編), 『대학장구대전(大學章句大全)』. "新安陳氏曰: '久字與一旦字相應. 用力積累多時然後, 一朝脫然通透. 吾心之全體, 卽釋明德, 『章句』所謂具衆理者; 吾心之大用, 卽所謂應萬事者也.'(신안 진씨가 말하였다. '구(久)자와 일단(一旦)자는 서로 어울린다. 힘씀이 점점 쌓이고 시간이 많아진 뒤에 하루아침에 시원하게 통하는 것이다. …….')"

26) 진력(陳櫟, 1252~1334): 자는 수옹(壽翁)이고, 호는 정우(定宇) 또는 동부노인(東阜老人)이다. 송말원초 때 휘주(徽州) 휴녕(休寧) 사람이다. 송나라가 망하자 은거하여 학문과 제자 양성에 힘썼다. 학문 성향은 주희(朱熹)의 학문을 위주로 하면서 육구연(陸九淵)의 심학(心學)을 아울러 취하려 하였다. 인종(仁宗) 연우(延祐) 초에 향시(鄕試)에 급제했지만 예부시(禮部試)에 나가지 않고 집에서 학생들을 가르쳤다. 효성과 우애가 지극했고, 세력이나 이익에 휩쓸리지 않았다. 주희와 여러 학자의 학설을 채집하고 자신의 견해를 덧붙여 『상서집전찬소(尙書集傳纂疏)』를 저술하였다. 그 밖의 저서에 『사서발명(四書發明)』, 『예기집의(禮記集義)』, 『역조통략(歷朝通略)』, 『근유당수록(勤有堂隨錄)』, 『정우집(定宇集)』 등이 있다.

27) '조(粗)'는 『언해』의 음이 잘못되었다: 언해본에 '粗조'로 되어 있다. 아마도 박문호는 『집운(集韻)』에서 "聰徂切."이라고 하였듯이 음가(音價)를 '초'로 생각한 듯하다.

28) 호광 편(胡廣 編), 『대학장구대전(大學章句大全)』. "'表'者, 人物所共由; '裏'者, 吾心所獨得. 有

‘중물지표리정조, 무부도(衆物之表裏精粗, 無不到)’에 대해, 주자(朱子)가 말하였다. “‘표(表)’라는 것은 사람과 물건이 함께 말미암는 것이고, ‘리(裏)’라는 것은 내 마음이 홀로 얻는 것이다.”

○ 又曰 : “‘博文’是‘表’, ‘約禮’是‘裏’.”29)

주자(朱子)가 또 말하였다. “‘박문(博文)’은 ‘표(表)’이고, ‘약례(約禮)’는 ‘리(裏)’이다.”

○ 雙峯饒氏曰 : “如爲子必孝, 爲臣必忠, 是顯然易見之理, 所謂‘表’也. 其間節文之精微曲折, 是‘裏’也, ‘精粗’亦然.”30)

人只就皮殼上用工, 於理之所以然者, 全無見處; 有人思慮向裏去多, 於事物上都不理會, 此乃說玄說妙之病. 二者都是偏, 若到物格知至, 則表裏精粗無不盡.”(‘표(表)’라는 것은 사람과 물건이 함께 말미암는 것이고, ‘리(裏)’라는 것은 내 마음이 홀로 얻는 것이다. …….)” 『주자어류(朱子語類)』 권16, 「대학3(大學三)」 56조목. “表者, 人物之所共由 ; 裏者, 吾心之所獨得. 表者, 如父慈子孝, 雖九夷八蠻, 也出這道理不得. 裏者, 乃是至隱至微, 至親至切, 切要處.‘ 因擧子思云 : ‘語大, 天下莫能載 ; 語小, 天下莫能破.’ 又說‘裏’字云 : ‘‘莫見乎隱, 莫顯乎微.’ 此箇道理, 不惟一日間離不得, 雖一時間亦離不得, 以至終食之頃亦離不得.’(‘표(表)’라는 것은 사람과 물건이 함께 말미암는 것이고, ‘리(裏)’라는 것은 내 마음이 홀로 얻는 것이다. 겉[表]이라는 것은 부모의 자애 자식의 효도와 같은 것으로 비록 동쪽의 아홉 오랑캐나 남쪽의 여덟 오랑캐일지라도 이러한 도리에서 벗어나지 않는다. 안[裏]이라는 것은 지극히 은미하고 지극히 친절(親切)해서 긴요한 것이다. 따라서 자사가 ‘군자가 큰 것을 말하자면 천하가 실을 수 없고, 작은 것을 말하자면 천하가 깨뜨리지 못한다.’고 한 것을 들었다. 또 ‘리(裏)’자를 말하면서 ‘은미한 것보다 드러남이 없으며, 미세함보다 나타남이 없다.’라고 하였다. 이러한 도리는 하루 사이에도 떨어질 수 없을 뿐만 아니라 한 시간이라도 또한 떨어질 수 없으며, 식사를 마치는 순간에 이르러도 떨어질 수 없는 것이다.)

29) 『주자어류(朱子語類)』 권24, 「논어6(論語六)」 17조목에서는 “聖人之教學者, 不過博文約禮兩事爾. 博文, 是‘道問學’之事, 於天下事物之理, 皆欲知之; 約禮, 是‘尊德性’之事, 於吾心固有之理, 無一息而不存.”이라 하였고, 『주자어류(朱子語類)』 권33, 「논어15(論語十五)」 22조목에서, “‘博文約禮’, 聖門之要法. 博文所以驗諸事, 約禮所以體諸身. 如此用工, 則博者可以擇中而居之不偏; 約者可以應物而動皆有則. 如此則內外交相助, 而博不至於汎濫無歸, 約不至於流遁失中矣.”라고 하여, 서로 내외(內外)와 표리(表裏)에 해당하는 것임을 밝힌 내용이 있다.

30) 호광 편(胡廣 編), 『대학장구대전(大學章句大全)』. “雙峯饒氏曰 : ‘格物, 窮至那道理恰好闔奥處, 自表而裏, 自粗而精. 然裏之中又有裏, 精之中又有至精, 透得一重, 又有一重. 且如爲子必孝, 爲臣必忠, 此是臣子分上, 顯然易見之理, 所謂表也. 然所以爲孝爲忠, 則非一字所能盡. 如居則致其敬, 養致樂, 病致憂, 喪致哀, 祭致嚴, 皆是孝裏面節目, 所謂裏也. 然所謂居致敬, 又如何而致敬? 如進退周旋, 愼齊升降, 出入揖遊, 不敢噦噫嚏咳, 不敢欠伸跛倚, 寒不敢襲, 癢不敢搔之類, 皆是致敬中之節文, 如此則居致敬, 又是表, 其間節文之精微曲折, 又是裏也. 然此特敬之見於外者耳, 至於洞洞屬屬, 如執玉奉盈, 如弗勝以至視於無形, 聽於無聲, 又是那節文裏面骨髓, 須是格之又格, 以至於無可格, 方是極處. 精粗亦然, 如養親一也, 而有所謂養口體, 有所謂養志. 口體雖是粗,

쌍봉 요씨(雙峯饒氏 : 饒魯[31])가 말하였다. "자식이 되어서는 반드시 효도해야 하고, 신하가 되어서는 반드시 충성해야 함과 같다. 그러나 보기 쉬운 이치가 이른바 '표(表)'이고, 그 사이 예절 규정에 관한 정미(精微)하고 곡절(曲折)한 것이 '리(裏)'이다."

○ 王溪盧氏曰 : "'表'也'粗'也, 理之用也; '裏'也'精'也, 理之體也."[32]

옥계 노씨(王溪盧氏 : 盧孝孫[33])가 말하였다. "'표(表)'와 '조(粗)'는 이치의 쓰임이고, '리(裏)'와 '정(精)'은 이치의 본체이다."

○ 栗谷曰 : "玉溪說誤. 在禽獸糞壤之理, 則'表'亦'粗', '裏'亦'粗'. 凡物不可以表裏精粗, 分體用而二之也."[34]

然粗中亦有精; 養志雖是精, 然精中更有精. 若見其表不窮其裏, 見其粗不窮其精, 固不盡. 然但究其裏而遺其表, 索其精而遺其粗, 亦未盡. 須是表裏精粗無所不到, 方是物格.'(쌍봉 요씨가 말하였다. '격물(格物)은 …… 장차 자식이 되어서는 반드시 효도해야 하고, 신하가 되어서는 반드시 충성해야 하는데, 이것이 신하와 자식의 신분 상에 훤히 드러나서 보기 쉬운 이치이니, 이른바 표(表)이다. …… 그 사이 예절 규정에 관한 정미(精微)하고 곡절(曲折)한 것이 또 리(裏)이다. …… 모름지기 표리(表裏)와 정조(精粗)에 이르지 않음이 없어야 바야흐로 물격(物格)이다.')"

31) 요로(饒魯, 1194~1264) : 송나라 때의 유학자로 요주의 여간 사람이며, 자는 중원(仲元)이며, 호는 쌍봉(雙峰)이다. 황간에게 학문을 배우고, 평생 동안 벼슬하지 않아 그의 사후 문인들이 그에게 사시(私謚)를 문원(文元)이라 올렸다. 저서로는 『오경강의』, 『논맹기문(論孟紀聞)』, 『춘추절전(春秋節傳)』, 『학용찬술(學庸纂述)』, 『근사록주(近思錄註)』, 『태극삼도(太極三圖)』, 『용학십이도(庸學十二圖), 『서명도(西銘圖)』 등이 있다.

32) 호광 편(胡廣 編), 『대학장구대전(大學章句大全)』. "玉溪盧氏曰 : '心外無理, 故窮理卽所以致知; 理外無物, 故格物卽所以窮理. 知者, 心之神明, 乃萬理之統會而萬事萬物之主宰. 言窮理則易流於恍惚, 言格物則一歸於眞實. 表也粗也, 理之用也; 裏也精也, 理之體也. 衆理之體, 卽吾心之體; 衆理之用, 卽吾心之用. 心之全體, 大用無不明, 則明明德之端, 在是矣. 物格知至, 雖二事而實一事. 故結之曰 : 此謂物格, 此謂知之至也.'(옥계 노씨가 말하였다. "'…… 표(表)라는 것과 조(粗)라는 것이 이치의 쓰임이고, 리(裏)라는 것과 정(精)이라는 것이 이치의 본체이다. …….')"

33) 노효손(盧孝孫) : 자는 신지(新之)이고 호는 옥계(玉溪)이며, 귀계(貴溪) 사람이다. 진덕수(陳德秀)의 문하에서 학문을 배워, 가태(嘉泰: 1201~1204) 연간에 진사에 급제하였다. 벼슬은 태학박사(太學博士)에 이르렀다. 벼슬을 그만둔 뒤 옥계서원(玉溪書院)에서 주로 강학하였다. 저서에는 송 이종(理宗)에게 진상한 『사서집의(四書集義)』 1백 권이 있다.

34) 김간(金幹), 『후재집(厚齋集)』 「차기(箚記) · 대학(大學)」. "栗谷先生曰 : '在禽獸糞壤之理, 則表亦粗, 裡亦粗. 凡物不可以表裡精粗, 分體用二之也.'(율곡 선생이 말하였다. '짐승과 더러운 흙의 이치가 들어있으면 이치가 곧 표(表)도 또한 조(粗)이고, 리(裏)도 또한 조(粗)인 것이다. 무릇 사물은 표리(表裏)와 정조(精粗)로써 체용(體用)을 나누어 둘로 해서는 안 되는 것이다.')"; 그리고 『율곡선생전서(栗谷先生全書)』 권32, 「어록하(語錄下) · 우계집(牛溪集)」에 다음과 같은

율곡(栗谷 : 李珥)[35]이 말하였다. "옥계(玉溪 : 盧孝孫)의 변설이 잘못되었다. 짐승과 더러운 흙의 이치가 들어있으면 '표(表)'도 또한 '조(粗)'이고, '리(裏)'도 또한 '조(粗)'이다. 무릇 사물은 표리(表裏)와 정조(精粗)로써 체용(體用)을 나누어 둘로 해서는 안 되는 것이다."

○ 沙溪曰 : "先賢理無'精粗'之說, 本謂無精無粗, 皆有理也. 栗谷之意, 則以爲理在精, 則表裏皆精; 在粗則表裏皆粗, 言各有當."[36]

사계(沙溪 : 金長生)[37]가 말하였다. "선현(先賢)의 리(理)에 정조(精粗)가 없다는 말

관련 내용이 보인다. "五行一陰陽註, 精粗本末無彼此. 沙溪曰 : '熊氏註云 : 太極爲精, 陰陽爲粗; 太極爲本, 陰陽爲末, 此註恐誤.' 栗谷嘗曰 : '精粗本末, 以氣言也, 一理通於無精無粗無本末彼此之間也.' 後來讀朱子書, 有曰 : '不論氣之精粗, 而莫不有是理云云.' 栗谷之說, 實出於此, 熊說不可從也. 出門人鄭守夢曄『近思釋疑』. 下同."

35) 이이(李珥, 1536~1584) : 조선 중기 학자로 자가 숙헌(叔獻)이고, 호가 율곡(栗谷)·석담(石潭)·우재(愚齋)이며, 본관이 덕수(德水)이다. 벼슬은 호조좌랑·예조좌랑·이조좌랑 등을 맡았고, 1568년(선조1)에 서장관(書狀官)으로 명나라에 다녀왔다. 『명종실록』 편찬에 참여하였고, 벼슬이 우부승지 등을 거쳐 이조판서에 이르렀다. 저서로는 『성학집요(聖}學輯要)』·『격몽요결(擊蒙要訣)』·『소학집주』·『순언(醇言)』·『기자실기(箕子實記)』·『동호문답(東湖問答)』·『경연일기(經筵日記)』·『석담일기(石潭日記)』 등이 있다.

36) 김간(金幹), 『후재집(厚齋集)』「차기(箚記)·대학(大學)」. "或問 : '栗谷之言, 然矣. 然似與先賢理無精粗之說, 不同, 如何?' 沙溪先生曰 : '理無精粗云者, 本謂無精無粗, 皆有理也. 若栗谷之意, 則以爲理旣在精, 則表裡皆精; 在粗則表裡皆粗云爾, 言各有所當也.'(어떤 사람이 물었다. '율곡(栗谷)의 말이 그렇습니다. 그러나 선현(先賢)의 리(理)에는 정조(精粗)가 없다는 말과 같지 않으니, 어째서입니까?' 사계 선생이 말하였다. '리(理)에 정조(精粗)가 없다고 이른 것은 본래 정(精)도 없고 조(粗)도 없음을 이른 것이지만, 모두 리(理)가 있는 것이다. 율곡의 뜻 같으면 리(理)가 이미 정(精)에 있으면 표리(表裏)도 모두 정(精)이고, 조(粗)에 있으면 표리도 모두 조(粗)라고 여긴 것이니, 말마다 각각 타당함이 있다.')"

37) 김장생(金長生, 1548~1631) : 본관은 광산(光山)이고, 자는 희원(希元)이며, 호는 사계(沙溪)이고 시호는 문원(文元)이다. 한양 정릉동(貞陵洞 : 현 서울 중구 정동)에서 태어났다. 1560년 송익필(宋翼弼)로부터 사서(四書)와 『근사록(近思錄)』 등을 배웠고, 20세 무렵에 이이(李珥)의 문하에 들어갔다. 1578년 학행(學行)으로 천거되어 창릉참봉(昌陵參奉)이 되고, 성균관 사업(司業), 집의(執義), 공조참의, 형조참판 등을 역임하였다. 인조반정 이후로는 서인의 영수격으로 영향력이 매우 컸다. 학문적으로 송익필, 이이, 성혼(成渾) 등의 영향을 받았다. 이이와 성혼(成渾)을 제향하는 황산서원(黃山書院)을 세웠다. 특히 둘째 아들이 그와 함께 문묘에 종사된 신독재(愼獨齋) 김집(金集, 1574~1656)이다. 저서로는 1583년 첫 저술인 『상례비요(喪禮備要)』 4권을 포함하여, 『가례집람(家禮輯覽)』·『전례문답(典禮問答)』·『의례문해(疑禮問解)』 등 예에 관한 것으로, 조선 예학의 기반을 마련하였다. 스승 이이가 시작한 『소학집주(小學集註)』를 1601년에 완성하고 『근사록석의(近思錄釋疑)』, 『경서변의(經書辨疑)』, 시문집을 모은 『사계

은 본래 정(精)도 없고 조(粗)도 없음을 이른 것이지만 모두 리(理)가 있다. 율곡(栗谷)의 뜻은 곧 리(理)가 정(精)에 있으면 표리(表裏)도 모두 정(精)이고, 조(粗)에 있으면 표리도 모두 조(粗)라고 여긴 것이니, 말마다 각각 타당함이 있다."

○ 新安陳氏曰 : "'全體', 卽具衆理者; '大用', 卽應萬事者."[38]

'오심지전체대용(吾心之全體大用)'에 대해, 신안 진씨(新安陳氏 : 陳櫟)가 말하였다. "'전체(全體)'는 곧 많은 이치를 갖춘 것이고, '대용(大用)'은 곧 온갖 일에 응하는 것이다."

○ 按, 上文尤翁所論兩'知'字, 亦有體用意.

내가 생각하건대, 윗글에서 우옹(尤翁 : 宋時烈)이 논변한 '지(知)'자에도 또한 체용(體用)의 뜻이 있다.

○ 此二句, 說'格致'之功效.

'오심지전체대용, 무불명의(吾心之全體大用, 無不明矣)'에서, 이 두 구절은 '격치(格致)의 공효를 말한 것이다.

朱註

此謂'物格', 此謂'知之至'也."

이것을 일러 '사물의 궁구함'이라 하며, 이것을 일러 '앎의 지극함'이라 한다."

詳說

○ 玉溪盧氏曰 : "'物格'·'知至', 雖二事而實一事. 故結之曰 : '此謂物格''此謂知之至'也."[39]

선생전서(沙溪先生全書)』가 있다.

38) 호광 편(胡廣 編), 『대학장구대전(大學章句大全)』. "新安陳氏曰 : '久字與一旦字, 相應, 用力積累多時然後, 一朝脫然通透. 吾心之全體, 卽釋明德, 『章句』所謂具衆理者; 吾心之大用, 卽所謂應萬事者也.'(신안 진씨가 말하였다. '…… 내 마음의 전체(全體)는 곧 명덕(明德)을 풀이한 것이니, 『대학장구』에서 이른바 많은 이치를 갖춘 것이고, 내 마음의 대용(大用)은 곧 온갖 일에 응하는 것이다.')"

39) 호광 편(胡廣 編), 『대학장구대전(大學章句大全)』. 그 내용은 다음과 같다. "玉溪盧氏曰 : '心外無理, 故窮理卽所以致知; 理外無物, 故格物卽所以窮理. 知者, 心之神明, 乃萬理之統會而萬事萬物之主宰. 言窮理則易流於恍惚, 言格物則一歸於眞實. …… 物格·知至, 雖二事而實一事. 故結之曰 : 此謂物格, 此謂知之至也.'(옥계 노씨가 말하였다. "'…… 물격(物格)과 지지(知至)가 비록 두 가지 일이나 실제로는 한 가지 일이다. 그러므로 끝맺음하면서 말하기를, '이것을 일러

'차위물격, 차위지지지야(此謂物格, 此謂知之至也)'에 대해, 옥계 노씨(玉溪盧氏 : 盧孝孫)가 말하였다. "'물격(物格)'과 '지지(知至)'가 비록 두 가지 일이나 실제로는 한 가지 일이다. 그러므로 끝맺음하여 말하기를 '이것을 일러 사물의 궁구함이라 한다.' '이것을 일러 앎의 지극함이라 한다.'라고 한 것이다."

○ 朱子曰 : "所補第五章, 亦嘗效其文體而爲之, 竟不能成."[40]

주자(朱子)가 말하였다. "제5장을 보충한 것이 또한 일찍이 그 문체를 본받아서 하였으나 마침내 능히 이루지는 못하였다."

○ 尤庵曰 : "非不能也, 蓋不爲也, 若使朱子捨本然理明義正之文章而强效之, 則豈不爲叔敖之優孟耶?"[41]

우암(尤庵 : 宋時烈)이 말하였다. "능하지 못한 것이 아니라 대개 하지 않은 것이니, 만약 주자(朱子)에게 본연의 이치가 밝고 의리가 바른 문장을 버리고 강제로 본받게 하였다면 어찌 손숙오(孫叔敖 : 楚 令尹)가 우맹(優孟)[42]이 되지 않았겠는가?"

○ 按, 文有古今風氣之殊, 有難强效, 故起結則用「傳」文本體與本語, 中間則用註體, 蓋用註體然後, 言可盡而人易曉, 使其強效古奧, 又從而自註其下, 則豈可曰'聖人之誠心與直道'哉?

사물의 궁구함이라 한다.' '이것을 일러 앎의 지극함이라 한다.'라고 한 것이다.)"

40) 호광 편(胡廣 編), 『대학장구대전(大學章句大全)』. "問 : '所補第五章, 何不效其文體?' 朱子曰 : '亦嘗效而爲之, 竟不能成.'(물었다. '제5장을 보충한 것이 어찌 그 문체를 본받지 않았습니까?' 주자가 말하였다. '또한 일찍이 본받아서 하였으나 마침내 능히 이루지는 못하였다.')" ; 이 내용은 『주자어류(朱子語類)』 권16, 「대학3(大學三)」 63조목에서도 보인다. "問 : '所補致知章, 何不效其文體?' 曰 : '亦曾效而爲之, 竟不能成. 劉原父卻會效古人爲文, 其集中有數篇論, 全似『禮記』'."

41) 『송자대전(宋子大全)』 권106, 「서(書) · 답박대숙(答朴大叔)」. "朱夫子「格致傳」, 其文體, 與他「傳」不同者, 以夫子文章, 非不能也, 蓋不爲也. 蓋孟子學孔子者也, 而七篇之書, 與『論語』迥然不同, 正程子所謂時然而已者. 若使朱夫子捨本然理明義正之文章而強而效之, 則豈不爲叔敖之優孟耶? 且後世之文, 名曰'含蓄', 而未免於晦盲; 名曰'簡古', 而未免於艱澁, 以夫子爲學者之深切, 而可反效之耶?(주자(朱子) 「격치전(格致傳)」의 그 문체가 다른 「전(傳)」의 글과 같지 않은 것은 공자의 문장이 능하지 못한 것이 아니라 대개 하지 않은 것이다. …… 만약 주자(朱子)에게 본연의 이치가 밝고 의리가 바른 문장을 버리고 강제로 본받게 하였다면 어찌 숙오(叔敖)가 맹씨(孟氏)보다 우월하게 되지 않았겠는가? ……)"

42) 우맹(優孟) : 춘추 시대 초(楚)나라의 유명한 우인(優人 : 藝能人)이다. 『사기(史記)』「골계열전(滑稽列傳)」에 의하면, 항상 담소(談笑)하고 풍유(諷諭)하였는데, 일찍이 초 장왕(莊王)이 대부의 예(禮)로써 말을 장사 지내려고 하자 간언하여 그만두게 하였고, 또 모방(模倣)을 잘하여 초나라 재상 손숙오(孫叔敖)의 의관을 입고 임금을 만났는데 임금이 구별하지 못하였다고 한다.

내가 생각하건대, 문장에는 옛날과 지금의 문체나 글쓰기 방식에서 차이가 있어 억지로 본받음에 어려움이 있다. 그러므로 처음과 끝에는 곧 「전(傳)」의 글에서 본체(本體)와 본어(本語)를 쓰고, 중간에는 주석의 문체를 쓰니, 대개 주석의 문체를 쓴 뒤에 말을 다할 수 있어서 사람들이 알기 쉬운 것이다. 그에게 억지로 예스럽고 심오(深奧)함을 본받게 하고, 또 좇아서 스스로 그 밑에 주석을 붙인다면 어찌 '성인(聖人)의 정성스러운 마음과 정직한 도(道)'라고 할 수 있겠는가?

전6장 ∘「傳」之六章

[傳6-1]

所謂'誠其意'者, 毋自欺也, 如惡惡臭, 如好好色, 此之謂'自謙'. 故君子必愼其獨也.

이른바 '그 뜻을 성실히 함'이라는 것은 스스로 속이지 말음이니, 나쁜 냄새를 미워함과 같이하며, 아름다운 빛깔을 좋게 여김과 같이함이 이것을 일러서 스스로 기꺼워함이라고 한다. 그러므로 군자는 반드시 그 홀로를 삼가는 것이다.

朱註

'惡'·'好'·'上'字, 皆去聲. '謙', 讀爲慊, 苦劫反.[1]

'오(惡)'자와 '호(好)'자와 '상(上)'자는 모두 거성(去聲)이다. '겸(謙)'자는 독음이 겸(慊)이니, '고(苦)'와 '겁(劫)'의 반절이다.

詳說

○ '所謂'二字, 照應「經」文, 後放此. 蓋「傳」首之'所謂', 「傳」末之'此謂', 其例一也.

'소위(所謂)' 두 글자는 「경(經)」의 글과 대조하여 보아야 하니, 뒤에도 이에 따른다. 대개 「전(傳)」 머리의 '소위(所謂)'와 「전(傳)」 끝의 '차위(此謂)'는 그 사례가 동일하다.

朱註

'誠其意'者, 自修之首也.

'성기의(誠其意 : 그 뜻을 성실히 함)'라는 것은 자기수양의 시초이다.

詳說

○ 同春曰 : "孤青曰 : '善惡之意'; 沙溪曰 : '好惡之意', 沙溪說, 爲是."[2]

---

1) 『예기주소(禮記注疏)』 권60, 「대학(大學)·음의(音義)」에는 "'毋', 音無. '惡惡', 上烏路反, 下如字. '臭', 昌救反. '好好', 上呼報反, 下如字. '謙', 依『注』讀爲慊, 徐苦簟反."이라고 하였다.

2) 서기(徐起), 『고청선생유고(孤青先生遺稿)』 「부록(附錄)·유사(遺事)」. "沙溪先生言 : '余問于徐文仲起曰 : 誠意之意, 善惡之謂乎? 好惡之謂乎? 徐曰 : 善惡乃意也. 余應之曰 : 若然則善則誠實爲之, 可也; 惡亦誠實爲之, 其可乎? 余意則好惡謂之意也. 善則誠實好之, 如好好色; 惡則誠實惡之, 如惡惡臭也. 徐堅執己見, 終不悟焉.' 出『經書辨疑』.(사계 선생이 말하건대, 내가 문중(文仲)

'성기의자(誠其意者)'에 대해, 동춘(同春 : 宋浚吉)이 말하였다. "고청(孤青 : 徐起)[3]이 말하기를 '선악(善惡)의 뜻이다.'라 하고, 사계(沙溪 : 金長生)가 말하기를 '호오(好惡)의 뜻이다.'라 하였는데, 사계의 말이 옳다."

○ 按, 以註意求之, 似當爲爲善去惡之意.

내가 생각하건대, 주의(註意)로써 구하였으니, 마땅히 선(善)을 하고 악(惡)을 없애야 하는 뜻이 되는 것 같다.

○ 照'淇澳章''自修, 謂力行之始'也.

'자수지수야(自修之首也)'는, '기욱장(淇澳章)'의 '자수위역행지시(自修謂力行之始)'[4]와 대조해서 보아야 한다.

○ 新安陳氏曰 : "'誠'·'正'·'修', 皆自修之事, 而'誠意', 居其始."[5]

신안 진씨(新安陳氏 : 陳櫟)가 말하였다. "'성(誠)'과 '정(正)'과 '수(修)'는 모두 자기수양의 일인데, '성의(誠意)'가 그 처음에 있다."

○ 雲峰胡氏曰 : "惟'誠意', 獨作一「傳」, 然已兼'正心'·'修身'而言, 『章』末曰'潤身'·曰'心廣', 提出'身'·'心'二字, 意已可見."[6]

서기(徐起)에게 물어 말하였다. '성의(誠意)의 뜻이 선악(善惡)을 이른 것입니까? 호오(好惡)를 이른 것입니까?' 서기가 말하였다. '선악이 바로 뜻이다.' 내가 응하여 말하였다. '만약 그렇다면 선(善)은 곧 성실(誠實)함이 하는 것이 맞으며, 악(惡)도 또한 성실함이 하는 것이 맞는 것입니까? 저의 생각에는 호오를 이른 뜻입니다. 선은 곧 성실함이 좋아하니 아름다운 빛깔을 좋게 여김과 같으며, 악은 곧 성실함이 미워하니 나쁜 냄새를 싫어함과 같은 것입니다. 서기가 자기 견해를 고집하고 끝내 깨닫지 못하였다.' 『경서변의(經書辨疑)』에 나온다.)" ; 김창협, 『농암집(農巖集)』 권16, 「서(書)·답이현익경진(答李顯益庚辰)」에도 이와 관련된 내용이 보인다. "雲峰胡氏曰 : '第三節言好惡云云, 此章, 自首至尾, 皆有好惡之意 ……'."

3) 서기(徐起, 1523~1591) : 조선 중기 학자로 자가 문중(文仲)이고, 호가 고청(孤青)이며, 본관이 이천(利川)이다. 이지함(李之菡)과 이중호(李仲虎)에게 배웠으며, 저서로는 『고청선생유고(孤青先生遺稿)』가 있다.

4) '기욱장(淇澳章)'의 '자수위역행지시(自修謂力行之始)' : 『대학장구집주』에서 "자수(自修)라는 것은 성찰하고 극복하여 다스리는 공력이다.(自修者, 省察克治之功.)"라고 하였으며, 신안 진씨(新安 陳氏 : 陳櫟)가 "자수(自修)는 힘써 행하는 것이다.(自修, 所以力行.)"라고 한 구절을 말하는 듯하다.

5) 호광 편(胡廣 編), 『대학장구대전(大學章句大全)』. "新安陳氏曰 : '前章云 : 如琢如磨者, 自脩也; 誠意正心脩身, 皆自脩之事, 而誠意居其始, 故曰自脩之首.'(신안 진씨가 말하였다. '앞장에서 이르기를, 여탁여마(如琢如磨)라는 것은 자기수양이고, 「성의(誠意)」와 「정심(正心)」과 「수신(修身)」은 모두 자기수양의 일인데, 「성의」가 그 처음에 있기 때문에 자수지수(自修之首)라고 한다.')"

운봉 호씨(雲峰胡氏 : 胡炳文)[7]가 말하였다. "오직 '성의(誠意)'만 홀로 하나의 「전(傳)」을 지었으나 이미 '정심(正心)'과 '수신(修身)'을 아울러서 말하였고, 『대학장구(大學章句)』 끝에 '윤신(潤身)'이라 하고 '심광(心廣)'이라 하여 '신(身)'과 '심(心)' 두 글자를 내놓아서 뜻을 이미 볼 수 있었다."

◯ 雙峰饒氏曰 : "心之正不正 · 身之修不修, 只判於意之誠不誠. 雖專釋'誠意', 而所以'正'·'修'之要, 實在於此. 故下二章言心不正 · 身不修之病, 而不言所以治病之方, 以已具於此章故也."[8]

쌍봉 요씨(雙峰饒氏 : 饒魯)[9]가 말하였다. "마음의 바름과 바르지 못함, 몸의 닦음

6) 호광 편(胡廣 編), 『대학장구대전(大學章句大全)』. "雲峯胡氏曰 : '『大學』條目有八, 只作六傳, 格物致知二者, 實是一事, 故統作一傳. 自正心以下五者, 工夫次第相接, 故統作四傳. 唯誠意獨作一傳, 然誠意者, 自脩之首, 已兼正心脩身而言矣. 章末曰潤身曰心廣, 提出身與心二字, 意已可見.'(운봉 호씨가 말하였다. '…… 오직 성의(誠意)만 홀로 하나의 전문(傳文)을 지었으나 성의라는 것은 자기수양의 첫머리로서 이미 정심(正心)과 수신(修身)을 아울러서 말하였고, 장구 끝에 윤신(潤身)이라 하고 심광(心廣)이라 하여 신(身)과 심(心)의 두 글자를 내놓아서 뜻을 이미 볼 수 있었다.')"

7) 호병문(胡炳文, 1250~1333) : 자는 중호(仲虎)이고, 호는 운봉(雲峯)이다. 원(元) 나라 때의 경학자로 휘주 무원(徽州 婺源 : 현 안휘성 소속) 사람이다. 주희(朱熹)의 종손(宗孫)에게 『주역(周易)』과 『서경(書經)』을 배워 주자학에 잠심했으며, 특히 『주역(周易)』에 뛰어났다. 신주(信州) 도일서원(道一書院) 산장(山長)을 지내고, 난계주학정(蘭溪州學正)이 되었는데 취임하지 않았다. 주자의 『주역본의(周易本義)』를 근거로 여러 설을 절충 · 시정하여 『주역본의통석(周易本義通釋)』 12권을 지었다. 처음 이름은 『주역본의정의(周易本義精義)』였고, 『통지당경해(通志堂經解)』에 들어있다. 이밖에 『서집해(書集解)』, 『춘추집해(春秋集解)』, 『예서찬술(禮書纂述)』, 『사서통(四書通)』, 『대학지장도(大學指掌圖)』, 『오경회의(五經會義)』, 『이아운어(爾雅韻語)』 등이 있다.

8) 호광 편(胡廣 編), 『대학장구대전(大學章句大全)』. "雙峯饒氏曰 : '心之正不正 · 身之脩不脩, 只判於意之誠不誠. 所以『中庸』·『孟子』只說誠身, 便貫了誠意 · 正心 · 脩身. 此章雖專釋誠意, 而所以正心 · 脩身之要, 實在於此. 故下二章第言心不正 · 身不脩之病, 而不言所以治病之方, 以已具於此章故也.'(쌍봉 요씨가 말하였다. '마음의 바름과 바르지 못함, 몸의 닦음과 닦지 못함은 단지 뜻이 성실함과 성실하지 못함을 판별할 뿐이다. …… 이 장에서 비록 오로지 성의(誠意)를 풀이하였더라도 정심(正心)과 수신(修身)의 요점은 실제로 여기에 있다. 그러므로 아래 두 장에서 마음의 바르지 못함과 몸의 닦지 못한 병폐를 말하면서 병폐를 다스리는 방법을 말하지 않은 까닭은 이미 이 장에 갖추었기 때문이다.')"

9) 요로(饒魯, 1194~1264) : 송나라 때의 유학자로 요주의 여간 사람이며, 자는 중원(仲元)이며, 호는 쌍봉(雙峰)이다. 황간에게 학문을 배우고, 평생 동안 벼슬하지 않아 그의 사후 문인들이 그에게 사시(私諡)를 문원(文元)이라 올렸다. 저서로는 『오경강의』, 『논맹기문(論孟紀聞)』, 『춘추절전(春秋節傳)』, 『학용찬술(學庸纂述)』, 『근사록주(近思錄註)』, 『태극삼도(太極三圖)』, 『용

과 닦지 못함은 단지 뜻이 성실함과 성실하지 못함을 판별할 뿐이다. 비록 오로지 '성의(誠意)'를 풀이하였더라도 '정(正)'과 '수(修)'의 요점은 실제로 여기에 있다. 그러므로 아래 두 장에서 마음의 바르지 못함과 몸의 닦지 못한 병폐를 말하면서 병폐를 다스리는 방법을 말하지 않은 까닭은 이미 이 장에 갖추었기 때문이다."

朱註

'毋'者, 禁止之辭. '自欺'云者, 知爲善以去惡, 而心之所發,[10] 有未實也.

학십이도(庸學十二圖), 『서명도(西銘圖)』 등이 있다.

10) 『주자어류(朱子語類)』 권16, 「대학3(大學三)」 107조목에는 다음과 같은 논쟁이 있다. "問 : ''誠意'章'自欺'注, 今改本恐不如舊注好.' 曰 : '何也?' 曰 : '今注云 : '心之所發, 陽善陰惡, 則其好善惡惡皆爲自欺, 而意不誠矣.' 恐讀書者不曉. 又此句, 或問中已言之, 卻不如舊注云 : '人莫不知善之當爲, 然知之不切, 則其心之所發, 必有陰在於惡而陽爲善以自欺者. 故欲誠其意者無他, 亦曰禁止乎此而已矣.' 此言明白而易曉.' 曰 : '不然. 本經正文只說'所謂誠其意者, 毋自欺也' ; 初不曾引致知兼說. 今若引致知在中間, 則相牽不了, 卻非解經之法. 又況經文'誠其意者, 毋自欺也', 這說話極細. 蓋言爲善之意稍有不實, 照管少有不到處, 便爲自欺. 未便說到心之所發, 必有陰在於惡, 而陽爲善以自欺處. 若如此, 則大故無狀, 有意於惡, 非經文之本意也. 所謂'心之所發, 陽善陰惡', 乃是見理不實, 不知不覺地陷於自欺 ; 非是陰有心於爲惡, 而詐爲善以自欺也. 如公之言, 須是鑄私錢, 假官會, 方爲自欺, 大故是無狀小人, 此豈自欺之謂邪!(물었다. '성의'장의 '스스로를 속인다.'는 구절의 주석은 지금의 개정본이 옛날의 주석이 좋은 것만 못합니다. 주희가 말하였다. '무엇 때문인가?' 물었다. '지금의 주석에서 '마음이 발현한 것이 겉으로는 선하지만 속으로 악하다면 선을 좋아하고 악을 미워하는 것은 모두 스스로를 속인 것이며 뜻이 성실하지 않습니다.' 아마도 책을 읽은 의미가 분명하지 못한 것 같습니다. 또 이 구절은 『혹문』 가운데서 이미 말했는데 옛 주석에서 '사람은 선을 마땅히 해야 한다는 것을 알지 않음이 없으나 앎이 절실하지 않으면 그 마음이 발현한 것도 반드시 속으로는 악에 있으면서 겉으로는 선을 함으로써 스스로를 속이는 것이다. 그러므로 그 뜻을 성실하게 하는 것은 다른 것이 없어서, 또한 이것을 금지할 뿐이다.'라고 하였습니다. 이 말은 명백하여 쉽게 이해됩니다. 주희가 말하였다. '그렇지 않다. 이 『경』(『대학』)의 정문(正文)에서는 '이른바 그 뜻을 성실하게 한다는 것은 스스로를 속이지 마는 일'이라고 했다. 처음부터 치지(致知)를 끌어다 아울러 말한 것이 아니다. 이제 치지를 중간에 끌어 들인다면 서로 당겨 마칠 수 없으니, 도리어 『경』을 해석하는 방법이 아니다. 하물며 『경』의 글에 '이른바 그 뜻을 성실하게 한다는 것은 스스로를 속이지 마는 것'이라 하였으니, 이 말은 지극히 세밀하다. 대개 선을 행하는 뜻이 조금씩 성실하지 않은 점이 있고, 조관(照管)에 조금 이르지 못한 곳이 있음을 말하는 것이 스스로를 속이는 일이다. 마음이 발현한 것이 반드시 속으로는 악에 있으면서 겉으로는 선을 함으로써 스스로를 속이는 곳에 이르기까지는 아직 말하지 않았다. 이와 같다면 아주 모습이 없어 악에 뜻을 두니, 『경』이 담고 있는 글의 본래 의미가 아니다. 이른바 '마음이 발현한 것이 겉으로는 선하고 속으로는 악하다'는 것은 이치가 성실하지 않음을 드러낸 것이니, 지각하지 못하고 스스로를 속이는데 빠진 것이

'무(毋)'라는 것은 금지하는 말이다. '자기(自欺)'라고 한 것은 선(善)을 하고서 악(惡)을 없애야 함을 알면서도 마음이 발동(發動)하는 것에 성실하지 못함이 있다.

詳說

○ 上聲, 下幷同.11)

'거(去)'자는 상성(上聲 : 없애버림)이니, 아래도 아울러 같다.

○ 『大全』曰 : "此'知'字, 帶從上章'致知'之'知'字來."12)

'지위선이거악(知爲善以去惡)'에 대해, 『대학장구대전(大學章句大全)』에서 말하였다. "이 '지(知)'자는 그냥 위의 장 '치지(致知)'의 '지(知)'자로부터 온 것이다.

○ 南塘曰 : "'以'字, 不必泥看."13)

남당(南塘 : 韓元震)14)이 말하였다. "'이(以)'자에 반드시 얽매여서 볼 필요는 없다."

다. 속으로 악한 짓을 하는데 두는 것이 아니라 거짓으로 선을 행하려 해도 스스로를 속이는 것이다. 그대의 말과 같다면 사전을 주조하고 관회를 만들어 바야흐로 스스로 속이는 것이니 대단히 개념없는 소인이다. 이것이 어찌 스스로 속이는 일을 말한 것인가?')"

11) 호광 편(胡廣 編), 『대학장구대전(大學章句大全)』에는 "'去', 上聲, 下同."이라고 하였다.

12) 호광 편(胡廣 編), 『대학장구대전(大學章句大全)』.

13) 한원진(韓元震), 『남당선생문집(南塘先生文集)』 권18, 「서(書) · 지구왕복(知舊往復) · 답김치명시찬(答金稚明時粲) · 대학조목(大學問目) · 계축십이월(癸丑十二月)」. "'爲善以去惡', 語勢若爲善, 以之去惡者, 然'爲善' · '去惡', 各指其事而言, '以'字, 不必泥看.('위선이거악(爲善以去惡)'은 말의 흐름이 마치 선(善)을 하고 그것으로써 악(惡)을 없애는 것 같으나, '위선(爲善)'과 '거악(去惡)'은 각각 그 일을 가리켜서 말한 것이니, '이(以)'자에 반드시 얽매여서 볼 필요는 없다.)"

14) 한원진(韓元震, 1682~1751) : 자는 덕소(德昭)이고, 호는 남당(南塘)이며, 시호는 문순(文純)이다. 본관은 청주(淸州)이다. 송시열(宋時烈)의 학맥을 이은 서인 산림(山林) 권상하(權尙夏)의 제자로 과거에 뜻을 두지 않고 학문에 전념하였다. 1717년(숙종 43) 학행(學行)으로 천거되어 영릉참봉으로 관직에 나갔다가 경종 때에 노론(老論)이 축출될 때 사직하였다. 1725년(영조 1) 경연관으로 출사하였으나 영조에게 소론을 배척하다가 삭직되었다. 그 뒤 장령 · 집의에 임명되었지만 취임하지 않았으며, 이조판서에 추증되었다. 같은 문인인 이간(李柬) 등과 호락논쟁(湖洛論爭)을 일으켜, 호서 지역 학자들의 호론(湖論)을 이끌었다. 그 주장의 핵심은 사람이 오상(五常)을 모두 갖추었음에 비해 초목이나 금수와 같은 것은 그것이 치우치게 존재하여, 인성과 물성이 근본적으로 다르다는 것이었다. 이러한 주장은 사람과 금수의 근본적 차이를 강조하여 인간의 존엄성을 높이려는 생각에서 나온 것이다. 문집으로 『남당집(南塘集)』이 있으며, 송시열과 스승 권상하의 사업을 이어받아 50년 만에 『주자언론동이고(朱子言論同異攷)』(1741)를 완성하였다. 그 밖에 『역학답문(易學答問)』, 『의례경전통해보(儀禮經傳通解補)』 등 『주역(周易)』 관련 저술들과 『장자변해(莊子辨解)』 등의 편저들이 있다.

○ 雲峯胡氏曰 : "'毋自欺'三字, 釋'誠意'二字, '自'字與'意'字, 相應; '欺'字與'誠'字, 相反."[15)]

'자기운자, 지위선이거악, 심지소발, 유미실야(自欺云者, 知爲善以去惡, 心之所發, 有未實也)'에 대해, 운봉 호씨(雲峯胡氏 : 胡炳文)가 말하였다. "'무자기(毋自欺)' 세 글자는 '성의(誠意)' 두 글자를 풀이한 것이니, '자(自)'자와 '의(意)'자는 서로 어울리며, '기(欺)'자와 '성(誠)'자는 서로 반대이다."

○ 東陽許氏曰 : "'誠意', 是'致知'以後事, 故曰 : '知爲善以去惡', 而心之所發, 有未實."[16)]

동양 허씨(東陽許氏 : 許謙)[17)]가 말하였다. "'성의(誠意)'는 '치지(致知)' 이후의 일이기 때문에 '선(善)을 하고 악(惡)을 없애버리는 것을 안다고 하였는데, 마음이 드러난 것에 성실하지 못함이 있는 것이다."

○ 朱子曰 : "自欺, 是半知半不知底人, 不知不識, 只喚做不知不識, 不喚做自欺."[18)]

주자(朱子)가 말하였다. "스스로 속이는 것은 반만 알고 반은 모르는 사람이니, 생각하지도 못하고 알지도 못하면 다만 생각하지도 못하고 알지도 못함만 생각하고, 스스로 속이는 것을 생각하지 못하는 것이다."

○ 又曰 : "無狀小人, 豈自欺之謂耶? 此處工夫極細, 前後學者緣賺, 連下文'小人閒居

15) 호광 편(胡廣 編), 『대학장구대전(大學章句大全)』.

16) 호광 편(胡廣 編), 『대학장구대전(大學章句大全)』. "東陽許氏曰 : '誠意, 是致知以後事, 故『章句』曰 : 知爲善以去惡, 而心之所發, 有未實也.'(동양 허씨가 말하였다. '성의(誠意)는 치지(致知) 이후의 일이기 때문에 선(善)을 하고 악(惡)을 없애버림을 안다고 하였는데, 마음이 드러난 것에 성실하지 못함이 있는 것이다.')"

17) 허겸(許謙 : 1269~1337) : 원나라 때 학자로, 자가 익지(益之)이고, 호가 백운산인(白雲山人)이고, 시호가 문의(文懿)이며, 절강성 동양(東陽) 사람이다. 어려서 아버지가 돌아가시자 어머니 도씨(陶氏)가 직접 『효경(孝經)』·『논어(論語)』를 가르쳤다. 원 대 말기에 이르러 금화(金華)에 하기(何基)·왕백(王柏)·김이상(金履祥)·허겸(許謙)의 사현서원(四賢書院)을 세웠다. 저서로는 『백운집』 외에 『사서총설』·『시집전명물초(詩集傳名物鈔)』·『관사치홀기미(觀史治忽機微)』 등이 있다.

18) 호광 편(胡廣 編), 『대학장구대전(大學章句大全)』. "朱子曰 : '…… 自欺, 是半知半不知底人, 知道善我所當爲, 却又不十分去爲善; 知道惡不可爲, 却又自家舍他不得這, 便是自欺. 不知不識, 只喚做不知不識, 不喚做自欺.'(주자가 말하였다. '…… 스스로 속이는 것은 반만 알고 반은 알지 못하는 사람이 선(善)은 내가 마땅히 할 것이라고 말할 줄 알면서도 도리어 또 완전히 악(惡)을 없애버리고 선을 하지 못하며, 악은 해서는 안 된다고 말할 줄 알면서도 도리어 또 스스로 그것을 악을 버리고 선을 얻지 못하니, 곧바로 스스로 속임인 것이다. 깨닫지도 못하고 알지도 못하면 다만 깨닫지도 못하고 알지도 못함만 생각하여 스스로 속임을 생각하지 못하는 것이다.')"

節'看了, 所以說差了."[19]

주자(朱子)가 또 말하였다. "형편없는 소인이 어찌 스스로 속임을 말하겠는가? 이곳은 공부가 매우 미세하여 전후 세대의 학자들이 속임에 말미암았으며, 아래 글 '소인한거절(小人閒居節)'을 이어서 보았기 때문에 변설마다 차이가 있는 것이다.

◯ 又曰 : "九分義理, 雜了一分私意, 便是自欺, 到厭然掩著之時, 又其甚者."[20]

주자(朱子)가 또 말하였다. "10분의 9의 의리를 갖고 있는데 10분의 1의 사사로운 뜻이 섞이면 곧 스스로 속임이니, 천연덕스레 가리거나 드러내는 때에 이르면 또 심할 것이다."

---

19) 『주자어류(朱子語類)』 권16, 「대학3(大學三)」 107조목. 그 내용은 다음과 같다. "問 : '誠意章自欺注, 今改本恐不如舊注好.' 曰 : '…… 所謂心之所發, 陽善陰惡, 乃是見理不實, 不知不覺地陷於自欺. 非是陰有心於爲惡, 而詐爲善以自欺也. …… 方爲自欺, 大故是無狀小人. 此豈自欺之謂邪?' 又曰 : '所謂毋自欺者, 正當於幾微毫釐處做工夫. 只幾微之間少有不實, 便爲自欺. …… 此處工夫極細, 未便說到那粗處. 所以前後學者多說差了, 蓋爲牽連下文小人閒居爲不善一段看了, 所以差也.'(물었다. '성의장(誠意章)의 자기(自欺)의 주석은 지금의 개정본이 옛날의 주석보다 썩 좋지 못합니다.' 주자가 말하였다. '…… 이른바 마음이 드러난 것이 겉으로 선(善)하고 속으로 악(惡)하면 이에 도리에 성실하지 못함을 보이니, 생각하지도 못하고 알지도 못하는 처지에 스스로 속임에 빠지는 것이다. 속으로 마음을 악을 함에 두는 것이 아니나, 거짓으로 선을 하여 스스로 속이는 것이다. …… 바야흐로 스스로 속임을 하는 것이니 대체로 형편없는 소인이다. 이것들 어찌 스스로 속임을 말하겠는가?' 또 말하였다. '이른바 스스로를 속이지 말라는 것은 바로 기미(幾微)가 몹시 작은 곳에 닥쳐서 공부하는 것이다. 다만 기미의 사이에 조금이라도 성실하지 못함이 있으면 곧 스스로 속임이 된다. …… 이곳의 공부가 매우 미세하여 그 거친 곳에 대해서는 아직 말하지 못하였다. 앞뒤 세대의 학자들이 변설마다 차이가 많은 까닭은 대개 아래 글의 소인은 한가롭게 지낼 적에 선하지 않음을 한다는 한 단락만 끌어다가 이어서 보았기 때문이니, 그래서 차이가 있는 것이다.')"

20) 『주자어류(朱子語類)』 권16, 「대학3(大學三)」 100조목. 그 내용은 다음과 같다. "問 : '自欺與厭然揜其不善而著其善之類, 有分別否?' 曰 : '自欺, 只是於理上虧欠不足, 便胡亂且欺謾過去. 如有得九分義理, 雜了一分私意, 九分好善 · 惡惡, 一分不好 · 不惡, 便是自欺. 到得厭然揜著之時, 又其甚者. …… 人須是埽去氣稟私欲, 使胸次虛靈洞徹.'(물었다. '스스로 속임과 천연덕스레 그 선(善)하지 않음을 가리고 그 선함을 드러내는 유형을 분별할 수 있겠습니까?' 주자가 말하였다. '스스로 속임은 다만 도리에 있어서 어그러지고 모자라서 흡족하지 못한 것이니, 곧 제멋대로 장차 속이고 지나가는 것이다. 10분의 9의 의리를 갖고 있는데 10분의 1의 사사로운 뜻이 섞이면 10분의 9는 선을 좋아하고 악(惡)을 미워하며, 10분의 1은 선을 좋아하지 않고 악을 미워하지 않으니, 곧 스스로 속임이다. 천연덕스레 가리거나 드러내는 때에 이르면 또 심할 것이다. …… 사람들은 모름지기 기품(氣稟)의 사사로운 욕구를 쓸어 없애서 속마음으로 하여금 비어서 영명(靈明)하고 환하게 깨닫도록 해야 한다.')"

○ 又曰："緣不柰他何，所以容著在這裏，自欺，只是自欠了分數."[21]

주자(朱子)가 또 말하였다. "이에 말미암아 달리 어찌하지 못하고 용납하여 그 안에 붙어 있는 것이다. 스스로 속임은 단지 스스로 자기 분수에 모자란 것이다."

○ 南塘曰："知不至，自欺之限；欠分數，自欺之事；容著在，自欺第二節事；閒居爲不善，自欺後段事；不柰佗[22]何，自欺前段事."[23]

---

21) 『주자어류(朱子語類)』 권16, 「대학3(大學三)」 108조목. 그 내용은 다음과 같다. "敬子問：'所謂誠其意者，毋自欺也. …… 蓋所謂不善之雜，非是不知，是知得了，又容著在這裏，此之謂自欺.' 曰：'不是知得了，容著在這裏，是不柰他何了，不能不自欺. …… 緣不柰他何，所以容在這裏. …… 大概以爲有纖毫不善之雜，便是自欺. 自欺，只是自欠了分數. …… 如爲善，有八分欲爲，有兩分不爲，此便是自欺，是自欠了這分數.'(경자가 물었다. '이른바 그 뜻을 성실하게 한다는 것은 스스로 속이지 마는 것이다. …… 대개 이른바 선(善)하지 못함이 섞임은 이것을 알지 못하는 것이 아니라 이것을 알고 있으면서 또 용납하여 그 안에 있으니, 이것을 일러 스스로 속임이라고 하는 것입니다.' 말하였다. '알고 있으면서 용납하여 그 안에 있는 것은 달리 어찌하지 못함이니, 스스로 속이지 않을 수 없었던 것이다. …… 이에 말미암아 달리 어찌하지 못하여 용납하여 그 안에 붙어 있는 것이다. …… 대개 조금이라도 선하지 못함이 섞여 있다고 여긴다면 곧 스스로 속임이다. 스스로 속임은 단지 스스로 자기 분수에 모자란 것이다. 마치 선을 함에 10분의 8은 하고자 함이 있는데 10분의 2가 하지 않음이 있다면, 이것이 바로 스스로 속임이니 스스로 그 분수에 모자란 것이다.')"

22) 佗：『남당선생문집(南塘先生文集)』에는 '他'로 표기되어 있다.

23) 한원진(韓元震), 『남당선생문집(南塘先生文集)』 권20, 「서(書) · 문인문답(門人問答) · 여김백삼(與金伯三) · 무오팔월(戊午八月)」. "『大學』誠意章，學者或以欠分數，爲自欺之根；容着在，爲自欺之萌；閒居爲不善，爲自欺之幹. 又或以惡情之發，不奈他何者，爲自欺. 知不至，自欺之根. 『章句』曰：'心體之明，有所未盡，則其所發，必有不能實用其力，而苟焉以自欺者，發之有不實，由於明之有未盡，此知不至，爲自欺之根.' 欠分數，自欺之事. 『章句』曰：'自欺云者，知爲善以去惡，而心之所發，有未實. 爲善去惡，一毫未實，卽是欠分數. 此欠分數，爲自欺之事.' 容着在，自欺第二節事. 纔有未實，卽是自欺. 不待容着，此未實者而後，爲自欺. 此容着在，爲自欺第二節事. 閒居爲不善，自欺後段事. 『章句』曰：'不能實用其力以至此. 『或問』曰：不能禁止其自欺，是以淪陷至於如此. 曰至此曰淪陷，皆指自欺以後事，非指自欺地頭. 此閒居爲不善，爲自欺後段事.' 不奈他何，自欺前段事. 『章句』言：'自欺之事，曰苟焉以自欺；曰不可徒苟且以循外而爲人，皆非不奈他何之意也. 不奈他何，卽情之驀直發出，不由我使底，以是爲自欺，卽是侵過情上界分. 蓋情之發，有善有惡，而因是情而欲爲善去惡者，意也. 爲之去之，不能實用其力者，自欺也. 自欺是意上事，非情上事，意是商量計較，皆由我使底. 故朱子曰：「誠意章」，在兩箇自字上用功，自慊自欺，皆自爲之，安得爲不奈他何？此不奈他何，爲自欺前段事. 大抵誠意，只在爲善去惡上用功，不能使其情發皆中節也. 情之發皆中節，惟平日見理至到涵養純熟後可能也. 此『大學』誠意正心之後，猶有五辟之病也. 朱先生始以閒居爲不善爲自欺，晩年以欠分數爲自欺，容着在爲自欺第二節事，而又以不奈他何與欠分數合爲一事，旋復以欠分數爲自欺之根，以容着在爲自欺，而幷連閒居爲不善爲自欺之事.

남당(南塘 : 韓元震)이 말하였다. "앎이 지극하지 못함이 스스로 속임의 뿌리이며, 자기 분수에 모자람이 스스로 속이는 일이며, 선(善)하지 못함을 용납하여 안에 붙어 있음이 스스로 속임의 두 번째 단락의 일이며, 소인이 한가롭게 지낼 적에 선하지 못한 일을 함이 스스로 속임의 뒤 단계의 일이며, 달리 어찌하지 못함이 스스로 속임의 앞 단계의 일이다."

○ 按, 『章句』此二句, 已爲章下註張本, 讀者宜參看.

내가 생각하건대, 『대학장구(大學章句)』의 이 두 구절[24]은 이미 장구 아래 주석의 근거가 되었으니, 읽는 사람이 마땅히 참조하여 보아야 한다.

朱註

'謙', 快也, 足也. '獨'者, 人所不知而己所獨知之地也.

'겸(謙)'은 기꺼워함이며, 만족함이다. '독(獨)'이라는 것은 남이 알지 못하는 곳으로 자기 혼자 아는 장소이다.

詳說

○ 朱子曰 : "讀與'慊'同."[25]

見於『語類』者如此. 然『章句』則與中間說合, 而又不用其不柰他何之意, 此蓋最後定論, 而只著於『章句』, 不復見於『語類』. 故學者迷於所從, 今當以『章句』爲正.'(『대학(大學)』성의장(誠意章). 학자들이 간혹 자기 분수에 모자람을 스스로 속임의 뿌리로 여기며, 용납하여 그 안에 붙어 있음은 스스로 속임의 싹이며, 한가롭게 지낼 적에 선(善)하지 않음을 함은 스스로 속임의 줄기이다. 또 간혹 악(惡)한 감정을 드러냄에 달리 어찌하지 못하는 것이 스스로 속임이 된다. 앎이 지극하지 못함이 스스로 속임의 뿌리이다. …… 자기 분수에 모자람이 스스로 속이는 일이다. …… 용납하여 그 안에 붙어 있음이 스스로 속임의 두 번째 단락의 일이다. …… 소인이 한가롭게 지낼 적에 선하지 못한 일을 함이 스스로 속임의 뒷 단계의 일이다. …… 달리 어찌하지 못함이 스스로 속임의 앞 단계의 일이다.)"

24) 『대학장구』의 이 두 구절 : "그 뜻을 성실하게 하는 일은 자기 수양의 첫머리이다.('誠其意'者, 自修之首也.)"라는 구절을 말한다.

25) 『대학혹문(大學或問)』, 권2, 「대학(大學) · 전(傳)10장」. "曰 : '然則慊之爲義, 或以爲少, 又以爲恨, 與此不同, 何也?' 曰 : '慊之爲字, 有作嗛者, 而字書以爲口銜物也. 然則慊, 亦但爲心有所銜之意, 而其爲快 · 爲足 · 爲恨 · 爲少, 則以所銜之異而別之耳. 『孟子』所謂慊於心, 『樂毅』所謂慊於志, 則以銜其快與足之意而言者也; 『孟子』所謂吾何慊, 『漢書』所謂嗛栗姬, 則以銜其恨與少之意而言者也. 讀者各隨所指而觀之, 則旣並行而不悖矣. 字書又以其訓快與足者, 讀與愜同, 則義愈明而音又異, 尤不患於無別也.'(말하였다. '겸(慊)이라는 글자는 겸(嗛)으로 쓰는 사람도 있는데 자서(字書)에서 입에 머금는 물건이라 하였다. 그렇다면 겸(慊)은 또한 단지 마음에 머금는 바가

'겸(謙)'에 대해, 주자(朱子)가 말하였다. "독음이 '협(慊)'과 같다."

◯ 按,『諺』音誤, 音訓可考. 蓋諺解時, 知察下節'厭'字音訓, 而不知察此'謙'音可異也. 然『孟子』浩然章, 音訓則又以口簟反, 居先覂在詳之耳.

내가 생각하건대,『언해(諺解)』의 음이 잘못되었으니,[26] 음과 뜻을 살펴보아야 한다. 대개 언해할 때에 아래 구절의 '염(厭)'자의 음과 뜻은 살필 줄 알았으나, 이 '겸(謙)'자의 음이 다를 수 있다는 것은 살필 줄 몰랐다. 그러나『맹자(孟子)』호연장(浩然章)[27]에서 음과 뜻을 또 구(口)와 점(簟)의 반절이라 하고[28], 우선적으로 다시금 상세하게 다루었을 뿐이다.

◯ 新安陳氏曰 : "爲'快'字說不盡, 又添'足'字, 快而且足, 方是'自謙'."[29]

'겸, 쾌야, 족야(謙, 快也, 足也)'에 대해, 신안 진씨(新安陳氏 : 陳櫟)[30]가 말하였다.

있는 뜻이 되어 그 기분 좋음이 되며, 달가움이 되며, 한스러움이 되며, 적음이 된다는 것은 곧 머금는 바가 다른 것으로써 구별했을 뿐일 것이다. …… 읽는 사람들이 각각 가리키는 것에 따라서 본다면 이미 병행하면서 어그러지지 않을 것이다. 자서(字書)에서 또 그 뜻을 기분 좋음과 달가움으로 새긴 것에 독음이 협(慊)과 같다고 한다면 뜻은 더욱 분명하되 음이 또 다르니, 그래도 분별할 수 없는 것보다는 걱정스럽지 않을 것이다.')"

26) 『언해(諺解)』의 음이 잘못되었으니 : 언해본에 '겸'으로 되어 있음을 말한다.

27) 『맹자(孟子)』 호연장(浩然章) : 『맹자(孟子)』「공손추상(公孫丑上)」에서 "그 호연지기(浩然之氣)는 의리와 도덕에 짝하니, 이것이 없으면 멍청한 것이다. 이는 의리가 모여서 생기는 것이지 의리가 갑자기 쳐들어와서 호연지기(浩然之氣)를 취하는 것이 아니다. 행동함에 마음에 기뻐하지 않음이 있으면 멍청한 것이다.(其爲氣也, 配義與道, 無是, 餒也. 是集義所生者, 非義襲而取之也, 行有不慊於心, 則餒矣.)"라고 하였고, 그 『집주』에서 "'겸(慊)'은 기분 좋고 달가운 것이니, 행하는 것에 하나라도 의리에 맞지 않음이 있는데 스스로 돌이켜서 정직하지 못하면 마음에 달갑지 못하여 그 몸이 충만하지 못한 것이 있다.('慊', 快也足也, 言所行一有不合於義而自反不直, 則不足於心, 而其體有所不充矣.)"라고 하였다.

28) 『맹자(孟子)』 호연장(浩然章)에서 음과 뜻을 또 구(口)와 점(簟)의 반절이라 하고 : 『맹자집주』에서는 "'慊', 口簟 · 口劫二反."이라 하였고, 『맹자집주대전』에서는 "'慊', 口簟反, 又口劫反."이라고 하였다.

29) 호광 편(胡廣 編), 『대학장구대전(大學章句大全)』. "新安陳氏曰 : '謙字與慊字, 同音同義, 爲快字說不盡, 又添足字, 快而且足, 方是自謙.'(신안 진씨가 말하였다. '…… 쾌(快)자로 설명을 다하지 못하였기 때문에 또 족(足)자를 보탰으니, 기분 좋으면서 장차 달가운 것이 바야흐로 자겸(自謙)이다.')"

30) 진력(陳櫟, 1252~1334) : 자는 수옹(壽翁)이고, 호는 정우(定宇) 또는 동부노인(東阜老人)이다. 송말원초 때 휘주(徽州) 휴녕(休寧) 사람이다. 송나라가 망하자 은거하여 학문과 제자 양성에 힘썼다. 학문 성향은 주희(朱熹)의 학문을 위주로 하면서 육구연(陸九淵)의 심학(心學)을 아울러 취하려 하였다. 인종(仁宗) 연우(延祐) 초에 향시(鄕試)에 급제했지만 예부시(禮部試)에 나

"'쾌(快)'자로 설명을 다하지 못하여 또 '족(足)'자를 보탰으니, 기분 좋으면서 장차 달가운 것이 바야흐로 '자겸(自謙)'이다."

◯ **朱子曰 : "『孟子』訓'慊', '滿足'意多; 『大學』訓'快'意多."**[31)]
주자(朱子)가 말하였다. "『맹자(孟子)』에서 '겸(慊)'을 새길 때는 '만족'의 뜻이 많고,[32)] 『대학(大學)』에서 새길 때는 '쾌(快)'의 뜻이 많다."

◯ **又曰 : "誠意章在兩箇'自'字上用功**[33)]**, '自謙'與'自欺', 相對誠僞之所由分也."**[34)]
주자(朱子)가 또 말하였다. "성의장(誠意章)에서 두 개의 '자(自)'자에 공력을 들였는데, '자겸(自謙)'과 '자기(自欺)'는 상대적으로 성실함과 거짓됨이 말미암아 나눠

가지 않고 집에서 학생들을 가르쳤다. 효성과 우애가 지극했고, 세력이나 이익에 휩쓸리지 않았다. 주희와 여러 학자의 학설을 채집하고 자신의 견해를 덧붙여 『상서집전찬소(尙書集傳纂疏)』를 저술하였다. 그 밖의 저서에 『사서발명(四書發明)』, 『예기집의(禮記集義)』, 『역조통략(歷朝通略)』, 『근유당수록(勤有堂隨錄)』, 『정우집(定宇集)』 등이 있다.

31) 『주자어류(朱子語類)』 권16, 「대학3(大學三)」 83조목. "'自慊'之'慊', 大意與『孟子』'行有不慊'相類. 子細思之, 亦微有不同. 『孟子』'慊'訓, '滿足'意多, 『大學』訓, '快'意多.(…… 『맹자(孟子)』에서 '겸(慊)'을 새길 때 '만족'의 뜻이 많고, 『대학(大學)』에서 새길 때는 '쾌(快)'의 뜻이 많다.)"

32) 『맹자(孟子)』에서 '겸(慊)'을 새길 때 '만족'의 뜻이 많고 : 이미 『맹자(孟子)』「공손추상(公孫丑上)」의 "行有不慊於心, 則餒矣."라는 내용에서 만족(滿足)의 뜻이 나왔고, 『맹자(孟子)』「공손추하(公孫丑下)」의 "증자(曾子)가 말하였다. '…… 진(晉)나라와 초(楚)나라가 부유함으로써 하거든 나는 인서(仁恕)로써 하고, 저들이 작위로써 하거든 나는 도의(道義)로써 하리니, 내가 무슨 부족함이 있겠는가?'(曾子曰 : '…… 彼以其富, 我以吾仁; 彼以其爵, 我以吾義, 吾何慊乎哉?')"라는 내용에서는 『집주』에서 "'겸(慊)'은 한스러움이며 적음이다. 어떤 데는 '겸(嗛)'으로 썼는데 자서(字書)에서 입에 머금는 물건이라 하였다. 그렇다면 '겸(慊)'은 또한 단지 마음에 머금는 바가 있는 뜻이 되어 그 기분 좋음이 되며, 달가움이 되며, 한스러움이 되며, 적음이 된다면 그 일에 말미암아 머금는 것에 같지 않음이 있기 때문일 뿐이다.('慊', 恨也少也. 或作'嗛', 字書以爲口銜物也. 然則'慊', 亦但爲心有所銜之義. 其爲'快'爲'足'爲'恨'爲'少', 則因其事, 而所銜有不同耳.)"라고 하였다.

33) 호광 편(胡廣 編), 『대학장구대전(大學章句大全)』.

34) 『주자어류(朱子語類)』 권16, 「대학3(大學三)」 85조목에는 "誠意章, 皆在兩箇'自'字上用功.(성의장(誠意章)에서는 모두 두 개의 '자(自)'자에 공력을 들였다.)"로 되어 있고, 88조목에는 "自慊則一, 自欺則二. 自慊者, 外面如此, 中心也是如此, 表裏一般. 自欺者, 外面如此做, 中心其實有些子不願, 外面且要人道好. 只此便是二心, 誠僞之所由分也.(자겸은 한결같고, 자기는 둘로 다른 것이다. 자겸(自慊)이라는 말은 겉도 이와 같고 마음속도 이와 같아서 안과 겉이 같은 것이다. 자기(自欺)라는 것은 겉으로는 이처럼 하면서 마음속으로는 실제로 조금 원하지 않은 것이 있어서 외면은 또 사람들이 좋아한다고 말한다. 이것이 곧 두 마음이니, 진실과 거짓이 나눠는 곳이다.)"로 되어 있다.

지는 것이다."

○ 新安陳氏曰:"'地', 卽處也. 此'獨'字, 指心所獨知而言, 非指身所獨居而言."[35)]

'독자, 인소부지이이소독지지지야(獨者, 人所不知而已所獨知之地也)'에 대해, 신안 진씨(新安陳氏 : 陳櫟)가 말하였다. "'지(地)'는 곧 처소(處所)이다. 이 '독(獨)'자는 마음이 홀로 아는 곳을 가리켜서 말한 것이고, 몸이 홀로 거처하는 곳을 가리켜서 말한 것이 아니다."

○ 退溪曰:"兩'獨'字, 今人誤看陳說, 而有身心之分, 某亦曩從其說, 近方覺其未然."[36)]

퇴계(退溪 : 李滉)[37)]가 말하였다. "두개의 '독(獨)'자에 대해 지금 사람들이 진력(陳櫟)의 변설을 잘못 보고서 몸과 마음의 구분을 두었으며, 아무개도 또한 지난번에는 그 변설을 좇았는데 근래에 바야흐로 그렇지 않다는 것을 깨달았다."

○ 尤庵曰:"下文有'閒居獨處'之言, 故於此先爲此說, 以明兩'獨'字之不同."[38)]

우암(尤庵 : 宋時烈)[39)]이 말하였다. "아래 글에 '한거(閒居)는 독처(獨處)이다.'라는 말이 있기 때문에 여기서 먼저 이 말을 하여 두 개의 '독(獨)'자가 같지 않음을 밝혔다."

○ 按, 「傳」文兩'獨'字, 皆以心言, 陳氏所謂'指身', 只以下節註首'獨'字而言耳.

내가 생각하건대, 「전(傳)」의 글에서 두 개의 '독(獨)'자는 모두 마음으로써 말한

---

35) 호광 편(胡廣 編), 『대학장구대전(大學章句大全)』.

36) 이황(李滉), 『퇴계선생문집(退溪先生文集)』 권36, 「서(書) · 답이굉중문목(答李宏仲問目)」. "「誠意章」兩'獨'字, 今人誤看陳說, 而有身心之分, 某亦曩從其說, 近方覺其未然. 今示張說爲是.(성의장(誠意章)의 두 개의 '독(獨)'자에 대해 지금 사람들이 진력(陳櫟)의 변설을 잘못 보고서 몸과 마음의 구분을 두었으며, 아무개도 또한 지난번에는 그 변설을 좇았는데 근래에 바야흐로 그렇지 않다는 것을 깨달았다. 지금 장씨(張氏)의 변설을 보니 옳았다.)"

37) 이황(李滉, 1501~1570) : 조선 중기의 학자로 자가 경호(景浩)이고, 호가 퇴계(退溪) · 퇴도(退陶) · 도수(陶叟)이며, 본관이 진보(眞寶)이다. 영남을 중심으로 주리적(主理的)인 학파를 형성하여 정통 도학의 학맥을 계승하였다. 저서로는 『퇴계전서(退溪全書)』 외에 『성학십도(聖學十圖)』 · 『주자서절요』 · 『역학계몽전의(易學啓蒙傳疑)』 등이 있다.

38) 송시열(宋時烈), 『송자대전(宋子大全)』 권105, 「서(書) · 답심명중(答沈明仲) · 무오구월(戊午九月)」. "下文有'閒居獨處'之言, 故於此先爲此說, 以明兩'獨'字之不同而已, 非有他意也.(아래 글에 '한거(閒居)는 독처(獨處)이다.'라는 말이 있기 때문에 여기서 먼저 이 말을 하여 두 개의 '독(獨)'자가 같지 않음을 밝혔을 따름이고 다른 뜻이 있는 것이 아니다.)"

39) 송시열(宋時烈 : 1607~1689) : 본관이 은진(恩津)으로 자가 영보(英甫), 호가 우암(尤庵) 또는 우재(尤齋), 시호가 문정(文正)이다. 저서로는 『송자대전(宋子大全)』 외에 『주자대전차의(朱子大全箚疑)』 · 『주자어류소분(朱子語類小分)』 · 『이정서분류(二程書分類)』 등이 있다.

것인데, 진력(陳櫟)이 이른바 '몸을 가리킨다.'라는 것은 다만 아래 구절의 주석 머리에 '독(獨)'자로써 말했을 뿐이다.

朱註

言欲自修者, 知爲善以去其惡, 則當實用其力, 而禁止其自欺. 使其惡惡則如惡惡臭, 好善則如好好色, 皆務決去而求必得之, 以自快足於己, 不可徒苟且以徇外而爲人也.

말하건대, 자기수양을 하려는 사람은 선을 하고 악을 없애야 함을 안다면 마땅히 실제로 그 힘을 써서 그 스스로 속임을 하지 못하게 해야 한다. 이를테면 악을 미워하면 악취를 미워하는 것처럼 하며, 선을 좋게 여기면 아름다운 빛깔을 좋게 여기는 것처럼 하여 모두 딱 잘라 없애도록 힘쓰고 반드시 얻도록 추구하여 스스로 자기에게 기꺼워하고 만족스럽게 하되, 다만 장차 외양(外樣)만 좇아서 남에게 잘 보이려고 함을 구차하게 해서는 안 된다.

詳說

○ 實其心之所發.

'당실용기력(當實用其力)'은 실제로 그 마음이 드러난 것이다.

○ 惡臭.

'개무결거(皆務決去)'는 나쁜 냄새이다.

○ 好色.

'구필득지(求必得之)'는 아름다운 빛깔이다.

○ '決'·'必'二字, 陪奉他'實'字, 甚有力.

'개무결거이구필득지(皆務決去而求必得之)'에서, '결(決)'과 '필(必)' 두 글자는 은근히 '실(實)'자를 이어서 매우 힘이 있다.

○ 朱子曰: "'好好色', 眞欲以快乎己之目, 初非爲人而好之也. '惡惡臭', 眞欲以足乎己之鼻, 初非爲人而惡之也."[40]

40) 주희(朱熹), 『대학혹문(大學或問)』, 권2, 「대학(大學)·전(傳)10장」. "夫好善而不誠, 則非惟不足以爲善, 而反有以賊乎其善; 惡惡而不誠, 則非惟不足以去惡, 而適所以長乎其惡. 是則其爲害也, 徒有甚焉, 而何益之有哉? 聖人於此, 蓋有憂之, 故爲『大學』之敎, 而必首之以格物致知之目, 以開明其心術, 使旣有以識夫善惡之所在, 與其可好可惡之必然矣, 至此而復進之以必誠其意之說

주자(朱子)가 말하였다. "'호호색(好好色)'은 참으로 자기의 눈을 기분 좋게 하고자 함이지 처음부터 남을 위하여 좋아하는 것은 아니다. '오악취(惡惡臭)'는 참으로 자기의 코를 달갑게 하고자 함이지 처음부터 남을 위하여 미워하는 것은 아니다."

○ **按, 目期於子都, 鼻掩於不潔, 卽其事也.**

내가 생각하건대, 눈은 자도(子都)[41]를 기대하고, 코는 깨끗하지 못한 물건에 가리니, 곧 그 일이다.

○ **北溪陳氏曰 : "'好好色' · '惡惡臭', 是就人情分曉處譬之."**[42]

북계 진씨(北溪陳氏 : 陳淳)[43]가 말하였다. "'호호색(好好色)'과 '오악취(惡惡臭)'는

焉, 則又欲其謹之於幽獨隱微之奧, 以禁止其苟且自欺之萌. 而凡其心之所發, 如曰好善, 則必由中及外, 無一毫之不好也; 如曰惡惡, 則必由中及外, 無一毫之不惡也. 夫好善而中無不好, 則是其好之也, 如好好色之, 眞欲以快乎己之目, 初非爲人而好之也; 惡惡而中無不惡, 則是其惡之也, 如惡惡臭之, 眞欲以足乎己之鼻, 初非爲人而惡之也. 所發之實, 旣如此矣, 而須臾之頃, 纖芥之微, 念念相承, 又無敢有少間斷焉, 則庶乎內外昭融, 表裏澄徹, 而心無不正, 身無不修矣.(대저 선(善)을 좋아하되 성실하지 못하면 오직 선(善)이 되지 못할 뿐 아니라 도리어 그 선(善)을 해침이 있는 것이다. 악(惡)을 미워하되 성실하지 않으면 오직 악(惡)을 없애버리지 못할 뿐 아니라 결국 그 악(惡)을 키워주는 것이다. …… 선(善)을 좋아하여 마음속으로 좋아하지 않음이 없으면 이는 그것을 좋아하는 것이니, 마치 아름다운 빛깔을 좋아하는 것처럼 참으로 자기의 눈을 기분 좋게 하고자 함이지 처음부터 남을 위하여 좋아하는 것은 아니다. 악(惡)을 미워하여 마음속으로 미워하지 않음이 없으면 이는 그것을 미워하는 것이니, 마치 나쁜 냄새를 미워하는 것처럼 참으로 자기의 코를 달갑게 하고자 함이지 처음부터 남을 위하여 미워하는 것은 아니다. …….)"

41) 자도(子都) : 자도(子都)는 중국 고대 사회에서 '세상의 아름다운 남자'를 지칭하는 용어이다. 『시경(詩經)』「국풍(國風) · 정풍(鄭風)」 <산유부소(山有扶蘇)>에 보면, "山有扶蘇, 隰有荷華. 不見子都, 內見狂且.(산에는 무궁화가 있고 늪에는 연꽃이 있는데, 만나기 전에는 미남이라고 하더니 만나보니 미친 녀석이었네.)"라는 구절이 있고, 그 『모전(毛傳)』의 주석에서 "子都, 世之美好者也"라고 하였다. 『맹자(孟子)』「고자상(告子上)」에도 "惟目亦然, 至於子都, 天下莫不知其姣也, 不知子都之姣者, 無目者也.(눈도 그러니, 자도에게서는 천하가 그 아름다움을 알지 못하는 이가 없으니, 자도의 아름다움을 알지 못하는 자는 눈이 없는 사람이다.)"라고 하였다. 이런 점에서 '자도(子都)'는 가장 아름다운 사람을 지칭하면서 인간의 눈이 보고 싶어 하는 대상이다.

42) 호광 편(胡廣 編), 『대학장구대전(大學章句大全)』. "北溪陳氏曰 : '誠者, 自表而裏, 眞實如一之謂. 自欺, 誠之反也. 大抵此章, 在自慊而無自欺, 首言如好好色 · 惡惡臭, 是就人情分曉處譬之, 好色, 人所同好, 好則求必得之; 惡臭, 人所同惡, 惡則求必去之, 而後快足吾意, 意所快足處, 是自家表裏眞實, 恁地非苟且徒爲此也. …….'(북계 진씨가 말하였다. '…… 이 장은 스스로 흡족하여 스스로 속임이 없는 데 있으니, 머리말에서 호호색(好好色)과 오악취(惡惡臭)와 같은 것은 사람의 심정이 분명한 곳을 비유한 것이니, …….')"

사람의 심정이 분명한 곳을 비유한 것이다."

○ **朱子曰**: "'毋自欺', 是誠意; '自慊', 是意誠."[44]
'자쾌족어기(自快足於己)'에 대해, 주자(朱子)가 말하였다. "'무자기(毋自欺)'는 뜻을 성실하게 함이고, '자겸(自慊)'은 뜻이 성실함이다."

○ 自欺.
'구차(苟且)'는 자기(自欺)이다.

○ **去聲.**[45]
'순외이위(徇外而爲)'에서 '위(爲)'자는 거성(去聲 : 위하다)이다.

○ 『**大全**』**曰**: "**不求自慊, 便是爲人.**"[46]
'구차이순외이위인야(苟且以徇外而爲人也)'에 대해, 『대학장구대전(大學章句大全)』에서 말하였다. "스스로 흡족함을 구하지 않고, 곧 남을 위하는 것이다."

朱註

然其實與不實, 蓋有他人所不及知而己獨知之者. 故必謹之於此, 以審其幾焉.
그러나 그 성실함과 성실하지 못함은 대개 다른 사람이 미처 알지 못하는 것으로 자기 혼자만 아는 것에 있다. 그러므로 반드시 이것에 삼가고 조심하여 그 조짐(兆朕)을 살펴야 한다.

詳說

○ 『**大全**』**曰**: "**指'獨'字.**"[47]
'필근지어차(必謹之於此)'에서 '차(此)'에 대해, 『대학장구대전(大學章句大全)』에서 말하였다. "'독(獨 : 자기 혼자)'자를 가리킨다."

---

43) 진순(陳淳, 1159~1223) : 남송 시대의 학자로 자가 안경(安卿)이고, 호가 북계(北溪)이며, 장주 용계(漳州龍溪) 사람이다. 주자가 만년에 만족스럽게 여긴 학문을 계승한 제자이다. 저서로는 『북계전집(北溪全集)』·『북계자의(北溪字義)』 등이 있다.

44) 『주자어류(朱子語類)』 권16, 「대학3(大學三)」 86조목. "問 : '毋自欺是誠意, 自慊是意誠否? 小人閒居以下, 是形容自欺之情狀, 心廣體胖, 是形容自慊之意否?' 曰 : '然.'(물었다. '무자기(毋自欺)는 뜻을 성실하게 함이고, 자겸(自慊)은 뜻이 성실함입니까?' …… 말하였다. '그렇다.')"

45) 호광 편(胡廣 編), 『대학장구대전(大學章句大全)』.

46) 호광 편(胡廣 編), 『대학장구대전(大學章句大全)』.

47) 호광 편(胡廣 編), 『대학장구대전(大學章句大全)』.

◯ 新安陳氏曰 : "念頭初萌動善惡, 誠僞所由分之幾微處."[48]

'이심기기언(以審其幾焉)'에 대해, 신안 진씨(新安陳氏 : 陳櫟)가 말하였다. "생각하는 맨 처음에 선(善)과 악(惡)이 싹틈은 성실함과 거짓됨이 말미암아 나눠지는 기미(幾微)의 처소(處所)이다."

◯ 朱子曰 : "是欲動 · 不動之間."[49]

'이심기기언(以審其幾焉)'에 대해, 주자(朱子)가 말하였다. "움직이거나 움직이지 않고자 하는 사이이다."

◯ 微庵程氏曰 : "'愼', 不但訓謹, 兼有審之意."[50]

휘암 정씨(徽庵程氏 : 程若庸)[51]가 말하였다. "'신(愼)'은 다만 삼감을 뜻할 뿐 아니라, 아울러 살핌의 뜻도 있다."

◯ 雙峰饒氏曰 : "此章兩功之要, 在'謹獨', 能於獨處致謹, 方是'誠意'."[52]

쌍봉 요씨(雙峰饒氏 : 饒魯)가 말하였다. "이 장의 두 공력의 요점은 '근독(謹獨)'에 있으니, 홀로 거처하여 근신(謹愼)을 이룸에 능하면 바야흐로 뜻을 성실하게 하는 것이다."

---

48) 호광 편(胡廣 編), 『대학장구대전(大學章句大全)』. "新安陳氏曰 : '周子云 : 幾, 善惡. 己所獨知, 乃念頭初萌動善惡, 誠偽所由分之幾微處, 必審察於此, 以實爲善去惡. 如別岐途之始分處, 起脚不差, 行方能由乎正路, 否則起脚處一差, 差毫釐而謬千里矣.'(신안 진씨가 말하였다. '주자(周子)가 이르기를, 기(幾)는 선(善)과 악(惡)이라고 하였다. 자기가 혼자 아는 곳에서 이에 생각하는 맨 처음에 선과 악이 싹트는 것은 성실함과 거짓됨이 말미암아 나눠지는 기미(幾微)의 처소(處所)이니, 반드시 이것을 자세히 살펴서 실제로 선을 하고 악을 없애야 한다. …….')"

49) 호광 편(胡廣 編), 『대학장구대전(大學章句大全)』. "朱子曰 : '幾者, 動之微, 是欲動未動之間, 便有善惡, 便須就這處理會. ……'("주자가 말하였다. '기(幾)라는 것은 움직임의 은미함이니, 움직이거나 움직이지 않고자 하는 사이에 곧 선(善)과 악(惡)이 곧 모름지기 이곳을 이해해야 한다.')"

50) 호광 편(胡廣 編), 『대학장구대전(大學章句大全)』. "徽菴程氏曰 : '愼不但訓謹, 有審之意焉.'(휘암 정씨가 말하였다. '신(愼)은 다만 삼감을 뜻할 뿐 아니라, 아울러 살핌의 뜻도 있다.)"

51) 정약용(程若庸) : 남송 시대의 학자로 자가 달원(達原)이고, 호가 휘암(徽菴) 또는 물재선생(勿齋先生)이며, 호북(湖北) 휴녕(休寧) 사람이다. 어려서 요로(饒魯)에게 배우면서 주자(朱子)의 학문을 익혔다. 저서로는 『성리자훈(性理字訓)』 등이 있다.

52) 호광 편(胡廣 編), 『대학장구대전(大學章句大全)』. "雙峯饒氏曰 : '此章用功之要, 在謹獨上. 凡人於顯然處致謹, 其意未必果出於誠, 若能於獨處致謹, 方是誠意.'(쌍봉 요씨가 말하였다. '이 장의 두 공력의 요점은 근독(謹獨)에 있다. …… 만약 홀로 거처하여 근신(謹愼)을 이룸에 능하면 바야흐로 뜻을 성실하게 하는 것이다.')"

○ 朱子曰 : "此云'必愼其獨'者, 欲其'自慊'也; 下云'必愼其獨'者, 防其'自欺'也."53)

주자(朱子)가 말하였다. "여기서 '필신기독(必愼其獨)'이라고 한 것은 그 '자겸(自慊)'하고자 함이고, 아래에서 '필신기독(必愼其獨)'이라고 한 것은 그 '자기(自欺)'를 막는 것이다."

○ 雲峰胡氏曰 : "'獨'字, 便是'自'字, 便是'意'字. 所以『中庸』論'誠', 首尾言'愼獨', 此論'誠意', 亦兩言'愼獨'."54)

운봉 호씨(雲峰胡氏 : 胡炳文)가 말하였다. "'독(獨)'자는 곧 '자(自)'자이며, 곧 '의(意)'자이다. 그래서 『중용(中庸)』에서 '성(誠)'을 논변함에 첫머리와 꼬리에서 '신독(愼獨)'을 말하였고, 여기서 '성의(誠意)'를 논변함에 또한 두 번 '신독(愼獨)'을 말하였다."

○ 潛室陳氏曰 : "'戒懼'與'謹獨', 是兩項地頭, '戒懼', 是自家不睹不聞之時, 存誠養性氣象如此; '謹獨', 是衆人不聞不睹之際, 存誠工夫如此. 『中庸』兼已發未發說, 故動息皆有養; 『大學』只就意之所發說, 故只防他罅漏."55)

---

53) 『주자어류(朱子語類)』 권16, 「대학3(大學三)」 95조목. "誠意章上云 : '必愼其獨'者, 欲其'自慊'也; 下云 : '必愼其獨'者, 防其'自欺'也. 蓋上言 : '如惡惡臭, 如好好色, 此之謂自慊, 故君子必愼其獨'者, 欲其察於隱微之間, 必吾所發之意, 好善必'如好好色', 惡惡必'如惡惡臭', 皆以實而無不自慊也. 下言 : '小人閒居爲不善', 而繼以'誠於中, 形於外, 故君子必愼其獨'者, 欲其察於隱微之間, 必吾所發之意, 由中及外, 表裏如一, 皆以實而無少自欺也.(성의장(誠意章) 위에서 이르기를, '필신기독(必愼其獨)'이라고 한 것은 그 '자겸(自慊)'하고자 함이고, 아래에서 이르기를, '필신기독(必愼其獨)'이라고 한 것은 그 '자기(自欺)'를 막는 것이다. …….)"

54) 호광 편(胡廣 編), 『대학장구대전(大學章句大全)』. "雲峯胡氏曰 : '君子小人所以分, 只在自欺與自慊上, 兩自字, 與自脩之自相應. 自欺者, 誠之反; 自脩者, 不可如此. 自慊者, 誠之充, 自脩者, 必欲如此. 獨字, 便是自字, 便是意字, 所以『中庸』論誠, 首尾言愼獨; 此章論誠意, 亦兩言愼獨.'(운봉 호씨가 말하였다. '군자와 소인이 구분되는 것은 다만 자기(自欺)와 자겸(自慊)에 있으니, 두 자(自)자는 자수(自修)의 자(自)와 서로 어울린다. …… 독(獨)자는 곧 자(自)자이며, 곧 의(意)자이다. 그래서 『중용(中庸)』에서 성(誠)을 논변함에 첫머리와 꼬리에서 신독(愼獨)을 말하였고, 이 장에서 성의(誠意)를 논변함에 또한 두 번 신독(愼獨)을 말하였다.')"

55) 호광 편(胡廣 編), 『대학장구대전(大學章句大全)』. "潛室陳氏曰 : '戒謹恐懼與謹獨, 是兩項地頭, 戒謹恐懼, 是自家不睹不聞之時, 存誠養性氣象如此; 謹獨, 是衆人不聞不睹之際, 存誠工夫如此. 『中庸』兼已發未發說, 故動息皆有養; 『大學』只就意之所發說, 故只防他罅漏.'(잠실 진씨가 말하였다. '계근공구(戒謹恐懼)와 근독(謹獨)은 바로 두 항목의 본 영역이니, 계근공구(戒謹恐懼)는 자신이 보지 못하고 듣지 못하는 때에 성실함을 보존하고 심성을 기르는 기상이 이와 같은 것이고, 근독(謹獨)은 많은 사람들이 듣지 못하고 보지 못하는 즈음에 성실함을 보존하는 공부가 이와 같은 것이다. 『중용(中庸)』에서는 이발(已發)과 미발(未發)의 변설을 아울렀기 때문에 움

잠실 진씨(潛室陳氏 : 陳埴)[56]가 말하였다. "'계구(戒懼)'와 '근독(謹獨)'은 바로 두 항목의 본 영역이니, '계구(戒懼)'는 자신이 보지 못하고 듣지 못하는 때에 성실함을 보존하고 심성을 기르는 기상이 이와 같은 것이고, '근독(謹獨)'은 많은 사람들이 듣지 못하고 보지 못하는 즈음에 성실함을 보존하고 심성을 기르는 공부가 이와 같은 것이다. 『중용(中庸)』에서는 이발(已發)과 미발(未發)의 변설을 아울렀기 때문에 움직이거나 쉬거나 모두 수양(修養)함이 있으며, 『대학(大學)』에서는 다만 뜻이 발현하는 것에 대해 변설했기 때문에 다만 그 틈으로 새어나감을 막은 것이다."

[傳6-2]

小人閒居, 爲不善, 無所不至, 見君子而后, 厭然揜其不善, 而著其善, 人之視己, 如見其肺肝然, 則何益矣? 此謂'誠於中, 形於外.' 故君子, 必愼其獨也.

소인(小人)은 한가롭게 지낼 적에는 선(善)하지 않음을 하여 이르지 않는 곳이 없이 하다가 군자(君子)를 본 뒤에 천연덕스레 그 선하지 않음을 가리고 그 착함을 나타내거늘 남들이 자기를 봄이 그 폐와 간을 보듯이 하리니, 곧 무엇이 유익하리오? 이를 일러 '마음속에 성실하면 몸밖에 나타난다.'라고 하는 것이다. 그러므로 군자는 반드시 그 홀로 거처함을 삼간다.

직이거나 쉬거나 모두 수양(修養)함이 있으며, 『대학(大學)』에서는 다만 뜻이 발현하는 것에 대해 변설했기 때문에 다만 그 틈으로 새어나감을 막은 것이다.')"

56) 진식(陳埴) : 남송 시대 학자로 자가 기지(器之)이고, 호가 잠실(潛室)이며, 영가(永嘉) 출신이다. 주자의 제자로서 협미도(叶味道)와 함께 목종학파(木鍾學派)를 만들었는데, 이는 『예기』「학기(學記)」의 "질문을 잘하는 사람은 굳은 나무를 다스리는 것과 같으며, 질문에 잘 대하는 사람은 종을 치는 것과 같다.(善問者, 如攻堅木; 善待問者, 如撞鍾.)"라고 말한 것에서 취한 말이다. 잠실 진씨(潛室陳氏) 또는 영가 진씨(永嘉陳氏)라고 일컫는다. 저서로는 정주(程朱) 이학(理學) 사상에 관한 문답 형식의 내용을 실은 『목종집(木鍾集)』 등이 있다.

朱註

‘閒’, 音閑. ‘厭’, 鄭氏讀爲黶.57)

‘한(閒)’은 음이 한(閑)이다. ‘염(厭)’은 정씨(鄭氏 : 鄭玄)가 독음이 ‘염(黶)’이라고 하였다.

詳說

◯ 按, 『大全』本有‘於簡反’三字於音訓末, 諺音因以致誤‘簡’或‘闞’與‘減’之訛.

내가 생각하건대, 『대학장구대전(大學章句大全)』본에는 음훈(音訓)의 끝에 ‘어간반(於簡反)’ 세 글자가 있어서 『언해(諺解)』의 음이 이로 인해 ‘간(簡)’을 착오하여 간혹 ‘감(闞)’과 ‘감(減)’으로 와전(訛傳)되는 경우가 있었다.

朱註

‘閒居’, 獨處也. ‘厭然’, 消沮閉藏之貌.

‘한거(閒居)’는 홀로 어느 곳에 있음이다. ‘염연(厭然)’은 없애고 그만두며 가리고 감추는 모습이다.

詳說

◯ 上聲.58)

‘독처야(獨處也)’에서 ‘처(處)’자는 상성(上聲 : 거처하다)이다.

◯ 新安陳氏曰 : “身所獨居, 與上文‘己所獨知’之‘獨’, 不同.”59)

‘독처야(獨處也)’에 대해, 신안 진씨(新安陳氏 : 陳櫟)가 말하였다. “몸이 혼자 거처하는 곳이니, 윗글의 ‘기소독지(己所獨知 : 자기가 혼자 아는 곳)’의 ‘독(獨)’과 같지 않다.”

---

57) 호광 편(胡廣 編), 『대학장구대전(大學章句大全)』 및 조선 내각본 『대학장구대전(大學章句大全)』에는 그 끝에 “於簡反.”의 내용이 더 있다. 『예기주소(禮記注疏)』 권60, 「대학(大學) · 음의(音義)」에는 “‘閒’, 音閑. ‘厭’, 讀爲黶, 烏斬反, 又烏簟反. ‘揜’, 於檢反. ‘著’, 張慮反, 注同. ‘肺’, 芳廢反. ‘肝’, 音干, 言‘厭’, 於琰反, 一音於涉反.”이라고 하였다.

58) 호광 편(胡廣 編), 『대학장구대전(大學章句大全)』.

59) 호광 편(胡廣 編), 『대학장구대전(大學章句大全)』. “新安陳氏曰 : ‘獨處, 是身所獨居, 與上文己所獨知之獨, 不同.’(신안 진씨가 말하였다. ‘독처(獨處)는 몸이 혼자 거처하는 곳이니, 윗글의 기소독지(己所獨知)의 독(獨)과는 같지 않다.’)”

○ 按, 此以身之所行事言.

내가 생각하건대, 이는 몸이 행하는 바의 일로써 말한 것이다.

○ 上聲.[60]

'소저폐장지모(消沮閉藏之貌)'에서 '저(沮)'자는 상성(上聲 : 멈추다)이다.

○ 新安陳氏曰 : "四字, 形容小人見君子, 羞愧遮障之情狀."[61]

'소저폐장지모(消沮閉藏之貌)'에 대해, 신안 진씨(新安陳氏 : 陳櫟)가 말하였다. "소저폐장(消沮閉藏) 네 글자는 소인이 군자를 만남에 부끄러워하고 가리는 모습을 형용한 것이다."

○ 雙峰饒氏曰 : "'厭'字, 有黑暗遮閉之意."[62]

쌍봉 요씨(雙峰饒氏 : 饒魯)가 말하였다. "'염(厭)'자는 컴컴하게 가리는 뜻이 있다."

朱註

此言小人陰爲不善, 而陽欲揜之, 則是非不知善之當爲與惡之當去也, 但不能實用其力以至此耳.

이 말은 소인이 남몰래 선(善)하지 않은 일을 하고는 버젓이 그것을 가리고자 한다면, 이는 선을 마땅히 해야 함과 악(惡)을 마땅히 버려야 함을 알지 못함이 아니건만, 다만 실제로 그 힘을 쓰지 못하여 이에 이를 뿐이라는 뜻이다.

詳說

○ 掩同.

'엄(揜)'은 엄(掩)과 같다.

○ 『大全』曰 : "'閒居'爲陰, '見君子'爲陽."[63]

'소인음위불선, 이양욕엄지(小人陰爲不善, 而陽欲揜之)'에 대해, 『대학장구대전(大學章句大全)』에서 말하였다. "'한거(閒居)'는 음(陰)이 되고, '견군자(見君子)'는 양(陽)이 된다."

60) 호광 편(胡廣 編), 『대학장구대전(大學章句大全)』.
61) 호광 편(胡廣 編), 『대학장구대전(大學章句大全)』.
62) 호광 편(胡廣 編), 『대학장구대전(大學章句大全)』.
63) 호광 편(胡廣 編), 『대학장구대전(大學章句大全)』.

○ 此也.

'즉시(則是)'에서 '시(是)'는 차(此)이다.

○ 上聲.64)

'당거(當去)'에서 '거(去)'자는 상성(上聲 : 제거하다)이다.

○ 幷照上節註.

'단불능실용기력(但不能實用其力)'은 위 단락의 주석을 아울러 참조해야 한다.

○ '此'字, 指陰爲陽揜.

'이지차이(以至此耳)'에서, '차(此)'는 음(陰)이 양(陽)을 위하여 가리는 것을 가리킨다.

○ 新安陳氏曰 "無上節'毋自欺', 必'自謙'之工夫, 則流弊之, 極必將至此."65)

신안 진씨(新安陳氏 : 陳櫟)가 말하였다. "위 단락의 '무자기(毋自欺)'하여 반드시 '자겸(自謙)'하는 공부가 없으면 폐단으로 흘러서 그 지극함에 반드시 장차 이에 이르는 것이다."

朱註

然欲揜其惡而卒不可揜, 欲詐爲善而卒不可詐,

그러나 그 악을 가리려고 해도 마침내 가릴 수 없으며, 남을 속여 선을 하려 해도 마침내 속일 수가 없으니,

詳說

○ 牛溪曰 : "人之視小人, 不但視其外面作僞而已, 亦看得在內之肺肝."66)

---

64) 호광 편(胡廣 編), 『대학장구대전(大學章句大全)』.

65) 호광 편(胡廣 編), 『대학장구대전(大學章句大全)』. "新安陳氏曰 : '上一節毋自欺, 說得細密, 乃自君子隱然心術之微處, 言之; 此一節言小人之欺人, 說得粗, 乃自小人顯然詐僞之著者, 言之. 無上一節毋自欺而必自謙之工夫, 則爲惡詐善之流弊, 其極必將至此, 所以君子必先自愼其獨, 至此又重以小人爲戒, 而尤必愼其獨.'(신안 진씨가 말하였다. '위 한 단락[6－1]의 무자기(毋自欺)는 변설이 세밀함을 얻었으니, 이에 군자가 은연한 심술(心術)의 은미한 곳으로부터 말하였으며, 이 한 구절은 소인이 사람을 속임을 말했는데 변설이 거치니, 이에 소인이 훤하게 속임이 드러나는 것으로부터 말하였다. 위 단락의 무자기(毋自欺)하여 반드시 자겸(自謙)하는 공부가 없으면 악(惡)을 하고 선(善)을 속이는 폐단으로 흘러서 그 지극함에 반드시 장차 이에 이르는 것이니, 그래서 군자가 반드시 먼저 스스로 그 혼자 있음을 삼가는 것인데, …….')"

66) 이이(李珥), 『율곡선생전서(栗谷先生全書)』 권32, 「어록하(語錄下) · 우계집(牛溪集)」. "余嘗在

'욕엄기악이졸불가엄, 욕사위선이졸불가사(欲揜其惡而卒不可揜, 欲詐爲善而卒不可詐)'에 대해, 우계(牛溪 : 成渾)[67]가 말하였다. "사람들이 소인을 보는 것이 그 외면의 거짓됨을 볼 따름만이 아니라, 또한 내면의 폐와 간도 볼 수 있다는 것이다."

○ 栗谷曰 : "人之自視其肺肝."[68]

율곡(栗谷 : 李珥)[69]이 말하였다. "사람들이 스스로 그 폐와 간을 보는 것이다."

○ 按, 牛溪說終似平順. 且上文二其一己字, 皆言他人, 而目小人之辭, 恐不可異同看.

내가 생각하건대, 우계의 말은 마침내 평이하고, 순조롭다. 또 위의 글 가운데 두 개의 '기(其)'자와 하나의 '이(己)'자가 모두 다른 사람의 말인데, 같고 다름을 볼 수 없을까 두려워한 것이다.

牛溪精舍, 先生曰 : '小人閒居章, 如見其肺肝之語, 栗谷公教之子, 云何?' 余對曰 : '指人之視己者而言之也.' 先生曰 : '叔獻平生識見超邁, 有出人底意思, 每於文字上, 做出別論, 大失前聖立言之本指. 旣曰人之視己, 如見其肺肝, 則指小人之身, 而人之視小人者, 不但視其外面作僞而已, 亦看得在內之肺肝也. ……'.(내가 일찍이 우계정사(牛溪精舍)에 있었는데 우계 선생이 말하였다. '소인한거장(小人閒居章)의 마치 그 폐와 간을 보는 것과 같다는 말을 율곡 공이 자네에게 가르침에 무엇을 이르시더냐?' 내가 대답하였다. '남이 자기를 보는 것을 가리켜 말한 것이라 하였습니다.' 선생이 말하였다. '숙헌(叔獻)이 평생토록 식견이 뛰어나서 남보다 나은 뜻이 있음에 매번 문자로 특별한 변론을 만들어 내서 옛날 성인이 말한 본뜻을 크게 잃었다. 이미 남이 자기를 보는 것이 마치 그 폐와 간을 보는 것과 같다고 하였다면 소인의 몸을 가리킨 것인데, 사람들이 소인을 보는 것이 그 외면의 거짓됨을 볼 따름만이 아니라, 또한 내면의 폐와 간도 볼 수 있다는 것이다. ……' 하였다.)"

67) 성혼(成渾, 1535~1598) : 조선 중기 학자로 자가 호원(浩原)이고, 호가 우계(牛溪) 또는 묵암(默庵)이며, 본관이 창녕(昌寧)이다. 임진왜란 때 의병 활동을 도왔으며, 벼슬은 우참찬 · 대사헌 등을 지냈다. 해동18현 가운데 한 사람으로, 저서로는 『우계집(牛溪集)』 외에 『주문지결(朱門旨訣)』 · 『위학지방(爲學之方)』 등이 있다.

68) 유주목(柳疇睦), 『계당선생문집(溪堂先生文集)』 권5, 「서(書) · 답이간백준구(答李艮伯濬九) · 심경문목(心經問目)」에도 이와 같은 내용이 보인다. "『大學』「誠意章」'如見其肺肝'云云, 是果如人之自視其肺肝耶? 抑人之於小人, 不但視外面情狀, 亦看得在內之心肺."

69) 이이(李珥, 1536~1584) : 조선 중기 학자로 자가 숙헌(叔獻)이고, 호가 율곡(栗谷) · 석담(石潭) · 우재(愚齋)이며, 본관이 덕수(德水)이다. 벼슬은 호조좌랑 · 예조좌랑 · 이조좌랑 등을 맡았고, 1568년(선조1)에 서장관(書狀官)으로 명나라에 다녀왔다. 『명종실록』 편찬에 참여하였고, 벼슬이 우부승지 등을 거쳐 이조판서에 이르렀다. 저서로는 『성학집요(聖}學輯要)』·『격몽요결(擊蒙要訣)』·『소학집주』·『순언(醇言)』·『기자실기(箕子實記)』·『동호문답(東湖問答)』·『경연일기(經筵日記)』·『석담일기(石潭日記)』 등이 있다.

朱註

> 則亦何益之有哉?
>
> 또한 무슨 유익함이 있겠는가?

詳說

○ 以'此謂'二字, 觀之, '誠於中, 形於外', 必是古語.

'역하익지유재?(亦何益之有哉?)'에서 '차위(此謂)' 두 글자로써 보면 '마음속에 성실하면 몸밖에 나타난다.'는 반드시 옛날 말이다.

○ 雙峯饒氏曰 : "此'誠'字, 是兼善惡說."[70]

쌍봉 요씨(雙峯饒氏 : 饒魯)가 말하였다. "이 '성(誠)'자는 선(善)과 악(惡)을 아우르는 말이다."

○ 沙溪曰 : "'誠中'·'形外', 此雖兼善惡, 而語意重在惡邊."[71]

사계(沙溪 : 金長生)[72]가 말하였다. "'성중(誠中)'과 '형외(形外)'가 이는 비록 선

---

70) 호광 편(胡廣 編), 『대학장구대전(大學章句大全)』. "雙峯饒氏曰 : '閒居爲不善, 自欺也; 厭然, 則不自慊矣. 揜其不善而著其善, 是又欺人也, 自欺與欺人, 常相因始焉自欺, 終焉必至於欺人, 此謂誠於中形於外. 此誠字, 是兼善惡說.'(쌍봉 요씨가 말하였다. '혼자 있으면서 선(善)하지 못함을 함이 스스로 속임이고, 천연덕스럽게 하는 것이 곧 스스로 만족하지 못함이다. 그 선을 가리고 그 선을 드러냄이 이 또한 남을 속임이니, 스스로 속임과 남을 속임은 항상 서로 말미암아 비로소 스스로 속이고 마침내 반드시 남을 속임에 이르나니, 이를 일러서 마음속에 성실하면 몸밖으로 나타난다는 것이다. 이 성(誠)자는 선과 악을 아우르는 말이다.')"

71) 전우(田愚), 『간재선생문집(艮齋先生文集)·후편(後編)』 권19, 「대학기의서(大學記疑序)」. "'誠於中'此句, 先賢有兼善惡看, 而重在惡邊. 竊意但當以惡言. 朱子於『中庸』二十章『或問』, 明言'其爲惡也, 何實如之, 而安得不謂之誠'. 小註又明言'此是惡底眞實無妄, 此等須領取其立言大意, 不可拘於字義也.('성어중(誠於中)'의 이 구절은 선현(先賢)이 선(善)과 악(惡)을 아울러서 봄이 있었으나 거듭 악의 근처에 있다. 가만히 생각해보건대, 다만 마땅히 악으로써 말해야 한다. ……)"

72) 김장생(金長生, 1548~1631) : 본관은 광산(光山)이고, 자는 희원(希元)이며, 호는 사계(沙溪)이고 시호는 문원(文元)이다. 한양 정릉동(貞陵洞 : 현 서울 중구 정동)에서 태어났다. 1560년 송익필(宋翼弼)로부터 사서(四書)와 『근사록(近思錄)』 등을 배웠고, 20세 무렵에 이이(李珥)의 문하에 들어갔다. 1578년 학행(學行)으로 천거되어 창릉참봉(昌陵參奉)이 되고, 성균관 사업(司業), 집의(執義), 공조참의, 형조참판 등을 역임하였다. 인조반정 이후로는 서인의 영수격으로 영향력이 매우 컸다. 학문적으로 송익필, 이이, 성혼(成渾) 등의 영향을 받았다. 이이와 성혼(成渾)을 제향하는 황산서원(黃山書院)을 세웠다. 특히 둘째 아들이 그와 함께 문묘에 종사된 신독재(愼獨齋) 김집(金集, 1574~1656)이다. 저서로는 1583년 첫 저술인 『상례비요(喪禮備要)』 4권을 포함하여, 『가례집람(家禮輯覽)』·『전례문답(典禮問答)·『의례문해(疑禮問解)』 등

(善)과 악(惡)을 아울렀으나 말뜻이 거듭 악의 근처에 있다.”

○ **按, 以末節註‘善之實中形外’之語, 觀之, 此節之爲惡邊言, 可知矣.**

내가 생각하건대, 끝 단락의 주석에 ‘선(善)이 마음속에 채워져 몸 밖으로 나타난다.’라는 말[73]로써 보면 이 단락이 악(惡)의 근처가 된다는 말을 알 수 있다.

朱註

此君子所以重以爲戒而必謹其獨也.

이는 군자가 경계하여 반드시 그 혼자 있음을 삼가야 함을 중요하게 여긴 까닭이다.

詳說

○ 去聲.[74]

‘차군자소이중이위계이필근기독야(此君子所以重以爲戒而必謹其獨也)’에서 ‘중(重)’자는 거성(去聲 : 중요하다)이다.

○ **新安陳氏曰 : “上一節, 君子必先自愼其獨, 至此, 又重以小人爲戒而尤必愼其獨.”**[75]

‘차군자소이중이위계이필근기독야(此君子所以重以爲戒而必謹其獨也)’에 대해, 신안진씨(新安陳氏 : 陳櫟)가 말하였다. “위의 한 단락에서 군자는 반드시 먼저 스스로 그 혼자 있음을 삼간다고 하였는데, 이에 이르러 또 소인이 경계를 삼아 더욱 반드시 그 혼자 있음을 삼가야 함을 중요하게 여긴 것이다.”

예에 관한 것으로, 조선 예학의 기반을 마련하였다. 스승 이이가 시작한 『소학집주(小學集註)』를 1601년에 완성하고 『근사록석의(近思錄釋疑)』,『경서변의(經書辨疑)』, 시문집을 모은 『사계선생전서(沙溪先生全書)』가 있다.

73) 끝 단락의 주석에 ‘선(善)이 마음속에 채워져 몸 밖으로 나타난다.’라는 말 : 아래 끝 단락 “富潤屋, …….” 주석의 끝부분에 있는 “蓋善之實於中而形於外者如此, 故又言此以結之.”를 말한다.

74) 호광 편(胡廣 編), 『대학장구대전(大學章句大全)』.

75) 호광 편(胡廣 編), 『대학장구대전(大學章句大全)』. “新安陳氏曰 : ‘上一節毋自欺, 說得細密, 乃自君子隱然心術之微處言之; 此一節, 言小人之欺人, 說得粗, 乃自小人顯然詐僞之著者言之. 無上一節毋自欺而必自謙之工夫, 則爲惡詐善之流弊, 其極必將至此, 所以君子必先自愼其獨, 至此, 又重以小人爲戒而尤必愼其獨.’(신안 진씨가 말하였다. ‘…… 그래서 군자는 반드시 먼저 스스로 그 혼자 있음을 삼간다고 하였는데, 이에 이르러 또 소인이 경계를 삼아서 더욱 반드시 그 혼자 있음을 삼가야 함을 중요하게 여긴 것이다.’)”

○ 雲峯胡氏曰 : "前章未分君子小人, 此章分別君子小人甚嚴. 蓋誠意爲善惡關, 過得此關, 方是君子; 過不得此關, 猶是小人, 他日爲國家害必矣."[76] 末章小人, 卽此小人也.

운봉 호씨(雲峯胡氏 : 胡炳文)가 말하였다. "앞장에서는 군자와 소인을 나누지 않았는데, 이 장에서는 군자와 소인을 분별함이 매우 엄격하다. 대개 뜻을 성실하게 함이 선(善)과 악(惡)의 관건(關鍵)이 되니, 여유롭게 이 관건을 얻어야 바야흐로 군자인 것이고, 여유롭게 이 관건을 얻지 못하면 오히려 소인인 것이니, 다른 날에 국가를 다스림에 해악됨이 틀림없을 것이다." 마지막 장의 소인은 곧 이 장의 소인이다.

[傳6-3]

曾子曰 : "十目所視, 十手所指, 其嚴乎."

증자(曾子)가 말하였다. "열 개의 눈이 보는 것이며, 열 개의 손이 가리키는 것이니, 그 엄중(嚴重)함이로다."

朱註

引此以明上文之意,

이를 인용하여 윗글의 뜻을 밝혔으니,

詳說

○ 先總提.

'인차이명상문지의(引此以明上文之意)'는 먼저 총괄하여 내놓은 말이다.

---

76) 호광 편(胡廣 編), 『대학장구대전(大學章句大全)』. "雲峯胡氏曰 : '前章未分君子小人, 此章分別君子小人甚嚴. 蓋誠意爲善惡關, 過得此關, 方是君子; 過不得此關, 猶是小人. 「傳」末章, 長國家而務財用之小人, 卽此閒居爲不善之小人也. 意有不誠, 已害自家心術, 他日用之, 爲天下國家害也必矣.'(운봉 호씨가 말하였다. '앞장에서는 군자와 소인을 나누지 않았는데, 이 장에서는 군자와 소인을 분별함이 매우 엄격하다. 대개 뜻을 성실하게 함이 선(善)과 악(惡)의 관건(關鍵)이 되니, 여유롭게 이 관건을 얻어야 바야흐로 군자인 것이고, 여유롭게 이 관건을 얻지 못하면 오히려 소인인 것이다. …… 뜻에 성실하지 못함이 있으면 이미 자기의 심술(心術)에도 해롭고, 다른 날에 그를 쓰면 천하와 국가를 다스림에 해악됨이 틀림없을 것이다.')"

◯ 尤庵曰 : "「傳」十章, 皆曾子釋「經」之辭, 而此一節非所以釋「經」, 特嘗稱請以戒門人者. 故門人配此十「傳」時, 因以插入而加'曾子'字, 觀此註'引'字, 可知矣. 退溪以爲'曾子'於「傳」文中, 特誦此說以戒門人, 故門人特加'曾子曰', 恐與'引'字意, 相違."77)
우암(尤庵 : 宋時烈)이 말하였다. "「전(傳)」10장은 모두 증자(曾子)가 「경(經)」을 풀이한 말인데, 이 한 단락은 「경(經)」을 풀이한 것이 아니고, 다만 일찍이 청하여 문인들을 훈계한 것을 이른다. 그러므로 문인들이 이 10개의 「전(傳)」을 배치할 때 이에 삽입하면서 '증자(曾子)'자를 더하였으니, 이 주석의 '인(引)'자를 보면 알 수 있다. 퇴계(退溪 : 李滉)는 「전(傳)」의 글 가운데 '증자(曾子)'는 다만 이 말을 외우면서 문인들을 훈계했기 때문에 문인들이 다만 '증자왈(曾子曰)'을 더하였는데, 아마도 '인(引)'자의 뜻과는 서로 어긋난다고 여겼다."

◯ 按, 「傳」十章, 曾子之意, 而門人記之, 旣曰'其意', 則十「傳」之文, 未必皆爲曾子之言, 惟此一節, 曾子平日, 必有成言, 故特稱'曾子曰'耳.
내가 생각하건대, 「전(傳)」10장은 증자(曾子)의 뜻으로 문인들이 기록하였는데, 이미 '그 뜻'이라고 하였다면 곧 10개의 「전(傳)」에 실린 글은 반드시 모두 증자

77) 『송자대전(宋子大全)』 권86, 「서(書)·답민사앙(答閔士昂)」. "『中庸』一篇, 多引孔子之言, 而第二章及第三十章, 獨稱'仲尼'; 『大學』「傳」十章, 皆記曾子之意, 而誠意章, 特稱'曾子', 何也? 『或問』子思稱'夫子', 謂'仲尼'. 朱子曰 : '古人未嘗諱其字, 『儀禮』「祭祀」, 皆稱其祖, 謂'伯某甫', 可以釋所疑矣.' 第二章, 則記夫子訓說之始也; 第三十章, 則記夫子德行之始也, 故皆稱'仲尼', 以見他章所謂'子曰'者, 是皆仲尼也. 『大學』「傳」十章, 皆曾子釋「經」之辭, 而此十目一節, 則非「傳」文, 而特嘗稱誦以戒門人者, 自不干於釋「經」, 故別加'曾子'字, 觀本註所謂'引'字, 則可知矣. 退溪先生以爲曾子所嘗誦戒之辭, 故門人特加'曾子曰', 以爲萬世之警策. 其意蓋曰 : '曾子於傳文中, 特誦此說, 以戒門人, 故如是'云云. 恐與本註'引'字之意, 相違也, 未知如何.(…… 『대학(大學)』의 「전(傳)」10장은 모두 증자(曾子)가 「경(經)」을 풀이한 말인데, 이 10개의 항목에 하나의 단락은 곧 「전(傳)」의 글이 아니고 다만 일찍이 외워서 문인들을 훈계한 것으로 스스로 「경(經)」을 풀이하는 데 방해되지 않기 때문에 '증자(曾子)' 두 글자를 따로 더한 것이니, 본 주석에서 이른바 '인(引)'자를 보면 알 수 있다. 퇴계(退溪) 선생은 증자(曾子)가 일찍이 외워서 훈계한 말이라고 여겼기 때문에 문인들이 다만 '증자왈(曾子曰)'을 더하여 만세의 경책(警策)으로 삼았다. 그 뜻은 대개 '증자(曾子)가 전문 가운데에서 다만 이 말을 외워서 문인들을 훈계하였기 때문에 이와 같다.'라고 말한 것이다. 아마도 본주의 '인(引)'자의 뜻과는 서로 어긋나니 어떤지 알 수 없다.)" 이 내용은 『송자대전(宋子大全)』 권133, 「잡저(雜著)·퇴계사서질의의의(退溪四書質疑疑義)2」에서도 보인다. "「誠意章」曾子所嘗誦戒之辭. 故門人特加'曾子曰'三字, 以爲萬世之警策. '曾子曰', 此註, 恐未安, 蓋此傳十章, 皆曾子釋「經」之辭, 而此一節則非所以釋「經」, 所嘗別以詔于門人者. 故門人記此十傳之時, 因以插入於此爾, 觀本註一'引'字, 可知矣. 苟如今註則是曾子於傳文中誦戒此節. 故特加三字也, 竊恐其未然也."

(曾子)의 말이 되지 않으며, 오직 이 한 단락만 증자(曾子)가 평상시에 반드시 이루어진 말이기 때문에 다만 '증자왈(曾子曰)'이라고 칭하였을 뿐이다.

朱註

言雖幽獨之中, 而其善惡之不可揜, 如此可畏之甚也.

말하건대, 비록 혼자 거처하는 가운데라도 그 선(善)과 악(惡)의 가릴 수 없음이 이와 같이 매우 두려워할 만하다는 뜻이다.

詳說

○ 幷照上註.

'기선악지불가엄(其善惡之不可揜)'은 위의 주석을 아울러 참조해야 한다.

○ 承上節'視'字, 而幷及於'指', 作爲韻辭, 以致丁寧之意.

'기선악지불가엄, 여차(其善惡之不可揜, 如此)'는 위 절의 '시(視)'자를 잇고 아울러 '지(指)'자에 미쳐 운사(韻辭)를 지어 간곡한 뜻을 다하였다.

○ 玉溪盧氏曰:"實理, 無隱顯之間, 人不知己獨知之地, 卽十目視十手指之地也."[78]

'기선악지불가엄, 여차(其善惡之不可揜, 如此)'에 대해, 옥계 노씨(玉溪盧氏 : 盧孝孫)[79]가 말하였다. "실질적인 이치는 숨고 나타난 사이가 없으니, 남이 알지 못하고 자기만 혼자 아는 곳이 곧 열 개의 눈이 보며 열 개의 손이 가리키는 곳이다."

○ 按, 或能掩於一時而後, 世之手目, 終莫能掩.

내가 생각하건대, 간혹 한때에 능히 가릴 수 있는 뒤라도 세상 사람들의 손과 눈을 끝내 가릴 수 없는 것이다.

---

78) 호광 편(胡廣 編), 『대학장구대전(大學章句大全)』. "玉溪盧氏曰 : '實理, 無隱顯之間, 人所不知己所獨知之地, 卽十目十手共視共指之地. 故爲善於獨者, 不求人知而人自知之, 爲不善於獨者, 惟恐人知而人必知之, 其可畏之甚如此. 曾子所以戰兢臨履, 直至啓手足而後已者, 此也.'(옥계 노씨가 말하였다. '실질적인 이치는 숨고 나타난 사이가 없으니, 남이 알지 못하고 자기만 혼자 아는 곳이 곧 열 개의 눈과 열 개의 손이 함께 보고 함께 가리키는 곳이다. ……')"

79) 노효손(盧孝孫) : 자는 신지(新之)이고 호는 옥계(玉溪)이며, 귀계(貴溪) 사람이다. 진덕수(陳德秀)의 문하에서 학문을 배워, 가태(嘉泰: 1201~1204) 연간에 진사에 급제하였다. 벼슬은 태학박사(太學博士)에 이르렀다. 벼슬을 그만둔 뒤 옥계서원(玉溪書院)에서 주로 강학하였다. 저서에는 송 이종(理宗)에게 진상한 『사서집의(四書集義)』 1백 권이 있다.

○ 雲峰胡氏曰 : "『中庸』'莫見乎隱, 莫顯乎微', 蓋本諸此."[80]

운봉 호씨(雲峰胡氏 : 胡炳文)가 말하였다. "『중용(中庸)』의 '숨김보다 더 잘 보이는 것이 없으며, 작음보다 더 잘 나타나는 것이 없다.'라는 것은 대개 여기에 근본한다."

○ '畏'字, 所以終上節'何益'之意, 而上註'戒'字, 蓋從此'嚴'字來.

'가외지심야(可畏之甚也)'에서 '외(畏)'자는 위 단락의 '하익(何益)'의 뜻을 마치는 것이며, 위 주석의 '계(戒)'자는 대개 이 '엄(嚴)'자로부터 온 것이다.

[傳6-4]

富潤屋, 德潤身, 心廣體胖. 故君子, 必誠其意.

부(富)는 집을 윤택하게 하고 덕은 몸을 윤택하게 만들기 때문에 마음이 넓어지고 몸이 편안하나니, 그러므로 군자는 반드시 그 뜻을 성실히 한다.

朱註

'胖', 步丹反.[81] '胖', 安舒也. 言富則能潤屋矣, 德則能潤身矣.

'심광체반(心廣體胖)'에서 '반(胖)'자는 '보(步)'와 '단(丹)'의 반절이다. '반(胖)'은 편안하게 펴짐이다. 말하건대, 부유하면 집안을 윤택하게 할 수 있고, 덕스러우면 몸을 윤택하게 할 수 있는 것이다.

詳說

○ 三山陳氏曰 : "'潤', 猶華澤也."[82]

---

80) 호광 편(胡廣 編), 『대학장구대전(大學章句大全)』. "雲峯胡氏曰 : '『中庸』所謂莫見乎隱莫顯乎微, 蓋本諸此. 上文獨字, 便是隱微; 此所謂十目十手, 卽是莫見莫顯.'(운봉 호씨가 말하였다. '『중용(中庸)』에서 이른바 숨김보다 더 잘 보이는 것이 없으며, 작음보다 더 잘 나타나는 것이 없다는 것은 대개 여기에 근본한다. ……)"

81) 『예기주소(禮記注疏)』 권60, 「대학(大學) · 음의(音義)」에는 "'胖', 步丹反, 注及下同."이라고 하였다.

82) 호광 편(胡廣 編), 『대학장구대전(大學章句大全)』. "三山陳氏曰 : '財積於中, 則屋潤於外; 德積於中, 則身亦潤於外矣, 潤, 猶華澤也.'(삼산 진씨가 말하였다. '…… 윤(潤)은 화려하고 윤택함

'부즉능윤옥의, 덕즉능윤신의(富則能潤屋矣, 德則能潤身矣)'에 대해, 삼산 진씨(三山陳氏 : 陳孔碩)[83]가 말하였다. "'윤(潤)'은 화려하고 윤택함과 같다."

○ 新安陳氏曰 : "借'富潤屋', 以起'德潤身', '德', 如『孟子』'仁義禮智根於心'; '潤身', 如'生色睟面盎背'也. 下文'心廣體胖', 乃申言之."[84]

신안 진씨(新安陳氏 : 陳櫟)가 말하였다. "'부윤옥(富潤屋)'을 빌려서 '덕윤신(德潤身)'을 일으켰으니, '덕(德)'은 『맹자(孟子)』의 '인의예지(仁義禮智)가 마음에 근본한다.'라는 말과 같으며,[85] '윤신(潤身)'은 '겉에 나타난 모습이 윤택하게 얼굴에 보이고 등에 넘쳐흐른다는 것'과 같다. 아래 글의 '심광체반(心廣體胖)'은 이에 거듭하여 말한 것이다.

○ 按, 此二句, 如『詩』之興體, 故註用'則'·'矣'字, 釋之.

내가 생각하건대, 이 두 구절은 『시경(詩經)』의 흥체(興體)와 같기 때문에 주석에 '즉(則)'과 '의(矣)'자를 사용하여 풀이한 것이다.

朱註

故心無愧怍, 則廣大寬平, 而體常舒泰, 德之潤身者然也.

그러므로 마음이 부끄러워함이 없으면 넓고 커지며 너그럽고 평평해져서 몸이

과 같다.')"

83) 진공석(陳孔碩) : 송나라 때 학자로 자가 부중(膚仲) 또는 숭청(崇清)이고, 호가 북산선생(北山先生)이며, 후관현(侯官縣) 사람이다. 처음에 장식(張栻)·여조겸(呂祖謙)과 교유하였고, 그 뒤에 주자(朱子)에게 배웠다. 순희(淳熙) 2년(1175)에 진사과에 급제하여 벼슬이 예부낭중(禮部郎中) 등에 이르렀다. 저서로는 『북산집』 외에 『대학중용해(大學中庸解)』 등이 있다.

84) 호광 편(胡廣 編), 『대학장구대전(大學章句大全)』. "新安陳氏曰 : '此, 借富潤屋, 以起下句德潤身之意, 德, 如『孟子』所謂仁義禮智根於心; 潤身, 如所謂其生色見面盎背, 是也. 下文心廣體胖, 乃申言之.'(신안 진씨가 말하였다. '이는 부윤옥(富潤屋)을 빌려서 아래 구절인 덕윤신(德潤身)의 뜻을 일으켰으니, 덕(德)은 『맹자(孟子)』의 이른바 인의예지(仁義禮智)가 마음에 근본한다는 것과 같으며, 윤신(潤身)은 이른바 겉에 나타난 모습이 윤택하게 얼굴에 보이고 등에 넘쳐흐른다는 것과 같다고 했는데, 이것이다. 아랫글의 심광체반(心廣體胖)은 이에 거듭하여 말한 것이다.')"

85) '덕(德)'은 『맹자(孟子)』의 '인의예지(仁義禮智)가 마음에 근본한다.'라는 말과 같으며 : 『맹자(孟子)』「진심상(盡心上)」. "군자가 본성인 것은 인의예지(仁義禮智)가 마음에 근본하며, 윤택하게 얼굴에 보이고, 등에 넘쳐흘러 사지(四肢)에 뻗나니, 사지(四肢)가 말하지 않아도 아는 것이다.(君子所性, 仁義禮智根於心; 其生色也, 睟然見於面, 盎於背, 施於四體, 四體不言而喻.)"라고 하였다.

항상 펴지고 편안하니, 덕(德)이 몸을 윤택하게 하는 것이 그러하다.

詳說

○ '則'·'而'二字, 若互換, 則本文之義, 當尤明切, 或傳寫之錯歟.

'심무괴작, 즉광대관평이체상서태(心無愧怍, 則廣大寬平而體常舒泰)'에서 '즉(則)'과 '의(矣)' 두 글자를 만약 서로 바꾼다면 마땅히 더욱 분명하고 절실하니, 아마도 옮겨 적을 때의 착오일 것이다.

○ 添此句, 以見此四字, 是上三字之註脚也.

'덕지윤신자연야(德之潤身者然也)'에서 이 구절을 보태서 이 네 글자[德之潤身]를 보였으니, 이는 위의 세 글자[德潤身]의 주석이다.

○ 朱子曰 : "是說'意誠'之驗."[86]

주자(朱子)가 말하였다. "이는 '뜻이 성실함'의 효험을 말한 것이다."

朱註

蓋善之實於中而形於外者如此, 故又言此以結之.

대개 선(善)이 마음속에 채워져 몸밖에 나타나는 것이 이와 같기 때문에 또 이를 말하여 끝맺은 것이다.

詳說

○ 朱子曰 : "'小人閒居'以下, 形容'自欺'之情狀; '心廣體胖', 形容'自慊'之意."[87]

'개선지실어중이형어외자여차(蓋善之實於中而形於外者如此)'에서, 주자(朱子)가 말하였다. "'소인한거(小人閒居)' 이하는 '자기(自欺)'의 실제 상태를 형용한 말이고, '심광체반(心廣體胖)'은 '자겸(自慊)'의 뜻을 형용한 말이다."

○ 玉溪盧氏曰 : "前兩言'必愼其獨', 此申言'必誠其意', 三言'必'字, 示人可謂眞切."[88]

---

86) 호광 편(胡廣 編), 『대학장구대전(大學章句大全)』. "朱子曰 : '富潤屋以下, 是說意誠之驗如此. 心本是濶大底物事, 只因愧怍便卑狹, 被他隔礙了, 所以體不能得安舒.'(주자가 말하였다. '부윤옥(富潤屋) 이하는 뜻이 성실함의 효험이 이와 같음을 말한 것이다. …….')"

87) 호광 편(胡廣 編), 『대학장구대전(大學章句大全)』. "小人閒居以下, 是形容自欺之情狀; 心廣體胖, 是形容自慊之意.('소인한거(小人閒居)' 이하는 '자기(自欺)'의 실제 상태를 형용한 말이고, '심광체반(心廣體胖)'은 '자겸(自慊)'의 뜻을 형용한 말이다.)"

88) 호광 편(胡廣 編), 『대학장구대전(大學章句大全)』. "玉溪盧氏曰 : '前兩言必愼其獨, 此申言必誠其意, 三言必字, 示人可謂眞切.'(옥계 노씨가 말하였다. '앞에서는 두 번 필신기독(必愼其獨)을

'고우언차이결지(故又言此以結之)'에 대해, 옥계 노씨(玉溪盧氏 : 盧孝孫)가 말하였다. "앞에서는 두 번 '필신기독(必愼其獨)'을 말하였고, 여기서는 거듭 '필성기의(必誠其意)'를 말하여 세 번 '필(必)'자를 말하였으니, 사람들에게 보인 것이 진실하고 절실하다고 이를 만하다."

○ 按, 上二'必愼', 只爲此一'必誠'設.

내가 생각하건대, 위의 두 개의 '필신(必愼)'은 단지 이 하나의 '필성(必誠)'을 위하여 베풀어놓은 것이다.

朱註

右, 「傳」之六章, 釋'誠意'.

위는 「전(傳)」의 6장이니, '성의(誠意)'를 풀이하였다.

詳說

○ 姑依傳者之意而云釋誠意.

짐짓 주해(註解)한 것의 뜻에 의거하여 '석성의(釋誠意)'라고 이른 것이다.

○ 雙峯饒氏曰 : "「傳」釋八事, 每連兩章言, 獨此章單擧'誠意', 蓋'知至'·'意誠', 固是相因. 然'致知'屬知, '誠意'屬行, 知·行畢竟是二事, 當各自用力. 所以不連'致知'說, '正心'·'誠意', 雖皆屬行, 然'誠意'不特爲'正心'之要, '修身'至'平天下', 皆以此爲要. 若只連'正心'說, 則其意促狹."[89]

말하였고, 여기서는 거듭 필성기의(必誠其意)를 말하여 세 번 필(必)자를 말하였으니, 사람들에게 보인 것이 진실하고 절실하다고 이를 만하다.')"

89) 호광 편(胡廣 編), 『대학장구대전(大學章句大全)』. "雙峯饒氏曰 : '「傳」之諸章, 釋八事, 每章皆連兩事而言, 獨此章單擧誠意, 蓋知至·意誠, 固是相因, 然致知屬知, 誠意屬行, 知·行畢竟是二事, 當各自用力, 不可謂知了便自然能行. 所以誠意章不連致知說者爲此. 正心·誠意, 雖皆屬行, 然誠意不特爲正心之要, 自脩身至平天下, 皆以此爲要. 故程子論天德與王道, 皆曰其要只在謹獨, 天德卽心正身脩之謂; 王道卽齊家治國平天下之謂, 謹獨卽誠意之要旨. 若只連正心說, 則其意促狹, 無以見其功用之廣大如此也. 此章乃『大學』一篇之緊要處, 傳者於此章說得極痛切, 始言謹獨, 誠意之方也; 中言小人之意不誠, 所以爲戒也; 終言誠意之效驗, 所以爲勸也.'(쌍봉 요씨가 말하였다. '「전(傳)」의 여러 장에서 여덟 가지의 일을 풀이함에 매 장마다 두 가지 일을 이어서 말했는데, 오직 이 장에서는 다만 성의(誠意)만 거론했으니, 대개 지지(知至)와 의성(意誠)은 진실로 서로 말미암는 일이다. 그러나 치지(致知)는 지(知)에 속하고, 성의는 행(行)에 속하니, 지(知)와 행(行)은 결국 두 가지 일이어서 마땅히 각각 스스로 힘을 써야 하는 것이다. …… 성의장(誠意章)이 치지(致知)의 말에 이어지지 않는 까닭은 이것을 위하기 때문이다. 정심(正心)과

쌍봉 요씨(雙峯饒氏 : 饒魯)가 말하였다. "「전(傳)」에서 여덟 가지의 일을 풀이함에 매번 두 장을 이어서 말했는데, 오직 이 장에서는 다만 '성의(誠意)'만 거론했으니, 대개 '지지(知至)'와 '의성(意誠)'은 진실로 서로 말미암는 일이다. 그러나 치지(致知)는 지(知)에 속하고, '성의'는 행(行)에 속하니 지(知)와 행(行)은 결국 두 가지 일이어서 마땅히 각각 스스로 힘써야 하는 것이다. '치지(致知)'의 말에 이어지지 않는 까닭은 '정심(正心)'과 '성의'가 비록 모두 행(行)에 속하나 '성의'가 다만 '정심'의 요체가 되지 않고, '수신(修身)'에서 '평천하(平天下)'에 이르기까지 모두 이것을 요체로 삼기 때문이다. 만약 다만 '정심(正心)'의 말에 이어진다면 그 뜻은 좁아질 것이다."

○ 南塘曰 : "誠意章, 不用承上起下之例, 故朱子於'誠 · 正'兩章下, 特爲立說, 以明承起之意."[90]

남당(南塘)이 말하였다. "성의장(誠意章)은 위를 이어서 아래를 일으키는 예를 사용하지 않았기 때문에 주자(朱子)가 '성의(誠意)'와 '정심(正心)'의 두 장 아래 다만 변설을 세워서 위를 이어서 아래를 일으키는 뜻을 밝힌 것이다."

○ 按, 「序」所云'補其闕略', 卽此也. 誠意章下註, 猶曰 : '誠意在致知也', 所以補釋'致知誠意'一「傳」之闕也; 正心章下註, 猶曰 : '正心在誠意也', 所以補釋'誠意正心'一「傳」之闕也.

내가 생각하건대, 「대학장구서(大學章句序)」에서 이른바 '그 빠진 데를 보충한다.'라는 말[91]이 곧 이것이다. 성의장(誠意章) 아래 주석에서 오히려 말하기를, "성의(誠意)는 치지(致知)에 달려 있다."라고 하였으니, '치지성의(致知誠意)'의 한 「전(傳)」에서 빠진 데를 보충하여 풀이한 것이며, 정심장(正心章) 아래 주석에서 오

성의가 비록 모두 행(行)에 속하나 성의가 다만 정심의 요체가 되지 않고, 수신(修身)부터 평천하(平天下)에 이르기까지 모두 이것을 요체로 삼기 때문이다. 만약 다만 정심의 말에 이어진다면 그 뜻은 좁아질 것이다. ……')"

90) 임성주(任聖周), 『녹문선생문집(鹿門先生文集)』 권9, 「서(書) · 답이백경광주(答李伯擎光胄) · 병신칠월(丙申七月)」에 유사한 내용이 보인다. "六章七章, 別有章下註者, 何也? 凡「傳」文起頭例, 皆連上接下, 如'修身'在'正其心', '齊其家'在'修其身'之類, 而獨「誠意章」單說'誠意', 上不連'致知', 下不接'正心'. 故朱子於'誠 · 正'兩章下, 特爲附註以聯屬之, 所以補「傳」文之未備耳."

91) 「대학장구서(大學章句序)」에서 이른바 '그 빠진 데를 보충한다.'라는 말 : 「대학장구서(大學章句序)」에서 "그 이루어진 책을 돌아보니 오히려 자못 잃어버려서 이 때문에 그 고루함을 잊고 널리 찾아서 모으며 간간이 또한 가만히 내 의견을 붙여서 그 빠진 데를 보충하여 후세의 군자를 기다리니(顧其爲書, 猶頗放失, 是以忘其固陋, 采而輯之, 閒亦竊附己意, 補其闕略, 以俟後之君子.)"라고 하였다.

히려 말하기를 "정심(正心)은 성의(誠意)에 달려 있다."라고 하였으니, '성의정심(誠意正心)'의 한 「전(傳)」에서 빠진 데를 보충하여 풀이한 것이다.

◯ 渼湖曰:"若如塘說, 則『大學』一篇, 是合下未成書也, 可乎哉? 格致·誠意兩章, 不用承上起下之例者, 以'格致'爲'明善'之要, '誠身'爲'自修'之首, 故特立爲一「傳」, 以表出之耳."

미호(渼湖:金元行)[92]가 말하였다. "남당(南塘:韓元震)의 말과 같으면 『대학(大學)』 한 편이 마땅히 책을 이루지 못했을 것이니 가당하겠는가? 격치장(格致章)과 성의장(誠意章) 두 장은 위를 이어서 아래를 일으키는 예를 사용하지 않은 것인데, '격치(格致)'를 '명선(明善)'의 요체로 삼고, '성신(誠身)'을 '자수(自修)'의 머리로 삼았다. 그러므로 다만 하나의 「전(傳)」을 세워서 표출했을 뿐이다."

◯ 按, 此當以闕略論, 不必以未成書論. 若論此書之未成, 則宜無有大. 於錯·亡二事, 皆係「傳」文事, 而不能無待於後人之整且補耳. 今此「傳」固不害爲自成一篇, 以備一義, 而若以「經」文繩之發, 翅未成乎. 且格致章, 雖上無所承, 其兩事夾釋, 一如佗「傳」之例, 只與末章之下, 無所起同焉, 則烏可謂之特爲「傳」乎? 夫「傳「所以釋「經」, 而「經」乃孔子之言·曾子之筆也. 「經」文丁寧言'欲誠先致'·'欲正先誠'·'誠而後正'·'知而後誠', 八事十四用間, 不容一髮. 故傳者, 於'修齊治平章」, 皆依「經」釋之, 固不可謂魏徵之不見昭陵, 而至於此章, 乃又以己意改易正例, 以其上則不承'致知', 以其下則不起'正心', 以當分二章者, 而約爲一章, 其突兀甚矣, 其闕略多矣. 朱子之註此書也, 寧違後人立「傳」之一義, 不敢沒孔子立「經」之正意. 故各註章下, 特補其事, 而皆云'承上可謂至明白矣', 而後人或不察朱子之意, 猶依阿傳者, 而穿鑿爲說, 則饒氏實啓之也. 惟南塘洞見朱子之意, 特表出之, 故愚常以爲知孔子之心者, 莫如朱子; 知朱子之心者, 莫如南塘也.

내가 생각하건대, 이는 마땅히 빠진 것으로써 논변해야 하며, 책을 이루지 못함으로써 논변할 필요는 없다. 만약 이 책이 이루어지지 못함을 논변한다면 마땅히 큰 의미가 없을 것이다. 뒤섞이거나 잃어버리는 두 가지 일은 모두 「전(傳)」의 글과

---

92) 김원행(金元行, 1702~1772) : 조선 후기의 학자로 자가 백춘(伯春)이고, 호가 미호(渼湖)·운루(雲樓)이며, 본관이 안동이다. 당숙 숭겸(崇謙)의 양자로 입적되어 창협(昌協)의 손자가 되었다. 신축(申丑)·임인(壬寅)사화 때 일가가 유배되거나 죽임을 당하자 은거하여 학문에 전념하였다. 이재(李縡)의 제자로서 조부 김창협과 스승의 학설을 좇아 한원진(韓元震)의 호론(湖論)에 대립되는 이간(李柬)의 낙론(洛論)을 지지하였다. 제자로는 아들 이안(履安)을 비롯하여 홍대용(洪大容)·박윤원(朴胤源)·오윤상(吳允常)·황윤석(黃胤錫) 등이 있으며, 저서로는 『미호집』이 있다.

연계된 일이나 후세 사람들의 정리함과 또 보충함을 기다리지 않을 수 없을 뿐이다. 지금 이 「전(傳)」이 참으로 스스로 이룬 한 편에 방해가 되지 않고 하나의 뜻을 갖추어서 마치 「경(經)」의 글을 바로잡아서 내놓은 것 같거늘, 다만 이루지 못할 뿐이겠는가. 또 격치장(格致章)[93]은 비록 위로는 이은 것이 없고, 그 두 가지 일을 아울러 풀이한 것이 한결같이 다른 「전(傳)」의 예와 같으며, 다만 끝의 장 아래와 더불어 아래를 일으킨 것이 없음이 같으니, 어찌 다만 「전(傳)」이 된다고 할 수 있겠는가? 무릇 「전(傳)」은 「경(經)」을 풀이한 것이니, 「경(經)」은 이에 공자(孔子)의 말로서 증자(曾子)가 쓴 것이다. 「경(經)」의 글에서는 간곡하게 '욕성선치(欲誠先致)'와 '욕정선성(欲正先誠)'과 '성이후정(誠而後正)'과 '지이후성(知而後誠)'을 말하여 여덟 개의 일[94]에 열네 번 운용[95]하는 사이에 한 터럭도 용납하지 않았다. 그러므로 주해(註解)한 사람은 수 · 제 · 치 · 평(修 · 齊 · 治 · 平)장에서 모두 「경(經)」에 의거해서 풀이하여 진실로 위징(魏徵 : 당 태종 때 명신)이 소릉(昭陵 : 당 태종 묘)을 보지 못했다고 말해서는 안 되는 것인데, 이 장에 이르러서 이에 또 자기 의견으로 바른 예를 바꾸었으며, 그 위로는 '치지(致知)'를 잇지 않고, 그 아래로는 '정심(正心)'을 일으키지 않았으며, 마땅히 두 장으로 나누어야 하는 것인데 묶어서 하나의 장으로 하였으니, 기이함이 심하고 빠짐이 많은 것이다. 주자(朱子)가 이 책을 주석함에 차라리 후세 사람이 「전(傳)」을 세운 하나의 뜻을 어길지언정 감히 공자의 「경(經)」을 세운 바른 뜻을 없애서는 안 되는 것이다. 그러므로 각각의 주석과 장(章) 아래에 다만 그 일을 보충하여 모두 이르기를, '위를 이어서 명백함에 이르렀다고 이를 수 있다.'고 하였더니, 후세 사람 가운데 간혹 주자의 뜻을 살피지 못하고 오히려 주해(註解)한 것에 몸을 굽혀서 순종하는 사람이 천착하여 말을 하자 요씨(饒氏 : 饒魯)가 실제로 가르쳐주었던 것이다. 오직 남당(南塘 : 韓元震)만이 주자의 뜻을 꿰뚫어보고 특별히 그것을 표출했기 때문에, 어리석게도 항상 공자의 마음을 아는 사람은 주자와 같은 이가 없으며, 주자의 마음을 아는 사람은 남당과 같은 이가 없다고 여겼던 것이다.

---

93) 격치장(格致章) : 「전(傳)」5장을 말한다.

94) 여덟 개의 일 : 격물(格物) · 치지(致知) · 성의(誠意) · 정심(正心) · 수신(修身) · 제가(齊家) · 치국(治國) · 평천하(平天下)의 팔조목(八條目)을 말한다.

95) 열네 번 운용 : "古之欲明明德於天下者, 先治其國; 欲治其國者, 先齊其家; 欲齊其家者, 先修其身; 欲修其身者, 先正其心; 欲正其心者, 先誠其意; 欲誠其意者, 先致其知, 致知, 在格物. 物格而后, 知至; 知至而后, 意誠; 意誠而后, 心正; 心正而后, 身修; 身修而后, 家齊; 家齊而后, 國治; 國治而后, 天下平."의 모두 14번 문장이 운용된 것을 말한다.

朱註

「經」曰 : "欲誠其意, 先致其知." 又曰 : "知至而后意誠."

『대학장구(大學章句)』「경(經)」1장에서 말하였다. "그 뜻을 성실히 하고자 하면 먼저 그 앎을 지극하게 해야 한다." 또 말하였다. "앎이 지극한 뒤에 뜻이 성실해진다."

詳說

○ 先以「經」文冠之, 以見「傳」文之, 不及'致知'者, 爲違「經」旨耳.

먼저 「경(經)」1장의 글로써 머리에 두어 「전(傳)」의 글이 '치지(致知)'에 미치지 못하는 것을 보였으니, 「경(經)」의 뜻에 어긋남이 될 뿐이다.

朱註

蓋心體之明, 有所未盡, 則其所發, 必有不能實用其力, 而苟焉以自欺者.

대개 마음과 몸의 밝음에 다하지 못한 것이 있으면 그 드러나는 것이 반드시 실제로 그 힘을 쓸 수가 없어 구차하게 스스로 속임이 있는 것이다.

詳說

○ 照格致章.

'심체지명, 유소미진(心體之明, 有所未盡)'은 격치장(格致章)을 참조해야 한다.

○ 皆'心'.

'즉기(則其)'의 '기(其)'는 모두 '심(心)'이다.

○ 照'誠意'註.

'구언이자기자(苟焉以自欺者)'는 성의장(誠意章)의 주석을 참조해야 한다.

○ 新安陳氏曰 : "此言知不至則意不誠."[96]

신안 진씨(新安陳氏 : 陳櫟)가 말하였다. "이는 앎이 지극하지 못하면 뜻이 성실하지 못함을 말한 것이다."

○ 朱子曰 : "此又「傳」文之所未發, 而其理已具於「經」, 不可以不察也."[97]

---

96) 호광 편(胡廣 編), 『대학장구대전(大學章句大全)』.

97) 호광 편(胡廣 編), 『대학장구대전(大學章句大全)』. "朱子曰 : '…… 若知有不至, 則其不至之處, 惡必藏焉, 以爲自欺之主. 雖欲致其謹獨之功, 亦且無主之能爲, 而無地之可據矣. 此又傳文之所未發, 而其理已具於「經」者, 皆不可以不察也.'(주자가 말하였다. '…… 이는 또 전문(傳文)이 드러내지 못한 것이지만, 그 이치가 이미 「경(經)」에 갖추어졌으니, 살피지 않아서는 안 된다.')"

주자(朱子)가 말하였다. "이는 또 「전(傳)」의 글이 드러내지 못한 것이지만, 그 이치가 이미 「경(經)」에 갖추어졌으니, 살피지 않아서는 안 된다."

○ 以上, 重在'致知'上, 所以釋「經」文'欲誠其意, 先致其知'之義也.

이 위의 말은 거듭 '치지(致知)'에 있는 것이니, 「경(經)」의 글인 '욕성기의, 선치기지(欲誠其意, 先致其知)'의 뜻을 풀이한 것이다.

朱註

然或已明而不謹乎此, 則其所明, 又非已有, 而無以爲進德之基.

그러나 간혹 이미 밝아도 이것에 삼가지 않으면 그 밝은 것이 또 자기가 둔 것이 아니어서 덕(德)에 나아가는 기초로 삼을 수 없다.

詳說

○ 蒙上'心體'.

'혹이명(或已明)'은 위의 '심체(心體)'를 이은 것이다.

○ 指'心所發'.

'불근호차(不謹乎此)'의 '차(此)'는 '마음이 펼치는 곳'을 가리킨다.

○ 新安陳氏曰: "此言知至後, 又不可不誠其意, 蓋'誠意'者, 進德之基本也."[98]

'무이위진덕지기(無以爲進德之基)'에 대해, 신안 진씨(新安陳氏: 陳櫟)가 말하였다. "이는 앎이 지극한 뒤에도 또 그 뜻을 성실하게 하지 않으면 안 됨을 말한 것이니, 대개 '성의(誠意)'라는 것은 덕(德)에 나아가는 기본이다."

○ 以上, 重在'誠意'上, 所以釋「經」文'知至而后意誠'之義也. '然'字, 所以界上下之文也.

이 위의 말은 거듭 '성의(誠意)'에 있는 것이니, 「경(經)」의 글인 '지지이후의성(知至而后意誠)'의 뜻을 풀이한 것이다. '연(然)'자는 위와 아래의 문장을 나누는 것이다.

---

98) 호광 편(胡廣 編), 『대학장구대전(大學章句大全)』. "新安陳氏曰: '此言知至後, 又不可不誠其意, 蓋誠意者, 進德之基本也.'(신안 진씨가 말하였다. '이는 앎이 지극한 뒤에도 또 그 뜻을 성실하게 하지 않으면 안 됨을 말한 것이니, 대개 성의(誠意)라는 것은 덕(德)에 나아가는 기본이다.')"

朱註

故此章之指, 必承上章而通考之然後, 有以見其用力之始終, 其序不可亂, 而功不可闕, 如此云.

그러므로 이 장의 뜻은 반드시 위 장을 이어서 통틀어 살펴본 뒤에 그 힘을 쓰는 처음과 끝을 봄이 있으니, 그 차례를 어지럽혀서는 안 되고 공력을 빠뜨려서는 안 됨이 이와 같은 것이다.

詳說

○ 格致章.

'필승상장(必承上章)'은 격치장(格致章)이다.

○ 傳者, '致', 使致知無終, 而誠意無始也.

'기용력지시종(其用力之始終)'에 대해, 주해(註解)한 것이 '치(致)'이니, 앎을 지극하게 함에 끝이 없게 하며, 뜻을 성실하게 함에 처음이 없게 한다.

○ 須看'亂'字, 亂序之責, 當誰任耶?

'기서불가란(其序不可亂)'에 대해, 모름지기 '란(亂)'자를 보아야 하니, 차례를 어지럽히는 책임은 마땅히 누가 맡아야 하겠는가?

○ 惟其功不可闕. 所以文不可闕, 又安可不補其闕略乎?

'공불가궐(功不可闕)'은 오직 그 공력이 빠져서는 안 된다는 뜻이다. 문장이 빠져서도 안 되는 것이니, 또 어찌 그 빠진 데를 보충하지 않을 수 있겠는가?

○ 於此詳言, 故下章章下註, 又蒙此註而略言之, 讀者參看可也. 此書除末章以外, 初無章下註, 特於此二章有之, 是亦補亡也. 其功與格致章, 足以鼎足, 讀者, 宜明目致察焉.

여기서 자세하게 말했기 때문에 아래 장(章)의 장 아래 주석에서 또 이 주석을 이어받아서 대략 말했으니, 읽는 사람이 참조하여 보면 좋을 것이다. 이 책은 마지막 장을 제외하고는 애당초 장 아래의 주석이 없는데, 특별히 이 두 장에는 있으니, 이는 또한 유실된 내용을 보충한 것이다. 그 공력이 '격치장(格致章)'과 더불어 충분히 견줄 만하니, 읽는 사람이 마땅히 눈을 밝혀서 지극하게 살펴보아야 할 것이다.

전7장

「傳」之七章

[傳7-1]

所謂'修身, 在正其心'者, 身有所忿懥, 則不得其正; 有所恐懼, 則不得其正; 有所好樂, 則不得其正; 有所憂患, 則不得其正.

이른바 '몸을 닦음이 그 마음을 바르게 함에 있다.'라고 하는 말은 몸에 분하고 노여워하는 것을 두면 그 바름을 얻지 못하고, 두려워하는 것을 두면 그 바름을 얻지 못하고, 좋아하는 것을 두면 그 바름을 얻지 못하고, 근심하고 걱정하는 것을 두면 그 바름을 얻지 못한다는 뜻이다.

朱註

'忿', 弗紛反. '懥', 勑值反. '好'·'樂', 幷去聲.[1] 程子曰: "'身有'之'身', 當作'心'. '忿懥', 怒也, 蓋是四者, 皆心之用而人所不能無者.

'신유소분치(身有所忿懥)'에서 '분(忿)'자는 '불(弗)'과 '분(紛)'의 반절이고, '치(懥)'자는 '칙(勑)'과 '치(值)'의 반절이다. '유소호요(有所好樂)'에서 '호(好)'자와 '요(樂)'자는 모두 거성(去聲 : 좋아하다)이다. 정자(程子 : 程頤)가 말하였다. "'신유(身有)'의 '신(身)'은 마땅히 '심(心)'으로 써야 한다. '분치(忿懥)'는 성냄이다. 대개 이 네 가지[분하고 노여워함, 두려워함, 좋아함, 근심하고 걱정함]는 모두 마음의 작용으로 사람에게 없을 수 없는 것이다.

詳說

○ '程子', 叔子.

'정자(程子)'는 동생 정이(程頤)이다.

○ 此本在音訓'忿弗'之上, 而今姑依『大全』本, 移置于此.

'정자왈신유지신당작심(程子曰身有之身當作心)'에 대해, 이는 본래 음훈의 '분불분반(忿弗紛反)' 위에 있었는데, 이제 짐짓 『대학장구대전(大學章句大全)』본에 의거하여 여기에 옮겨놓은 것이다.

○ '心'之爲'身', 蓋因其上有'修身'字, 致誤而程子正之.

'심(心)'을 '신(身)'이라 한 것은 대개 그 위에 '수신(修身)'자가 있음에 말미암아

---

1) 『예기주소(禮記注疏)』 권60, 「대학(大學)·음의(音義)」에는 "'忿', 弗粉反. '懥', 勑值反. 范音稚, 徐丁四反, 又音勱. …… '好', 呼報反. 下故好而知同. '樂', 徐五孝反. 一音岳."이라고 하였다.

착오를 일으킨 것인데, 정자(程子)가 바로잡았다.

○ 「經」文, 本作'欲修其身, 先正其心', 而此云'修身在正其心'者, 蓋因乎「經」文末'致知在格物'之文勢耳. 後三章放此.

「경(經)」1장의 글에는 본래 '욕수기신, 선정기심(欲修其身, 先正其心)'이라 썼는데, 여기서 '수신재정기심(修身在正其心)'이라 이른 것은 대개 「경(經)」의 글 끝에 '치지재격물(致知在格物)'이라는 문장의 흐름에 말미암았을 뿐이다. 뒤의 세 장도 이에 의거한다.

○ 西山眞氏曰 : "非惟不能無, 亦不可無."[2)]

'개심지용이인소불능무자(皆心之用而人所不能無者)'에 대해, 서산 진씨(西山眞氏 : 眞德秀)[3)]가 말하였다. "오직 없을 수 없을 뿐만 아니라, 또한 없어서도 안 되는 것이다."

○ 尤庵曰 : "退溪, 以所不能無者, 爲天理之正[4)], 此語有病. 其合於天理者則正也, 若皆爲天理之正, 則『章句』, 何以有不察之戒耶?"[5)]

---

2) 호광 편(胡廣 編), 『대학장구대전(大學章句大全)』. "西山眞氏曰 : '…… 喜怒憂懼, 乃心之用, 非惟不能無, 亦不可無. 但平居無事之時, 不要先有此四者在胸中, 如平居先有四者, 卽是私意. 人若有些私意, 塞在胸中, 便是不得其正. 須是涵養此心, 未應物時, 湛然虛靜, 如鑑之明, 如衡之平, 到得應物之時, 方不差錯, 當喜而喜, 當怒而怒, 當憂而憂, 當懼而懼, 恰好則止, 更無過當, 如此方得本心之正.'(서산 진씨가 말하였다. '…… 희노우구(喜怒憂懼)는 바로 마음의 작용이니, 오직 없을 수 없을 뿐만 아니라, 또한 없어서도 안 되는 것이다. …….')"

3) 진덕수(眞德秀, 1178~1235) : 남송 시대의 학자로 자가 경원(景元) 또는 희원(希元)이고, 호가 서산(西山)이고, 시호가 문충(文忠)이며, 복건성 포성(浦城) 사람이다. 본래 성은 신(愼)씨였는데, 효종의 휘(諱)를 피하여 성(姓)을 진(眞)으로 고쳤다. 주희의 이학(理學)을 계승한 위료옹(魏了翁)과 함께 이름을 나란히 하였으며, 당시 학자들이 서산선생(西山先生)이라고 불렀다. 저서로는 『진문충공집(眞文忠公集)』 등이 있다.

4) 이황(李滉), 『퇴계선생문집(退溪先生文集)』 권38, 「서(書) · 답조기백대학문목(答趙起伯大學問目)」. "人所不能無者, 如飢食渴飮等事, 非獨衆人, 雖上智, 亦不能無. 然所不能無者, 天理之正也. 纔涉於有所, 則已流於人欲之私矣.(사람에게 없을 수 없는 것은 굶고 먹고 목마르고 마시는 등의 일이니, 오직 많은 사람만 아니라 비록 상지(上智)라도 또한 없을 수 없는 것이다. 그러나 없을 수 없는 것은 천리(天理)의 바름이다. 잠깐이라도 어떤 곳에 간섭된다면 이미 인욕의 사사로움으로 흐른 것이다.)"

5) 송시열(宋時烈), 『송자대전(宋子大全)』 권133, 「잡저(雜著) · 퇴계사서질의의의(退溪四書質疑疑義)2」. "人所不能無, 飢食渴飮等事, 非獨衆人爲然. 雖上智亦不能無. 然所不能無者, 天理之正也. 纔涉於有所則已流於人欲之私, 非人所不能無也. 飢渴飮食, 此正所謂人心也. 退溪每以七情爲人心, 故於此亦以人心釋七情矣. 所不能無者, 天理之正也, 此語亦有病. 此七情者, 人所不能無, 而

우암(尤庵 : 宋時烈)[6]이 말하였다. "퇴계(退溪 : 李滉)가 없을 수 없는 것으로써 천리(天理)의 바름으로 삼았다는 이 말은 병통이 있다. 천리에 맞는 일이면 바른 것이니, 만약 모두 천리의 바름으로 삼았다면 『대학장구(大學章句)』에서 어찌 살피지 못한 데 대한 경계가 있었겠는가?"

○ 朱子曰 : "'憂患''恐懼', 是自外來, 須要我有道理處之."[7]

주자(朱子)가 말하였다. "'우환(憂患)'과 '공구(恐懼)'는 밖으로부터 오는 것이니, 모름지기 꼭 내가 도리(道理)를 두어서 대처해야 한다."

朱註

然一有之,

그러나 하나라도 두고서

詳說

○ 朱子曰 : "四者, 只要從無處發出, 不可先有在心下, 須看'有所'二字, 如人有罪忿怒撻之, 纔了其心便平, 是不有. 若此心常常不平, 便是有."[8]

其合於其則者, 天理之正也. 若以不能無, 皆爲天理之正, 則章句何以有不可察之戒耶?(…… 퇴계(退溪)가 매양 칠정(七情)을 인심(人心)으로 여겼기 때문에 여기서 또한 인심을 칠정으로 풀이하였다. 없을 수 없는 것이 천리(天理)의 바름이라는 이 말은 또한 병통이 있다. 만약 없을 수 없는 것을 모두 천리의 바름으로 삼았다면 장구(章句)에서 어찌 살피지 못한 데 대한 경계가 있었겠는가?)"

6) 송시열(宋時烈 : 1607~1689) : 본관이 은진(恩津)으로 자가 영보(英甫), 호가 우암(尤庵) 또는 우재(尤齋), 시호가 문정(文正)이다. 저서로는 『송자대전(宋子大全)』 외에 『주자대전차의(朱子大全箚疑)』·『주자어류소분(朱子語類小分)』·『이정서분류(二程書分類)』 등이 있다.

7) 호광 편(胡廣 編), 『대학장구대전(大學章句大全)』. "問 : '忿好自己事, 可勉強不爲, 憂患恐懼, 自外來, 不由自家.' 曰 : '便是自外來, 須要我有道理處之. 事來亦合當憂懼, 但只管累其本心, 亦濟甚事. 孔子畏於匡, 文王囚羑里, 死生在前, 聖人元不動心, 處之恬然.'(물었다. '성냄과 좋아함은 자기의 일이나 힘써 하지 않아야 하며, 우환(憂患)과 공구(恐懼)는 밖으로부터 오는 것이지 자기에게서 말미암지 않는다.' 주자가 말하였다. '곧 밖으로부터 오는 것이니, 모름지기 꼭 내가 도리를 두어서 대처해야 한다.……')"

8) 호광 편(胡廣 編), 『대학장구대전(大學章句大全)』. "四者, 只要從無處發出, 不可先有在心下. 須看'有所'二字, 如有所忿怒, 因人有罪而撻之, 纔了其心便平, 是不有. 若此心常常不平, 便是有.(네 가지는 다만 반드시 없는 곳으로부터 나오니, 마음속에 들어 있는 것도 우선적으로 두지 못한다. 모름지기 '유소(有所)' 두 글자를 살펴보아야 하니, 만약 분노할 것이 있으면 사람이 죄가 있음에 말미암아 매질하다가 조금 뒤에 그 마음이 평온하면 이것은 있지 않다. 만약 이 마음이

'일유지(一有之)'에 대해, 주자(朱子)가 말하였다. "네 가지는 다만 반드시 없는 곳으로부터 나오니, 마음속에 들어 있는 것도 우선적으로 두지 못한다. 모름지기 '유소(有所)' 두 글자를 살펴보아야 하니, 만약 사람이 죄가 있으면 분노하여 매질하다가 조금 뒤에 그 마음이 평온하면 이것은 있지 않다. 만약 이 마음이 항상 평온하지 못하면 곧 이것이 있게 된다."9)

항상 평온하지 못하면 곧 이것이 있게 된다.)"

9) 『주자어류(朱子語類)』 권16, 「대학3(大學三)」에는 '네 가지[四者]'와 '유소(有所)'에 대해 여러 설명이 있는데, 간략하게 정돈한 것 몇 가지를 보면 다음과 같다. 132조목 : "물었다. '성냄·두려움·근심·좋아함은 있어서는 안 되는 것 아닙니까?'주희가 말하였다. '네 가지가 어찌 모두 없을 수 있겠는가! 다만 그 바름을 얻고자 할 따름이다. 『중용』의 이른바 '기뻐하고 노여워하고 슬퍼하고 즐거워하는 정이 발현하여 절도에 맞는 것'과 같다.'(問 : '忿懥·恐懼·憂患·好樂, 皆不可有否?' 曰 : '四者豈得皆無! 但要得其正耳, 如中庸所謂'喜怒哀樂發而中節'者也.')" 133조목 : "마음에 즐거움·성냄·근심·좋아함이 있다면 그 바름을 얻지 못하나 이를 완전히 없애려고 하는 것은 아니니, 이것이 바로 정이 없을 수 없는 것이다. 발현하여 절도에 맞으면 옳고, 발현하여 절도에 맞지 않으면 치우침이 있어 그 바름을 얻을 수 없다.(心有喜怒憂樂則不得其正, 非謂全欲無此, 此乃情之所不能無. 但發而中節, 則是 ; 發不中節, 則有偏而不得其正矣.)" 134조목 : "좋아함·즐김·근심·두려움 네 가지는 사람에게 없을 수 없는 것이지만, 좋아하고 즐거워하려는 것이 모두 이치에 맞는다. 마땅히 즐거워할만하면 즐거워하지 않을 수 없고, 마땅히 화낼만하면 화내지 않을 수 없다.(好·樂·憂·懼四者, 人之所不能無也, 但要所好所樂皆中理. 合當喜, 不得不喜 ; 合當怒, 不得不怒.)" 135조목 : "네 가지는 사람에게 없을 수 없으나 다만 이것에 의해 움직여서는 안 된다. 만약 순응해 나간다면 어떻게 그 바름을 얻지 못할 수 있겠는가! 예컨대 안자가 '노여움을 옮기지 않았으니', 노여워할만한 것은 사물에 있고, 안자가 일찍이 혈기에 움직이지 않고 다른 사람에게 옮겼다면 어찌 노여워하여 마음에 바르지 못함이 있겠는가!(四者人所不能無也, 但不可爲所動. 若順應將去, 何不得其正之有! 如顏子'不遷怒', 可怒在物, 顏子未嘗爲血氣所動, 而移於人也, 則豈怒而心有不正哉!)" 136조목 : "정심은 장차 이 마음을 없애고 저 마음을 바르게 하는 것이 아니다. 다만 이 마음을 여기에서 보존하는 일이니, 이른바 분치·공구·호락·우환으로부터는 얻을 수 없다.(正心, 卻不是將此心去正那心. 但存得此心在這裏, 所謂忿懥·恐懼·好樂·憂患自來不得.)" 137조목 : "물었다. '분치·공구·호락·우환은 모두 '유소(有所 : ~바 있음)'로 말한다면, 이 마음의 바름은 존재하지 않고 이 네 가지는 안에서 주인이 되는 것입니다.' 주희가 말하였다. '네 가지는 사람에게 없을 수 없으나 다만 그것이 머물러서 없앨 수 없도록 해서는 안 된다. '유소(有所)'라고 한다면 그것에 의해 안에서 주인이 되어 반드시 거꾸로 그것에 의해 움직이게 된다.'(問 : '忿懥·恐懼·好樂·憂患, 皆以'有所'爲言, 則是此心之正不存, 而是四者得以爲主於內.' 曰 : '四者人不能無, 只是不要它留而不去. 如所謂'有所', 則是被他爲主於內, 心反爲它動也.')" 138조목 : "『대학』「전」7장에서 '유소(有所)' 두 글자를 볼 수 있다. '근심하는 바가 있다.[有所憂患]'에서 우환은 마땅히 있어야 하는 것이니, 만약 이 한 가지 일로 인하여 항상 가슴 속에 머무른다면 바로 있는 것[有]이 된다. '성내고 노여워하는 바가 있다.[有所忿懥]'에서 사람에게 죄가 있어서 매질하고, 막 매질을 하고 나면

○ 南塘曰："有所者，留著不去之謂也."[10]

남당(南塘：韓元震)[11]이 말하였다. "'유소(有所)'라는 말은 머물러서 떠나가지 않음을 이르는 것이다."

○ 沙溪曰："'一有'者，少有也，'有之'，卽訓有折之義也."[12]

그 마음이 곧 평평(平平)해지니, 있지 않은 것[不有]이 된다. 공구(恐懼)와 호락(好樂) 또한 그러하다.(『大學』七章，看'有所'二字．'有所憂患'，憂患是合當有，若因此一事而常留在胸中，便是有．'有所忿懥'，因人之有罪而撻之，才撻了，其心便平，是不有；若此心常常不平，便是有．恐懼·好樂亦然.)" 149조목："즐거워하고 성내고 근심하고 두려워하는 일은 모두 사람이라면 마땅히 지니고 있는 것이다. 즐거움이 마땅히 즐거워해야 할 일이고 노여움이 마땅히 노여워해야 할 일이라면 그 바름을 얻은 것이다. 만약 이러한 희노애락(喜怒哀樂)을 없애고 뒤 사람이 도로 삼을 수 있게 한다면 이러한 이치는 없다. 소인은 다만 이러한 즐거움·성냄·근심·두려움을 따라가기만 해서 좋지 않다.(喜怒憂懼，都是人合有底．只是喜所當喜，怒所當怒，便得其正．若欲無這喜怒憂懼，而後可以爲道，則無是理．小人便只是隨這喜怒憂懼去，所以不好了.)"

10) 한원진(韓元震), 『남당선생문집(南塘先生文集)·습유(拾遺)』 권4, 「잡저(雜著)·퇴계집차의(退溪集箚疑)」. "按，心有所惻隱則不得其正，有所羞惡則不得其正，不可如言喜怒憂懼云者，誠恐未安．夫有所云者，留着不去之謂也．一有留着於心者，則爲心之病矣．彼惻隱羞惡之留着於心者，何獨不爲心病耶？不然．程子何以曰：'罪己責躬，不可無'，亦不當長留在心胷爲悔云耶？罪己責躬，其非羞惡之心乎？羞惡之心，留在胷中，亦爲不得其正，則四端之有不中節者，此又可見矣．先生此論，不但以四七分作二情之爲未安，竊恐於學者正心之功，不能無害也.(…… 대저 '유소(有所)'라고 이른 것은 머물러 있으면서 떠나가지 않음을 이른다. 하나라도 마음에 머무르는 것이 있으면 마음의 병이 된다. ……)"

11) 한원진(韓元震, 1682~1751)：자는 덕소(德昭)이고, 호는 남당(南塘)이며, 시호는 문순(文純)이다. 본관은 청주(淸州)이다. 송시열(宋時烈)의 학맥을 이은 서인 산림(山林) 권상하(權尙夏)의 제자로 과거에 뜻을 두지 않고 학문에 전념하였다. 1717년(숙종 43) 학행(學行)으로 천거되어 영릉참봉으로 관직에 나갔다가 경종 때에 노론(老論)이 축출될 때 사직하였다. 1725년(영조 1) 경연관으로 출사하였으나 영조에게 소론을 배척하다가 삭직되었다. 그 뒤 장령·집의에 임명되었지만 취임하지 않았으며, 이조판서에 추증되었다. 같은 문인인 이간(李柬) 등과 호락논쟁(湖洛論爭)을 일으켜, 호서 지역 학자들의 호론(湖論)을 이끌었다. 그 주장의 핵심은 사람이 오상(五常)을 모두 갖추었음에 비해 초목이나 금수와 같은 것은 그것이 치우치게 존재하여, 인성과 물성이 근본적으로 다르다는 것이었다. 이러한 주장은 사람과 금수의 근본적 차이를 강조하여 인간의 존엄성을 높이려는 생각에서 나온 것이다. 문집으로 『남당집(南塘集)』이 있으며, 송시열과 스승 권상하의 사업을 이어받아 50년 만에 『주자언론동이고(朱子言論同異攷)』(1741)를 완성하였다. 그 밖에 『역학답문(易學答問)』, 『의례경전통해보(儀禮經傳通解補)』 등 『주역(周易)』 관련 저술들과 『장자변해(莊子辨解)』 등의 편저들이 있다.

12) 박세채(朴世采), 『남계집(南溪集)』 「대학답문(大學答問)」에 다음과 같은 내용이 보인다. "'有所'之'有'，尋常以沙溪'少有'之說爲主，蓋亦用留在之義，而從輕者也．若以'有意'之'有'，釋之，恐

사계(沙溪 : 金長生)[13]가 말하였다. "'일유(一有)'라는 말은 조금 있음이고, '유지(有之)'는 곧 풀이하면 자른다는 뜻이 있다."

○ **尤庵曰 : "'一', 是些小之意."**

우암(尤庵 : 宋時烈)이 말하였다. "'일(一)'은 아주 적다는 뜻이다."

○ **退溪曰 : "'一有'之'一', 卽四者之一也, 非'專一'·'主一'之義也. '有', 卽事物之來, 有可喜可怒者也. '有之'二字, 非訓有所之義也."**[14]

퇴계(退溪)[15]가 말하였다. "'일유(一有)'의 '일(一)'은 곧 네 가지 가운데 하나이니, '전일(專一)'과 '주일(主一)'의 뜻이 아니다. '유(有)'는 곧 사물이 옴에 기뻐할 만하고 성낼 만한 것이 있음이니, '유지(有之)' 두 글자는 어떤 것이 있다는 뜻으로 풀이하는 말이 아니다."

與栗谷所謂'有', 心者之病, 深淺不同, 如何如何?"

13) 김장생(金長生, 1548~1631) : 본관은 광산(光山)이고, 자는 희원(希元)이며, 호는 사계(沙溪)이고 시호는 문원(文元)이다. 한양 정릉동(貞陵洞 : 현 서울 중구 정동)에서 태어났다. 1560년 송익필(宋翼弼)로부터 사서(四書)와 『근사록(近思錄)』 등을 배웠고, 20세 무렵에 이이(李珥)의 문하에 들어갔다. 1578년 학행(學行)으로 천거되어 창릉참봉(昌陵參奉)이 되고, 성균관 사업(司業), 집의(執義), 공조참의, 형조참판 등을 역임하였다. 인조반정 이후로는 서인의 영수격으로 영향력이 매우 컸다. 학문적으로 송익필, 이이, 성혼(成渾) 등의 영향을 받았다. 이이와 성혼(成渾)을 제향하는 황산서원(黃山書院)을 세웠다. 특히 둘째 아들이 그와 함께 문묘에 종사된 신독재(愼獨齋) 김집(金集, 1574~1656)이다. 저서로는 1583년 첫 저술인 『상례비요(喪禮備要)』4권을 포함하여, 『가례집람(家禮輯覽)』·『전례문답(典禮問答)·『의례문해(疑禮問解)』 등 예에 관한 것으로, 조선 예학의 기반을 마련하였다. 스승 이이가 시작한 『소학집주(小學集註)』를 1601년에 완성하고 『근사록석의(近思錄釋疑)』, 『경서변의(經書辨疑)』, 시문집을 모은 『사계선생전서(沙溪先生全書)』가 있다.

14) 이황(李滉), 『퇴계선생속집(退溪先生續集)』 권6, 「서(書) · 답이굉중(答李宏仲) · 병인(丙寅)」. "一有之而不能察. '一', 卽四者之一也. '有', 卽事物之來, 有可喜可怒者也. …… 蓋一有可喜可怒之事物, 而不加察焉, 以至於欲動情勝而後, 此心之用, 始有所繫累, 而不得其正也. '有之'二字, 非訓有所之義者也. 趙月川曰 : '一有, 猶言一切有之也.' …… 其意蓋曰 : '有之, 卽訓有所之義者也.' 言學者, 若以此四者, 爲人所不能無者, 而一於有之, 不能致察於其間云云. 然有之之義, 在於有所之前, 有所之病, 生於'有之'之後. 故'有之'字無病, 而'有所'字, 方有病也. ……(…… '일(一)'은 곧 네 가지 가운데 하나이다. '유(有)'는 곧 사물이 옴에 기뻐할 만하고 성낼 만한 것이 있음이다. …… '유지(有之)' 두 글자는 어떤 것이 있다는 뜻으로 풀이하는 말이 아니다. ……)"

15) 이황(李滉, 1501~1570) : 조선 중기의 학자로 자가 경호(景浩)이고, 호가 퇴계(退溪) · 퇴도(退陶) · 도수(陶叟)이며, 본관이 진보(眞寶)이다. 영남을 중심으로 주리적(主理的)인 학파를 형성하여 정통 도학의 학맥을 계승하였다. 저서로는 『퇴계전서(退溪全書)』 외에 『성학십도(聖學十圖)』, 『주자서절요』, 『역학계몽전의(易學啓蒙傳疑)』 등이 있다.

◯ 按, '有之'之'之', 非虛字, 乃所以陪他'有'字也, 則其爲釋有所審矣. 若如退溪意, 則本文當作'有一'. 且'之'字可衍也, 以其'有之'字. 故此'一有'與序文之'一有'不同, 但'一'字則同耳. '有'字若如退溪'有', 則與其上句'不能無'三字, 有齟齬之嫌. 諺釋'有'字, 甚是.

내가 생각하건대, '유지(有之)'의 '지(之)'는 허자(虛字)가 아니고, 바로 저 '유(有)'자에 보태주는 말이니, 풀이함에 살펴야 하는 뜻이 있다. 만약 퇴계(退溪)의 말과 같다면 본문에 마땅히 '유일(有一)'이라고 써야 한다. 또 '지(之)'자는 넘치는 것이어서 '유지(有之)'자로 한 것이다. 그러므로 여기의 '일유(一有)'와 서문의 '일유(一有)'는 같지 않고, '일(一)'자만 같을 뿐이다. '유(有)'자가 만약에 퇴계의 '유(有)'와 같다면 위 구절의 '불능무(不能無)' 세 글자와 서로 맞지 않고 어긋나는 혐의가 있다. 『언해』에서 '유(有)'자를 풀이한 것[16]은 매우 옳다.

◯ 朱子曰 : "心纔繫於物, 便爲所動, 所以繫於物者有三事. 未來先有期待之心, 已過, 又留在心下不能忘, 正應事時, 意有偏重."[17]

주자(朱子)가 말하였다. "마음이 조금이라도 외물에 매이면 곧 움직이는 것이 되니, 외물에 매이는 까닭은 세 가지 일에 있다. 아직 오직 않았는데 먼저 기대하는 마음을 두거나 이미 지나갔거나 또 마음속에 남아서 잊지 못하는 것이니, 정말로 일에 응하는 때에 따라 뜻이 편중됨이 있다."

◯ 按, 心有諸病, 而傳者, 姑擧其留在一病, 言之耳.

내가 생각하건대, 마음에는 여러 가지 병이 있는데, 주해(註解)한 사람이 짐짓 그 남아 있는 한 가지 병을 들어서 말했을 뿐이다.

---

16) 『언해』에서 '유(有)'자를 풀이한 것 : 언해에서 '유(有)'자를 '두면'으로 풀이한 것을 말한다.

17) 호광 편(胡廣 編), 『대학장구대전(大學章句大全)』. "朱子曰 : '…… 心纔繫於物, 便爲所動, 所以繫於物者有三事. 未來先有箇期待之心, 或事已應過, 又留在心下不能忘, 或正應事時, 意有偏重, 都是爲物所繫縛. ……'(주자가 말하였다. '마음이 조금이라도 외물에 매이면 곧 움직이는 것이 되니, 외물에 매이는 까닭은 세 가지 일에 있다. 아직 오직 않았는데 먼저 기대하는 마음을 두거나 일이 이미 응당 지나갔는데 또 마음속에 머물러서 잊지 못하는 것이다. 간혹 정말로 일에 응하는 때에 따라 뜻이 편중됨이 있으니, 모두 외물에 매이고 묶이는 것이 된다. ……')"

朱註

而不能察, 則欲動情勝, 而其用之所行,
능히 살피지 못한다면 욕심이 발동하고 감정이 이겨서, 그 마음 작용이 행하는 것이,

詳說

◯ 三山陳氏曰 : "『章句』緊要說一'察'字, 蓋因下文'心不在'一句, 發出."[18)]
'불능찰(不能察)'에 대해, 삼산 진씨(三山陳氏 : 陳孔碩[19)])가 말하였다. "『대학장구(大學章句)』에서 긴요하게 하나의 '찰(察)'자를 말했으니, 대개 아래 글의 '심부재(心不在)' 한 구절에 말미암아 나온 것이다."

◯ 新安陳氏曰 : "'察'之一字, 乃朱子推廣「傳」文之意, 使學者, 有下手處耳."[20)]
신안 진씨(新安陳氏 : 陳櫟[21)])가 말하였다. "'찰(察)'의 한 글자는 바로 주자(朱子)가 「전(傳)」의 글에 담긴 뜻을 미루어 넓혀 학자에게 착수함이 있게 한 곳일 뿐이다."

◯ 沙溪曰 : "此'欲'字, 愚伏以爲非'私欲'之'欲', 只是心有所向之意[22)], 恐不然. 自'一

18) 호광 편(胡廣 編), 『대학장구대전(大學章句大全)』. "三山陳氏曰 : '『章句』緊要說一察字, 亦非從外撰來, 蓋因下文心不在焉一句發出. 察者, 察乎理也.'(삼산 진씨가 말하였다. '『장구』에서 긴요하게 하나의 찰(察)자를 말했으니, …… 대개 아래 글의 심부재언(心不在焉) 한 구절에 말미암아 나온 것이다. …….')"

19) 진공석(陳孔碩) : 송나라 때 학자로 자가 부중(膚仲) 또는 숭청(崇淸)이고, 호가 북산선생(北山先生)이며, 후관현(侯官縣) 사람이다. 처음에 장식(張栻)·여조겸(呂祖謙)과 교유하였고, 그 뒤에 주자(朱子)에게 배웠다. 순희(淳熙) 2년(1175)에 진사과에 급제하여 벼슬이 예부낭중(禮部郎中) 등에 이르렀다. 저서로는 『북산집』 외에 『대학중용해(大學中庸解)』 등이 있다.

20) 호광 편(胡廣 編), 『대학장구대전(大學章句大全)』.

21) 진력(陳櫟, 1252~1334) : 자는 수옹(壽翁)이고, 호는 정우(定宇) 또는 동부노인(東阜老人)이다. 송말원초 때 휘주(徽州) 휴녕(休寧) 사람이다. 송나라가 망하자 은거하여 학문과 제자 양성에 힘썼다. 학문 성향은 주희(朱熹)의 학문을 위주로 하면서 육구연(陸九淵)의 심학(心學)을 아울러 취하려 하였다. 인종(仁宗) 연우(延祐) 초에 향시(鄕試)에 급제했지만 예부시(禮部試)에 나가지 않고 집에서 학생들을 가르쳤다. 효성과 우애가 지극했고, 세력이나 이익에 휩쓸리지 않았다. 주희와 여러 학자의 학설을 채집하고 자신의 견해를 덧붙여 『상서집전찬소(尚書集傳纂疏)』를 저술하였다. 그 밖의 저서에 『사서발명(四書發明)』, 『예기집의(禮記集義)』, 『역조통략(歷朝通略)』, 『근유당수록(勤有堂隨錄)』, 『정우집(定宇集)』 등이 있다.

22) 정경세(鄭經世), 『우복선생문집(愚伏先生文集)』 권14, 「잡저(雜著)김사계경서의문변론(金沙溪經書疑問辨論)」. "愚謂 : '欲動情勝, 則其行必失其正', 而下'或'字, 未詳其意, 栗谷云 : '或字, 果未穩當', 此'欲'字, 非私欲之欲, 只是心有所向之意, 正如『孟子』'養心莫善於寡欲'之'欲'一般.

有之', 已爲受病之源, 至'欲動情勝', 則爲心之病, 甚矣."

'욕동정승(欲動情勝)'에 대해, 사계(沙溪 : 金長生)가 말하였다. "이 '욕(欲)'자는 우복(愚伏 : 鄭經世)[23]이 '사욕(私欲)의 욕(欲)이 아니고 단지 이 마음에 향하는 것이 있는 뜻이다.'라고 하였는데, 아마도 그렇지 않은 것 같다. '일유지(一有之)'로부터 이미 병통을 받는 근원이 되었으며, '욕동정승(欲動情勝)'에 이르면 마음의 병통이 됨이 심한 것이다."

○ '用'者, 行之始; '行'者, 用之成.

'기용지소행(其用之所行)'에서, '용(用)'이라는 것은 행(行)의 시작이고, '행(行)'이라는 것은 용(用)의 이룸이다.

朱註

> 或不能不失其正矣.
>
> 간혹 그 바름을 잃지 않을 수 없는 것이다."

詳說

○ 錯釋以便文.

'혹불능불실기정의(或不能不失其正矣)'는 뒤섞어서 풀이하여 글을 편하게 하였다.

○ 農巖曰 : "此'或'字, 栗·沙諸賢, 皆以爲疑, 竊所未喩."[24]

…….(내가 이르기를 '욕심이 발동하고 감정이 이기면 그 행실이 반드시 그 바름을 잃는다.'라고 하였는데, 아래의 '혹(或)'자가 그 뜻이 상세하지 않자 율곡(栗谷)이 이르기를 '혹(或)자는 과연 온당하지 않다.'라고 하였다. 이 '욕(欲)'자는 사욕(私欲)의 욕(欲)이 아니고 단지 이 마음에 향하는 것이 있는 뜻이다. ……')"

23) 정경세(鄭經世, 1563~1633) : 조선 중기의 학자로 자가 경임(景任)이고, 호가 우복(愚伏)이며, 본관이 진주(晉州)이다. 유성룡(柳成龍)의 문인으로 주자학을 추종하고 이황의 학통을 계승하였으며, 특히 예학(禮學)에 열중하였다. 저서로는 『우복집』 외에 『양정편(養正篇)』·『주문작해(朱文酌海)』·『상례참고(喪禮參考)』 등이 있다.

24) 다음의 문헌에 이와 관련된 내용들이 보인다. 『율곡선생전서(栗谷先生全書)』 권32, 「어록하(語錄下)·우계집(牛溪集)」. "愚按, '欲動情勝', 則其行之失其正也, 必矣. 註中'或'字未詳, 栗谷先生亦曰 : '或字, 果可疑.'(…… 율곡 선생이 또한 말하기를 '혹(或)자는 과연 의심할 만하다.')" 『송자대전(宋子大全)』 권94, 「서(書)·답이동보(答李同甫)」. "心有所. 有所之爲留滯, 已聞先生之敎. 然『章句』曰 : '一有之而不能察, 則欲動情勝, 而其用之所行, 或不能不失其正.' 此'或'字, 栗谷先生固亦疑, 其爲衍字, 而不能不失其正云者, 亦太似宛轉. 妄見似當曰 : '用之所行, 必失其正矣.' 未知朱子於此, 何故如是宛轉耶?(…… 이 '혹(或)'자를 율곡 선생은 진실로 또한 의심하여 군더

농암(農巖 : 金昌協)[25]이 말하였다. "이 '혹(或)'자는 율곡(栗谷) · 사계(沙溪) 등 여러분들이 모두 의심하였는데, 가만히 생각해 보건대 깨우치지 못한 것이다."

○ 按, 此'或'字, 似是與上'一'字, 照應而言之耳.

내가 생각하건대, 이 '혹(或)'자는 바로 위의 '일(一)'자와 더불어 조응하여 말했을 뿐인 것 같다.

○ 農巖曰 : "'正心', 只是動處工夫."[26]

농암(農巖 : 金昌協)이 말하였다. "'정심(正心)'은 다만 움직이는 곳의 공부이다."

○ 尤庵曰 : "'正心', 「經」「傳」本義, 皆主於用, 『章句』分明指用言, 而『講義』·『或問』似指體, 恐是推本之言也."[27]

더기 글자로 여겼는데, ……)" "'一有'之'一'字, 固疑而未定之辭. 然旣曰 : '一有之而不能察, 則欲動情勝', 雖非直爲欲動情勝, 而言其用之所行, 不得其正必矣. 栗谷之疑, 毋乃以此耶? '或不能不失其正', 此'或'字, 輕輕看過, 恐不必重說也.(…… 율곡 선생인 의심한 것이 바로 이 때문인가? …… 이 '혹(或)'자는 가볍게 보고 지나가야 하며 아마도 무겁게 말할 필요는 없는 것이다.)" 『송자대전(宋子大全)』 권101, 「서(書) · 답정경유(答鄭景由)」. "'欲動情勝', '失其正.' 『辨疑』沙溪以爲欲動情勝, 則其所行之失其正必矣, 註中'或'字未詳云. '或不能不失其正', 此'或'字, 在於欲動情勝之後. 故栗谷亦以爲疑, 而於『聖學輯要』, 刪而不錄, 鄙意則常以爲未安矣.(…… 이 '혹(或)'자는 …… 율곡이 또한 의심하여 『성학집요』에서 깍아내어 기록하지 않았는데, 내 생각에는 항상 편안하지 않다고 여긴다.)"

25) 김창협(金昌協 : 1651~1708) : 조선 숙종 때 학자로, 자가 중화(仲和)이고, 호가 농암(農巖) 또는 삼주(三洲)이며, 본관이 안동(安東)이다. 좌의정을 지낸 김상헌(金尙憲)의 증손자이고, 영의정을 지낸 김수항(金壽恒)의 아들이며, 또한 영의정을 지낸 김창집(金昌集)의 아우이다. 현종 10년(1669)에 진사시에 합격하고, 숙종 8년(1682)에 증광 문과에서 장원으로 급제한 뒤 벼슬길에 올라 대사간까지 역임하고 기사환국(己巳換局) 때 부친이 죽은 이후로 포천에 은거하면서 학문에 몰두하였다. 저서로는 『주자대전차의문목(朱子大全箚疑問目)』, 『논어상설(論語詳說)』, 『오자수언(五子粹言)』, 『이가시선(二家詩選)』, 『농암집(農巖集)』 등이 있다.

26) 『송자대전(宋子大全)』 권105, 「서(書) · 답심명중(答沈明仲)」.에 관련 내용이 보인다. "正心. 或云 : '正心, 只是動時工夫.' 或云 : '『大學』兼言動靜', 皆非也. 若全論正心工夫, 則固兼動靜, 至於『大學』, 則只言動時工夫, 蓋靜時工夫包在上面矣. 『章句』專言動, 『或問』兼言靜. 「經」一章所謂心之本體, 物不能動, 而無不正者, 是也. 恐不可執一而論也. 來諭所謂包在上面云者, 恐有語病, 若改之曰 : '已在動前云', 則似差勝耳.(정심(正心). 어떤 사람이 이르기를 '정심(正心)은 다만 움직일 때의 공부이다.'라 하고, 어떤 사람이 이르기를 '『대학(大學)』은 동정(動靜)을 아울러서 말하였다.'라고 하였는데, 모두 아니다. ……)"

27) 『송자대전(宋子大全)』 권104, 「서(書) · 답이군보세필(答李君輔世弼)」. "來說大槪得之, 蓋「傳」所以釋「經」者也, 謂之有詳略則可也, 謂之有異同則恐未安矣. 然吾於此思量不透, 而欲質於朋友者久矣. 『講義』曰 : '心之本體, 可致其虛而無不正矣'; 於『或問』則曰 : '心之本體, 物不能動而無不

우암(尤庵 : 宋時烈)이 말하였다. "'정심(正心)'은 「경」과 「전」의 본래 뜻은 모두 용(用)을 중심으로 하고, 『대학장구(大學章句)』는 분명하게 용(用)을 가리켜서 말하였는데, 『대학강의(大學講義)』와 『대학혹문(大學或問)』은 체(體)를 가리킨 것 같으니, 아마도 이는 근본을 받들어서 한 말일 것이다."

○ 沙溪曰 : "古人論心, 多從用處說, 正其心者, 正其心之用也, 用得其正, 則心之體, 亦隨而正. 雲峰以'正其'·'其正'分屬體·用, 與『章句』不同."[28]

사계(沙溪 : 金長生)가 말하였다. "옛사람이 마음을 논한 것이 대부분 쓰는 곳을 좇아서 말하였으니, 그 마음을 바르게 하는 것은 그 마음의 씀을 바르게 하는 일이며, 씀에 그 바름을 얻으면 마음의 본체가 또한 따라서 바르게 된다는 말이다. 운봉(雲峰 : 胡炳文)은 '정기(正其)'와 '기정(其正)'을 나누어 체(體)와 용(用)에 속하게 하여[29] 『대학장구(大學章句)』와 같지 않다.

正矣', 此則似指體而言. 至於『章句』曰 : '欲動情勝, 而用之所行, 或不能不失其正, 分明主用而言也.' 愚恐『講義』·『或問』與『章句』各是一義, 恐不可牽合爲一, 而乃曰 : '經文兼體用言, 傳文單言用云, 則竊不能深信也.' 朱子嘗曰 : '惟子思說喜怒哀樂未發謂之中, 孔孟敎人, 多從發處說.' 據此則「經」「傳」本義, 皆主於用, 而『講義』·『或問』, 恐是推本而言之意也. 蓋體不得其正, 則用何以得其正乎? 然未發之體, 恐不可以正不正爲言也. 此有所不敢知耳.(…… 『강의』에서 말하기를 '마음의 본체(本體)는 …….' 하고, 『혹문』에서 곧 말하기를 '마음의 본체(本體)는 …….' 하였는데, 이들은 곧 체(體)를 가리켜서 말한 것 같다. 『장구』에 이르러서 말하기를 '…… 용(用)이 행하는 것이며, …… 분명하게 용(用)을 중심으로 하여 말한 것이다.'라고 하였다. 내 생각에는 아마도 『강의』와 『혹문』과 『장구』가 각각 하나의 뜻이고, …… 이에 의거하면 경전의 본래 뜻은 모두 용(用)을 중심으로 하였고, 『강의』와 『혹문』은 아마도 근본을 받들어서 말한 뜻일 것이다. ……)"

28) 다음의 문헌에서 관련 내용이 보인다. 김종후(金鍾厚), 『본암집(本庵集)』 「차록(箚錄) · 대학(大學)」. "蔡虛齋曰 : '用得其正, 則体卽在是, 所謂動亦靜者也.' 或者專以正心爲靜, 於『章句』『或問』俱不合, 朱子元有正心兼動靜之說. 沙溪曰 : '古人論心, 多從用處說, 用得其正, 則体隨而正也.' 尤菴曰 : '『講義』『或問』之言, 体是推本之也.' 愚按, 忿懥等四者, 未來不期待, 已應不留滯, 是正其用也, 而其未來之前已應之後, 卽体也. 故『章句』雖以用言, 不患其不包体矣.(…… 사계(沙溪)가 말하였다. '옛사람이 마음을 논한 것이 대부분 쓰는 곳을 좇아서 말했으니, 씀에 그 바름을 얻으면 마음의 본체가 또한 따라서 바르게 된다.'라고 하였다. ……)" 김귀주(金龜柱), 『경서차록(經書箚錄)』 「대학(大學)」. "雲峯胡氏, 不察乎此, 而乃以'正心'爲正其心之用, 又以'正其''其正'分屬軆用, 此都是夢說. …… (운봉(雲峰) 호씨(胡氏)가 이것을 살피지 못하고 이에 '정심(正心)'을 그 마음의 씀을 바르게 하는 것으로 여겼으며, 또 '정기(正其)'와 '기정(其正)'을 나누어 체(體)와 용(用)에 속하게 했으니, 이는 모두 꿈같은 말이다. ……)"

29) 운봉(雲峰 : 胡炳文)은 '정기(正其)'와 '기정(其正)'을 나누어 체(體)와 용(用)에 속하게 하여 : 『대학장구대전(大學章句大全)』에 관련 내용이 실려 있다. "雲峯胡氏曰 : '心之體無不正, 所謂正心者, 正其心之用爾. 在正其心, 此正字是說正之之工夫, 蓋謂心之用或有不正, 不可不正之也.

○ 愚伏曰 : "雲峰說, 雖與朱子說, 微有不同, 亦自好, 不必深排."[30]

우복(愚伏 : 鄭經世)이 말하였다. "운봉(雲峰 : 胡炳文)의 변설이 비록 주자(朱子)의 변설과 약간 같지 않음이 있으나 또한 자연스럽게 좋으니, 깊이 배척할 필요는 없다."

○ 西山眞氏曰 : "『大學』之'恐懼', 卽是俗語恐怖之類, 與『中庸』'恐懼', 不同."[31]

서산 진씨(西山眞氏 : 眞德秀[32])가 말하였다. "『대학(大學)』의 '공구(恐懼)'는 세속에서 말하는 공포(恐怖) 따위이니, 『중용(中庸)』의 '공구(恐懼)'와 같지 않다."

○ 雲峯胡氏曰 : "或疑『中庸』首章, 言'存養'·'省察', 『大學』'誠意'言'省察'而次'存養', 殊不知此章正自有'存養'·'省察'工夫. 宜子細省『章句』之二'察'字·四'存'字."[33]

운봉 호씨(雲峯胡氏 : 胡炳文[34])가 말하였다. "어떤 사람이 의심하기를, 『중용(中

不得其正, 此正字是說心之體, 本無不正, 而人自失之者也. 曰正其, 曰其正, 自分體用. 心之體, 本如太虛, 或景星慶雲, 或烈風雷雨, 而太虛自若. 人之一心, 豈能無喜怒憂懼, 然可怒則怒, 怒過不留; 可喜則喜, 喜已而休, 喜怒憂懼, 皆在物而不在我, 我雖日接乎物而不物於物, 此所以能全其本體之虛, 而無不正也. …….'(운봉 호씨가 말하였다. '…… 정기(正其)라 하고, 기정(其正)이라고 하여 저절로 체(體)와 용(用)이 나누어진다. ……')"

30) 작자 미상, 『대학집해(大學集解)』(한국경학자료시스템본)에 관련 내용이 보인다. "愚伏曰 : '雲峯說, 誰與朱子說, 微有不仝? 亦自儘好, 不必深排.'"

31) 호광 편(胡廣 編), 『대학장구대전(大學章句大全)』. "或問 : '『大學』不要先有恐懼, 『中庸』却要恐懼, 何也?' 西山眞氏曰 : '『中庸』只是未形之時, 常常持敬, 令心不昏昧而已. 『大學』之恐懼, 却是俗語恐怖之類, 自與『中庸』有異.'(…… 서산 진씨가 말하였다. '…… 『대학(大學)』의 공구(恐懼)는 세속에서 말하는 공포(恐怖) 따위이니, 스스로 『중용(中庸)』과 다름이 있다.')"

32) 진덕수(眞德秀, 1178~1235) : 남송 시대의 학자로 자가 경원(景元) 또는 희원(希元)이고, 호가 서산(西山)이고, 시호가 문충(文忠)이며, 복건성 포성(浦城) 사람이다. 본래 성은 신(愼)씨였는데, 효종의 휘(諱)를 피하여 성(姓)을 진(眞)으로 고쳤다. 주희의 이학(理學)을 계승한 위료옹(魏了翁)과 함께 이름을 나란히 하였으며, 당시 학자들이 서산선생(西山先生)이라고 불렀다. 저서로는 『진문충공집(眞文忠公集)』 등이 있다.

33) 호광 편(胡廣 編), 『대학장구대전(大學章句大全)』. "雲峯胡氏曰 : '…… 或疑『中庸』首章, 先言存養而後言省察, 『大學』「誠意」言省察而次存養, 殊不知此章正自有存養省察工夫. 忿懥恐懼等之未發也, 不可先有期待之心; 其將發也, 不可一有偏繫之心; 其已發也, 不可猶有留滯之心. 事之方來, 念之方萌, 是省察時節; 前念已過, 後事未來, 是存養時節. 存養者, 存此心本體之正; 省察者, 惟恐此心之用. 或失之不正, 而求以正之也, 宜仔細看『章句』之二察字及三四存字.'(운봉 호씨가 말하였다. '…… 어떤 사람이 의심하기를, 『중용(中庸)』 머리장에서 먼저 '존양(存養)'을 말하고 뒤에 '성찰(省察)'을 말하였으며, 『대학(大學)』 성의장(誠意章)에서는 '성찰' 다음에 '존양'을 말하였는데, 아직도 이 장에 정말 저절로 '존양'과 '성찰' 공부가 있는지 알지 못하겠다고 하였다. …… 마땅히 『대학장구(大學章句)』의 두 개의 '찰(察)'자 및 서너 개의 '존(存)'자를 자세하게 살펴야 한다.)"

34) 호병문(胡炳文, 1250~1333) : 자는 중호(仲虎)이고, 호는 운봉(雲峯)이다. 원(元) 나라 때의 경

庸)』 머리장에서 '존양(存養)'과 '성찰(省察)'을 말하였고, 『대학(大學)』 성의장(誠意章)에서 '성찰' 다음에 '존양'을 말하였는데, 아직도 이 장에 정말 저절로 '존양'과 '성찰' 공부가 있는지 알지 못하겠다고 하였다. 마땅히 『대학장구(大學章句)』의 두 개의 '찰(察)'자와 네 개의 '존(存)'자를 자세하게 살펴야 한다."

[傳7-2]

心不在焉, 視而不見, 聽而不聞, 食而不知其味.
마음이 있지 아니하면 보아도 보지 못하며, 들어도 듣지 못하며, 먹어도 그 맛을 알지 못한다.

朱註

心有不存, 則無以檢其身.
마음을 보존하지 못함이 있으면 그 몸을 단속(團束)할 수 없다.

詳說

○ 朱子曰: "一身無主宰."[35]

'심우부존(心有不存)'에 대해, 주자(朱子)가 말하였다. "한 몸에 주재(主宰)가 없는 것이다."

○ 退溪曰: "'心在', 或云'在軀殼内', 或云'存視聽上', 當通看."[36]

학자로 휘주 무원(徽州 婺源 : 현 안휘성 소속) 사람이다. 주희(朱熹)의 종손(宗孫)에게 『주역(周易)』과 『서경(書經)』을 배워 주자학에 잠심했으며, 특히 『주역(周易)』에 뛰어났다. 신주(信州) 도일서원(道一書院) 산장(山長)을 지내고, 난계주학정(蘭溪州學正)이 되었는데 취임하지 않았다. 주자의 『주역본의(周易本義)』를 근거로 여러 설을 절충·시정하여 『주역본의통석(周易本義通釋)』 12권을 지었다. 처음 이름은 『주역본의정의(周易本義精義)』였고, 『통지당경해(通志堂經解)』에 들어있다. 이밖에 『서집해(書集解)』, 『춘추집해(春秋集解)』, 『예서찬술(禮書纂述)』, 『사서통(四書通)』, 『대학지장도(大學指掌圖)』, 『오경회의(五經會義)』, 『이아운어(爾雅韻語)』 등이 있다.

35) 호광 편(胡廣 編), 『대학장구대전(大學章句大全)』. "朱子曰: '心若不存, 一身便無主宰.'(주자가 말하였다. '마음이 만약 보존되지 않으면, 한 몸에 곧 주재(主宰)가 없는 것이다.')"

36) 『퇴계선생문집(退溪先生文集)』 권41, 「잡저(雜著)·득기정정기심분체용지설심부재언재구각재

퇴계(退溪 : 李滉)가 말하였다. "'심재(心在)'는 어떤 사람이 이르기를 '몸 껍데기 안에 있는 것이다.'라 하고, 어떤 사람이 이르기를 '보고 듣는 데 있는 것이다.'라고 하였는데, 마땅히 통틀어서 보아야 한다."

○ 此句總釋本文三句.

'심유부존, 즉무이검기신(心有不存, 則無以檢其身)'에서 볼 때, 이 구절은 본문의 세 구절을 총체적으로 풀이한 것이다.

○ 南塘曰 : "'心不在', 卽上文'有所之致'也; '三不', 卽上文'不得其正'之事, 蓋重釋上文之意."37)

남당(南塘 : 韓元震)이 말하였다. "'심부재(心不在)'는 곧 윗글의 '유소지치(有所之致)'이며, '삼불(三不)'은 곧 윗글의 '부득기정(不得其正)'의 일이니, 대개 윗글의 뜻을 거듭하여 풀이한 것이다."

○ 雙峰饒氏曰 : "四'不得其正', 言'心不正'也, '視不見'以下, 言'身不修'也. 聲色臭味, 事物之粗者, 已不能見, 況義理之精者乎. 傳者之意, 蓋借粗以明精耳."38)

시청지변(得其正正其心分體用之說心不在焉在軀殼在視聽之辯)」. "'心在', 或云 : '在軀殼內', 或云 : '在視聽上', 竊謂當通看. 蓋心在軀殼, 方能在視聽上, 乃主於內而應於外, 非兩在也. 若心不在軀殼, 則未有能在視聽上之理, 心已逐物而不能主宰故也. …… ('심재(心在)'는 어떤 사람이 이르기를 '몸 껍데기 안에 있는 것이다.'라 하고, 어떤 사람이 이르기를 '보고 듣는 데 있는 것이다.'라고 하였는데, 가만히 생각하건대 마땅히 통틀어서 보아야 한다. ……)" 이덕홍(李德弘), 『간재선생속집(艮齋先生續集)』 권1, 「사서질의(四書質疑) · 대학질의(大學質疑)」에도 이 내용이 있다. "「傳」七章. 心不在焉, 或云 : '在軀殼內', 或云 : '在視聽上.' 今按, 此兩說, 當通看. 蓋心在軀殼, 方能在視聽上, 乃主於內而應於外, 非兩在也. 若心不在軀殼, 則未有能在視聽上之理, 心已逐物而不能主宰故也. ……."

37) 한원진(韓元震), 『남당선생문집(南塘先生文集)』 권20, 「서(書) · 문인문답(門人問答) · 여김백삼(與金伯三)」. "'心不在' · '三不'. '心不在', 卽上文'有所之致'也; '三不', 卽上文'不得其正'之事也, 蓋以重釋上文之意. 故『章句』於此通下一'敬'字, 以爲上下文對證之藥, 而'敬以直內', 卽所以主靜致虛, 以致其中者, 則此又見其'正心'之爲本體之功矣.(…… '심부재(心不在)'는 곧 윗글의 '유소지치(有所之致)'이며, '삼불(三不)'은 곧 윗글의 '부득기정(不得其正)'의 일이니, 대개 윗글의 뜻을 거듭하여 풀이한 것이다. ……)" ; 『남당선생문집(南塘先生文集)』 권8, 「서(書) · 동문왕복(同門往復) · 답최성중징후(答崔成仲徵厚) · 별지(別紙)」에도 이 내용이 보인다. "以「傳」文考之, 則第二節'心不在', 卽上文'有所之致', 而其'三不'字, 卽上文'不得其正'之甚者, 則'不得其正'之在應物處, 而爲有所之所致然者, 已甚分曉矣."

38) 호광 편(胡廣 編), 『대학장구대전(大學章句大全)』. "雙峯饒氏曰 : '四不得其正, 言心不正也; 視不見以下, 言身不脩也. 言此而不言所以正心脩身者, 已具於誠意章故也. 聲色臭味, 事物之粗, 而易見者耳. 心之精神知覺, 一不在此, 則於粗而易見者, 已不能見, 況義理之精者乎. 傳者之意, 蓋

쌍봉 요씨(雙峰饒氏 : 饒魯)[39]가 말하였다. "네 개의 '부득기정(不得其正)'은 '심부정(心不正)'을 말한 것이며, '시불견(視不見)' 이하는 '신불수(身不修)'를 말한 것이다. 성색취미(聲色臭味 : 소리·색깔·냄새·맛)는 사물의 조잡(粗雜)한 것으로 이미 볼 수 없거늘 의리(義理)의 정결(精潔)한 것이겠는가. 주해(註解)한 사람의 뜻은 대개 조잡한 것을 빌려서 정결한 것을 밝혔을 뿐이다."

○ 農巖曰 : "『或問』所引杜詩, '仰面貪看鳥', '四有'之譬也; '回頭錯應人', '三不'之譬也. 蓋'有所'與'不在', 相因而非二事, 不容分截, 如方氏說也."[40]

농암(農巖 : 金昌協)이 말하였다. "『혹문』에서 두보(杜甫)의 시를 인용한 것[41]에 '앙면탐간조(仰面貪看鳥 : 얼굴 들어 탐내서 새 구경을 하다가)'는 '사유(四有)'[42]의

借粗以明精耳.'(쌍봉 요씨가 말하였다. '네 개의 부득기정(不得其正)은 심부정(心不正)을 말한 것이며, 시불견(視不見) 이하는 신불수(身不修)를 말한 것이다. …… 성색취미(聲色臭味 : 소리·색깔·냄새·맛)는 사물의 조잡(粗雜)한 것으로 보기 쉬운 것일 뿐이다. …… 조잡한 것에도 이미 볼 수 없거늘 의리(義理)의 정결(精潔)한 것이겠는가. 주해(註解)한 사람의 뜻은 대개 조잡(粗雜)한 것을 빌려서 정결(精潔)한 것을 밝혔을 뿐이다.)"

39) 요로(饒魯, 1194~1264) : 송나라 때의 유학자로 요주의 여간 사람이며, 자는 중원(仲元)이며, 호는 쌍봉(雙峰)이다. 황간에게 학문을 배우고, 평생 동안 벼슬하지 않아 그의 사후 문인들이 그에게 사시(私諡)를 문원(文元)이라 올렸다. 저서로는 『오경강의』, 『논맹기문(論孟紀聞)』, 『춘추절전(春秋節傳)』, 『학용찬술(學庸纂述)』, 『근사록주(近思錄註)』, 『태극삼도(太極三圖)』, 『용학십이도(庸學十二圖)』, 『서명도(西銘圖)』 등이 있다.

40) 김창협(金昌協), 『농암집(農巖集)』 권16, 「서(書)·여홍석보(與洪錫輔)」. "且其所引杜詩二句, '仰面貪看鳥', '四有'之譬也; '回頭錯應人', '三不'之譬也. 貪看於彼, 故心有不存而錯應於此, 此取譬之意也. 蓋'有所'與'不在', 相因而非二事. 故只如此取譬, 語意已足, 若其各爲一事, 則且道此兩句內, 何者專爲不在之譬耶?"(또 두보(杜甫)의 시 두 구를 인용한 것에 '앙면탐간조(仰面貪看鳥 : 얼굴 들어 탐욕스레 새를 본다)'는 '사유(四有)'의 비유이며, '회두착응인(回頭錯應人 : 머리 돌려 착각하며 사람에게 응한다)'은 '삼불(三不)'의 비유이다. …… 대개 '유소(與所)와 '부재(不在)'는 서로 말미암아서 두 가지 일이 아니다. …….)"

41) 『혹문』에서 두보(杜甫)의 시를 인용한 것 : 두보(杜甫)의 시 「만성(漫成)」을 말한다. 그 내용은 다음과 같다. "강 언덕엔 이미 봄이 한참 되었고, 꽃 아래엔 맑은 날이 반복되어라. 얼굴 들어 탐내서 새 구경 하다가, 머리 돌려 제대로 인사도 못 해라. 글 읽음에 어려운 글자 지나치고, 술 마시면 술병 자주 채우는구나. 근래에 아미산 노인을 만난 뒤로, 나의 게으름이 진정임을 알았구나.(江皐已仲春, 花下複清晨. 仰面貪看鳥, 回頭錯應人. 讀書難字過, 對酒滿壺頻. 近識峨眉老, 知予懶是眞.)"

42) 사유(四有) : 「전(傳)」7장의 "이른바 '몸을 닦음이 그 마음을 바르게 함에 있다.'라 하는 말은 몸에 분하고 노여워하는 것을 두면 그 바름을 얻지 못하고, 두려워하는 것을 두면 그 바름을 얻지 못하고, 좋아하는 것을 두면 그 바름을 얻지 못하고, 근심하고 걱정하는 것을 두면 그 바

비유이며, '회두착응인(回頭錯應人 : 머리 돌려 재대로 인사도 못 해라)'은 '삼불(三不)'[43]의 비유이다. 대개 '유소(與所)'와 '부재(不在)'는 서로 말미암아서 두 개의 일이 아니며 나뉘고 끊어짐을 용납하지 않으니, 방씨(方氏)의 변설과 같은 것이다."

○ 按, 「傳」文起結, 皆兼擧身心, 而章中不及'身'字. 故'三不'註, 直以'身不修'釋之, 以補「傳」文未足之意. 無'以檢其身'一句, 釋'三不'義已足, '是以'以下, 又論其救弊之事, 此其治病之藥也.

내가 생각하건대, 「전(傳)」의 글에서 기구(起句 : 첫 구절)와 결구(結句 : 마지막 구절)는 모두 신(身)과 심(心)을 아울러 거론하였는데, 『대학장구(大學章句)』에서는 '신(身)'자에 미치지 못하였다. 그러므로 '삼불(三不)'의 주석에서 다만 '신불수(身不修)'로써 풀이하여 「전(傳)」의 글 가운데 충분치 못한 뜻을 보충하였다. '이검기신(以檢其身)'의 한 구절이 없어도 '삼불'의 뜻을 풀이하기에 이미 충분한데, '시이(是以)' 이하에서 또 그 병폐를 구하는 일을 논했으니, 이는 그 병폐를 다스리는 약인 것이다.

朱註

> 是以君子必察乎此, 而敬以直之, 然後, 此心常存, 而身無不修也.
> 이 때문에 군자는 반드시 이것을 살펴서 공경하여 정직하게 해야 하니, 그런 뒤에 이 마음이 항상 보존되어 몸을 닦지 못함이 없는 것이다.

詳說

○ 退溪曰 : "指'不在'之病處."[44]

름을 얻지 못한다는 뜻이다.(所謂'修身, 在正其心'者, 身有所忿懥, 則不得其正; 有所恐懼, 則不得其正; 有所好樂, 則不得其正; 有所憂患, 則不得其正.)"에 나오는 네 개의 '有'를 말한다.

43) '삼불(三不)' : 「전(傳)」7장의 "마음이 있지 아니하면 보아도 보지 못하며, 들어도 듣지 못하며, 먹어도 그 맛을 알지 못하는 것이다.(心不在焉, 視而不見, 聽而不聞, 食而不知其味.)"에 나오는 세 개의 '不'자를 말한다.

44) 이덕홍(李德弘), 『간재선생속집(艮齋先生續集)』 권1, 「사서질의(四書質疑) · 대학질의(大學質疑)」. "'必察乎此', '此'字, 指'心不在'之病處也.('차(此)'자는 '심부재(心不在)'의 병폐를 가리킨 곳이다.)" 또 『율곡선생전서(栗谷先生全書)』 권32, 「어록하(語錄下) · 우계집(牛溪集)」에서도 이 내용이 실려 있다. "'心不在焉'註, '必察乎此'. 退溪曰 : '此字, 指不在之病處.' 栗谷云 : '此字, 指心而言之.'(…… 퇴계가 말하기를 '차(此)자는 부재(不在)의 병폐를 가리킨 곳이다.'라 하고, 율곡(栗谷)이 이르기를 '차(此)자는 마음을 가리켜서 말한 것이다.'라고 하였다.)"

'군자필찰호차(君子必察乎此)'에서 '차(此)'자에 대해, 퇴계(退溪 : 李滉)가 말하였다. "'부재(不在)'의 병폐를 가리킨 곳이다."

○ 出『易』「坤文言」.[45]

'경이직지(敬以直之)'는 『주역(周易)』「곤괘(坤卦) · 문언(文言)」에 나온다.

○ 尤庵曰 : "此章, 只言其病, 不言治病之藥. 朱子嘗曰 : '人能知其心不在, 則心已在, 能知其病, 此治病之藥也.' 饒氏謂'已具於誠意章', 故不言云者, 微有樂渾全惡剖析之病也."[46]

우암(尤庵 : 宋時烈)이 말하였다. "이 장에서는 다만 그 병폐를 말하고, 병폐를 다스리는 약을 말하지 않았다. 주자(朱子)가 일찍이 말하기를 '사람이 능히 그 마음이 있지 않음을 알면 마음이 이미 있을 적에 능히 그 병폐를 아는 것이니, 이것이 병폐를 다스리는 약이다.'라고 하였고, 요씨(饒氏 : 饒魯)가 이르기를 '이미 성의장(誠意章)에 갖추어졌다.'라고 말했기 때문에 말하지 않았다고 한 것에는 완전함을 좋아하면서 분석함을 싫어하는 병폐가 조금 있다."

○ 新安陳氏曰 : "朱子於此, 又下一'察'字, 且曰 : '敬以直之', 以足本文未言之意, 提出'正心'之要法, 以示萬世學者."[47]

---

45) 『주역(周易)』「곤괘(坤卦) · 문언(文言)」. "六二. 直, 其正也. 方, 其義也. 君子敬以直內, 義以方外, 敬義立而德不孤. 直方大, 不習无不利, 則不疑其所行也.(정직함은 바름이다. 방정함은 옳음이다. 군자는 공경함으로써 내면을 정직하게 하고, 옳음으로써 외면을 방정하게 하여 공경함과 옳음이 서서 덕이 외롭지 않은 것이다. 정직함과 방정함이 커서 학습하지 않아도 이롭지 못함이 없으니, 그 행하는 것을 의심하지 않는다.)"

46) 송시열(宋時烈), 『송자대전(宋子大全)』 권116, 「서(書) · 답박수녀(答朴受汝)」. "正心脩身章, 只言其病, 不言治病之藥. 朱子蓋嘗言'學問之道'曰 : '人能知其心不在, 則其心已在, 能知其病者, 此正是治病之藥也.' 饒氏所謂'已具於誠意章云'者, 微有樂渾全惡剖析之病. 然誠意章旣再言'愼獨', 而程子曰 : '天德王道, 其要只在愼獨.' 據此則愼獨之功, 不但在於此章, 雖在於平天下章, 亦可也.(정심수신장(正心脩身章)에서는 다만 그 병폐를 말하고, 병폐를 다스리는 약을 말하지 않았다. 주자(朱子)가 대개 일찍이 '학문의 방도'에 대해 말하기를, '사람이 능히 그 마음이 있지 않음을 알면 그 마음이 이미 있을 때 능히 그 병폐를 아니, 이것이 병폐를 고치는 약이다.'라고 하였다. 요씨(饒氏 : 饒魯)가 이른바 '이미 성의장(誠意章)에 갖추어졌다'고 이른 것에는 완전함을 좋아하면서 분석함을 싫어하는 병폐가 조금 있는 것이다. ……)"

47) 호광 편(胡廣 編), 『대학장구대전(大學章句大全)』. "新安陳氏曰 : '朱子於此, 又下一察字, 且曰敬以直之, 以足『大學』本文未言之意, 提出正心之要法, 以示萬世學者.'(신안 진씨가 말하였다. '주자(朱子)가 여기서 또 하나의 찰(察)자를 놓고, 또 말하기를 공경함으로써 내면을 정직하게 한다고 하여 『대학(大學)』 본문에서 말하지 못한 뜻을 채우고, 정심(正心)의 중요한 방법을 내놓아서 오랜 세월 동안 학자들에게 보여주었다.')"

신안 진씨(新安陳氏 : 陳櫟)가 말하였다. "주자(朱子)가 여기서 또 하나의 '찰(察)' 자를 놓고, 또 말하기를 '공경함으로써 내면을 정직하게 하다.'라고 하여 본문에서 말하지 못한 뜻을 채우고, '정심(正心)'의 중요한 방법을 내놓아서 오랜 세월 동안 학자들에게 보여주었다."

○ 按, 南塘以此'誠 · 敬'字, 爲補闕略之一事, 讀者詳之.

내가 생각하건대, 남당(南塘 : 韓元震)이 이 '성 · 경(誠 · 敬)'자로써 빠진 데를 보충하는 한 가지 일로 삼았으니, 읽는 사람이 자세하게 살펴야 할 것이다.

[傳7-3]

此謂'修身, 在正其心'.

이것을 일러 '몸을 닦음이 그 마음을 바르게 함에 있다.'라고 한다.

詳說

○ 『章句』無文.

『대학장구(大學章句)』에는 글[주석]이 없다.

朱註

右, 「傳」之七章, 釋'正心' · '修身'.

위는 「전(傳)」의 7장이니, '정심(正心)'과 '수신(修身)'을 풀이하였다.

詳說

○ 此雖夾釋'正心''修身', 而其主意, 則常在於'正心'. 後三章放此.

이는 비록 '정심(正心)'과 '수신(修身)'을 아울러서 풀이하였으나, 그 중심적인 뜻은 항상 '정심(正心)'에 있다. 뒤의 세 장도 이에 의거한다.

○ 凡章首之'所謂', 章末之'此謂', 是呼應之辭也, 而誠意章之用'故'字, 以其起語之異於他例. 故結語亦與稱之, 齊家章之幷用'故'與'此謂'者, 以其重結也. 卒章之有呼無應, 蓋以書末而變其例也.

무릇 장(章) 머리의 '소위(所謂)'와 장 끝의 '차위(此謂)'는 호응(呼應)하는 말인데,

성의장(誠意章)에서 '고(故)'자를 써서[48] 말을 일으킨 것이 다른 장의 예와 다르다. 그러므로 끝맺는 말에 또한 함께 일컬었으니, 제가장(齊家章)에서 '고(故)'와 '차위(此謂)'를 아울러서 쓴 것은 그 거듭하여 끝맺었기 때문이다. 마지막 장에 부름[呼]은 있는데 대답함[應]이 없는 것은 대개 책의 끝에서 그 사례가 바뀐 것이다.

朱註

此亦承上章, 以起下章. 蓋意誠, 則眞無惡而實有善矣, 所以能存是心以檢其身. 然或但知誠意, 而不能密察此心之存否, 則又無以直內而修身也. 自此以下, 幷以舊文爲正.

이는 또한 위 장을 이어서 아래 장을 일으킨 말이다. 대개 뜻이 성실하면 진실로 악(惡)이 없고 실제로 선(善)이 있으니, 이 마음을 보존하여 그 몸을 단속할 수 있는 것이다. 그러나 간혹 뜻을 성실하게 할 줄만 알고, 능히 이 마음이 있고 없음을 세밀하게 살피지 못하면 또 내면을 정직하게 하여 몸을 닦음이 없는 것이다. 이로부터 이하는 아울러 옛글로써 바른 것으로 삼았다.

詳說

○ 誠意章.

'차역승상장(此亦承上章)'은 성의장(誠意章)이다.

○ 修齊章.

'기하장(起下章)'은 수신제가장(修身齊家章)이다.

○ 照上章章下註而著'亦'字, 註首嘗有云. 「經」曰 : "欲正其心, 先誠其意." 又曰 : "意誠而后心正." 而無者, 蓋蒙上章註而省之, 然其意則已該於'亦承上章'四字中耳.

'차역승상장, 이기하장(此亦承上章, 以起下章)'에서, 위 장의 장 아래 주석을 참조하여 '역(亦)'자를 놓았는데, 주석 머리에 일찍이 이른 것이 있다. 경문에서 말하기를 "그 마음을 바르게 하려고 한다면 먼저 그 뜻을 성실하게 해야 한다."라 하고, 또 말하기를 "뜻이 성실하게 된 뒤에 마음이 바르게 된다."라고 했는데, 없는 것은 대개 위 장의 주석을 이어서 생략한 것이다. 그러나 그 뜻은 이미 '역승상장(亦承上章 : 또한 위 장을 이었다.)'는 네 글자 가운데 갖춰졌을 뿐이다.

---

48) 성의장(誠意章)에서 '고(故)'자를 써서 : 끝에 "故君子必誠其意."라고 한 구절을 말한다.

○ 照誠意章'惡好'二句.

'개의성, 즉진무악이실유선의(蓋意誠, 則眞無惡而實有善矣)'는 성의장(誠意章)의 '오호(惡好)' 두 구절[49]을 참조해야 한다.

○ 無惡有善之心.

'능존시심(能存是心)'은 악(惡)이 없고 선(善)이 있는 마음이다.

○ 依上文註而幷及'修身', 蓋此註稍變於上章註之例, 故註首幷以'起下'文冠之耳.

'소이능존시심, 이검기신(所以能存是心, 以檢其身)'에 대해, 위 글의 주석에 의거하여 아울러 '수신(修身)'에까지 미쳤으니, 대개 이 주석은 위 장 주석의 사례에서 보면 조금 바뀌었다. 그러므로 주석의 머리에 아울러 아래를 일으켜 글 앞에 올렸을 뿐이다.

○ 朱子曰 : "意誠然後, 心得其正, 自有先後."[50]

주자(朱子)가 말하였다. "뜻이 성실하게 된 뒤라야 마음이 그 바름을 얻으니, 저절로 앞뒤가 있는 것이다."

○ 新安陳氏曰 : "蓋其序之不可亂者."[51]

신안 진씨(新安陳氏 : 陳櫟)가 말하였다. "대개 그 차례가 어지러워서는 안 되는 것이다."

○ 以上, 重在'誠意'上, 所以釋「經」文'欲正其心, 先誠其意'之義也.

이 위로는 거듭해서 '성의(誠意)'에 있는 것이니, 「경(經)」의 글에서 '그 마음을 바르게 하려는 사람은 먼저 그 뜻을 성실하게 해야 한다'라는 구절의 뜻을 풀이한 것이다.

○ 是亦意未誠之事也.

'혹단지성의, 이불능밀찰차심지존부(或但知誠意, 而不能密察此心之存否)'의 경우, 이 또한 뜻이 성실하지 못한 일이다.

○ '正心'.

'직내(直內)'는 '정심(正心 : 마음을 바르게 하는 일)'이다.

---

49) 성의장(誠意章)의 '오호(惡好)' 두 구절 : "나쁜 냄새를 미워하며, 아름다운 빛깔을 좋아하는 것이 이를 일러 자겸(自謙)이라고 한다.(如惡惡臭, 如好好色, 此之謂自謙.)"라는 구절을 말한다.

50) 호광 편(胡廣 編), 『대학장구대전(大學章句大全)』.

51) 호광 편(胡廣 編), 『대학장구대전(大學章句大全)』. "新安陳氏曰 : '此言意誠而後, 心可得而正, 蓋其序之不可亂者'(신안 진씨가 말하였다. '이는 뜻이 성실하게 된 뒤라야 마음이 바르게 될 수 있으니, 대개 그 차례가 어지러워서는 안 되는 것이다.')"

○ 新安陳氏曰 : “此言‘誠’, ‘誠’又不可不正其心, 乃其功之不可缺者.”[52]

‘우무이직내이수신야(又無以直內而修身也)’에 대해, 신안 진씨(新安陳氏 : 陳櫟)가 말하였다. “이는 ‘성(誠)’을 말한 것이니, ‘성(誠)’은 또 그 마음을 바르지 않게 해서는 안 되며, 이에 그 공력이 없어서는 안 되는 것이다.”

○ 以上, 重在‘正心’上, 所以釋「經」文‘意誠而后心正’之意也.

이 위로는 거듭해서 ‘정심(正心)’에 있으니, 「경(經)」의 글에서 ‘뜻이 성실한 뒤에 마음이 바르게 된다’는 구절의 뜻을 풀이한 것이다.

○ 註末, 無通考之說, 蓋蒙上章章下註而省之耳.

주석 끝에 전체를 상고(詳考)하는 말이 없는데, 대개 위 장의 장 아래의 주석을 이어서 생략했을 뿐이다.

○ 此註, 添一‘修身’, 有似乎夾釋三事, 然只是帶說耳, 其主意, 則在於‘意誠’·‘心正’. 且上之‘蓋’字, 中之‘然或’字, 上下之兩箇‘則’字, 一依上章註之例, 有同符節, 南塘之云 : “不亦信乎?”

여기 주석에 하나의 ‘수신(修身)’을 더하여 세 가지 일을 끼워 말한 것 같으나, 단지 그냥 대수롭지 않게 말했을 뿐이고, 그 주요한 뜻은 곧 ‘의성(意誠)’과 ‘심정(心正)’에 있다. 또 위의 ‘개(蓋)’자와 가운데의 ‘연혹(然或)’자와, 위아래의 두 개의 ‘즉(則)’자는 한결같이 위 장의 주석에 의거하여 부절(符節)과 똑같음이 있으니, 남당(南塘)이 이르기를, “또한 미덥지 아니한가?”라고 하였다.

○ 一無圈.

‘자차이하(自此以下)’ 앞에, 다른 데는 동그라미(圈 : ○)가 없다.[53]

○ 自「傳」首章, 至此『章句』之事, 多端, 一曰, 正錯簡; 二曰, 補格致章; 三曰, 補致誠章之意; 四曰, 補誠正章之意. 朱子之功, 於是乎不在曾子下矣. 過此以往, 則依本文訓釋事, 可稍省云.

『대학장구(大學章句)』「전(傳)」의 머리 장부터 이 『대학장구(大學章句)』의 일[여러 사안]에 이르기까지 다양했으니, 첫째는 착간(錯簡)을 바르게 하는 일이고, 둘째는 격물치지장(格物致知章)의 뜻을 보충하는 일, 셋째는 치지성의장(致知誠意章)

---

52) 호광 편(胡廣 編), 『대학장구대전(大學章句大全)』. “新安陳氏曰 : ‘此言誠意, 又不可不正其心, 乃其功之不可缺者.’(신안 진씨가 말하였다. ‘이는 성의(誠意)를 말한 것이니, 또 그 마음을 바르지 않게 해서는 안 되며, 이에 그 공력이 없어서는 안 되는 것이다.’)”

53) 주자의 주석 ‘自此以下’ 앞에, 『대학장구대전(大學章句大全)』을 비롯한 다른 판본에는 본래 ○(圈)가 없다. 그런데 박문호가 ○를 붙여 놓았다.

의 뜻을 보충하는 일, 넷째는 성의정심장(誠意正心章)의 뜻을 보충하는 일이었다. 주자(朱子)의 공력이 여기서 증자(曾子)보다 아래에 있지 않다. 이를 거쳐서 나아가면 본문을 새기고 풀이하는 일에 의거하여 조금씩 줄일 수 있을 것이다.

연구번역자 소개

신창호(申昌鎬)

현) 고려대학교 교수
고려대학교 박사(동양철학/교육사철학 전공)
고려대학교 교육문제연구소 소장
한국교육철학학회 회장·한중철학회 회장
「『중용』 교육사상의 현대적 조명」(박사학위논문), 『유교의 교육학 체계』 외 다수의 논문·번역·저서가 있음

김학목(金學睦)

현) 고려대학교 연구교수
건국대학교 박사(한국철학 전공)
해송학당 원장(동양학·사주명리 강의)
「박세당의 『신주도덕경』 연구」(박사학위논문), 『한국주역대전』 외 다수의 논문·번역·저서가 있음

윤원현(尹元鉉)

전) 고려대학교 연구교수
私立中國文化大學 박사(朱子哲學 전공)
한중철학회 회장
「從朱子思想中之天人架構闡論其義理脈絡」(박사학위논문), 『성리대전』 외 다수의 논문·번역·저서가 있음

조기영(趙麒永)

현) 고려대학교 연구교수
연세대학교 박사(한문학 전공)
서정대 교수·연세대국학연구원 연구원
「하서 김인후 시 연구」(박사학위논문), 『한국시가의 정신세계』 외 다수의 논문·번역·저서가 있음

김언종(金彦鍾)

현) 고려대학교 명예교수
國立臺灣師範大學(韓國經學 전공)
한국고전번역원 이사·고전번역학회 회장
「丁茶山論語古今注原義總括考徵」(박사학위논문), 『(역주)시경강의』 외 다수의 논문·번역·저서가 있음

임헌규(林憲圭)

현) 강남대학교 교수
한국학중앙연구원 박사(동양철학 전공)
동양고전학회 회장
「유가의 심성론 연구 – 맹자와 주희를 중심으로」(박사학위논문), 『공자에서 다산 정약용까지 – 유교 인문학의 동서철학적 성찰』 외 다수의 논문·번역·저서가 있음

허동현(許東賢)

현) 경희대학교 교수
고려대학교 박사(한국근대사 전공)
경희대학교 학부대학 학장·한국현대사연구원 원장
「1881년 조사시찰단 연구」(박사학위논문), 『한국의 국가 형성과 민주주의』 외 다수의 논문·번역·저서가 있음

대학장구상설 연구번역 연구진

연구책임자

신창호(고려대학교)

전임연구원

김학목(고려대학교)
윤원현(고려대학교)
조기영(고려대학교)

공동연구원

김언종(고려대학교)
임헌규(강남대학교)
허동현(경희대학교)
박성빈(고려대학교, 전산)

대학장구상설 2

초판발행 2019년 8월 25일

원저자 박문호
책임역주 신창호
공동역주 김학목 · 윤원현 · 조기영 · 김언종 · 임헌규 · 허동현
펴낸이 노현

편 집 문선미
디자인 BEN STORY
제 작 우인도 · 고철민

펴낸곳 ㈜ 피와이메이트
서울특별시 금천구 가산디지털2로 53 한라시그마밸리 210호(가산동)
등록 2014. 2. 12. 제2018-000080호
전 화 02)733-6771
f a x 02)736-4818
e-mail pys@pybook.co.kr
homepage www.pybook.co.kr
ISBN 979-11-90151-26-9 94140
979-11-90151-24-5 (세트)

정 가 13,000원 (세트 35,000원)

박영스토리는 박영사와 함께하는 브랜드입니다.